JN106431

究極の独学術

世界のすべての情報と対話し学ぶための技術

瀬木比呂志
HIROSHI SEGI

Discover

世界とは、あらゆる情報の集積である。
本書は、世界を構成するすべての情報と対話し学ぶための技術を説くものである。

プロローグ

本書の趣旨

この本は、ビジネスパースンをも含む広い範囲の一般社会人、学生、また読書人といった人々のために、**本当の意味での独学術、すなわち、**

①書物・情報・世界との対話と学びの奥義《おうぎ》、

②それらから得られたあらゆる事柄を知的に血肉化する技術と戦略、

③「パースペクティヴ」すなわち「広がりと奥行きのあるものの見方」と「ヴィジョン」すなわち「洞察力と直感により本質をつかむものの見方」（これらは僕自身の定義です）**の双方を獲得する方法**

について語るものです。

以上を一言でまとめれば、本書の副タイトルにも示したとおり、**「世界のすべての情報と対話し学ぶための技術」**ということができます。

本書は、『リベラルアーツの学び方』〔ディスカヴァー・トゥエンティワン。以下、『リベラルアーツ』と略〕の姉妹書にあたります。

具体的には、『リベラルアーツ』がリベラルアーツ全般についての僕のコンセプトを示すとともに、広範な分野・ジャンルの書物・芸術作品の簡潔な紹介、分析をも行った「リベラルアーツ総論」である（もっとも、後《のち》に出た『エッセンシャル版』では書物の半分に相当する各論は省かれています）のに対し、本書は、

①そこではあまりふれられなかった書物や芸術との具体的な対話、そのメッセージの消化、血肉化のための方法・技術、

②リベラルアーツにとどまらない各種の情報、日々の実務、人々や世界との対話と学びの方法・技術

について、広い視野から総合的に解説してゆく書物ということになります。

僕の考える「リベラルアーツ」の概念自体、自然科学、社会・人文科学、思想、批評、ノンフィクションから各種の芸術までをカヴァーしたもの、つまり、一般的にいわれる意味でのリベラルアーツよりはずっと広いものなのですが、**本書は、さ**

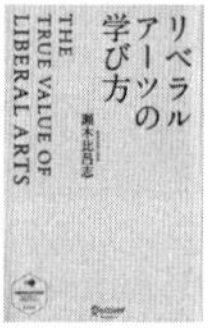

『リベラルアーツの学び方』
瀬木比呂志著、ディスカヴァー・トゥエンティワン、2015

らに広く、あなたの生きているこの世界から得られるすべての情報と「対話を行い、かつ学ぶ」具体的な方法・技術を説いてゆくものなのです。

僕の考える「独学術」とは

僕は、大学卒業後すぐに司法研修所に入り、その後三三年間裁判官を務めた後、退官して大学教授となり、現在八年目になります。

また、こうしたキャリアのかたわら、二五年間にわたって、多数の一般書、そして、民事訴訟法学・法社会学研究の成果として、定評のある法学体系書を含む六冊の専門書を書き続けてきました（なお、最初の論文やエッセイ自体は、それよりずっと前に書いています）。

つまり、法律実務家としての三三年間の経験、研究者・学者（学者という言葉のほうがなじみやすいので、以後はそちらを用います）、また著者としての二五年間の経験の双方をもっている、ということになります。

このように、僕は、裁判官、学者、著者として、ある意味では三人分に近い人生を生きてきました。その過程で、裁判官時代と大学時代の二度、通算二年間にわたるアメリカでの在外研究の機会をも含め、かなり広い社会層や国々の人々と接してきましたし、それなりに深い世界もみてきたと思います。裁判官や著者がみるのは、ある意味では「この世の深淵」だからです。

さて、僕は、東大法学部で学びましたが、裁判官、著者の仕事はもちろん、学者としての仕事についても、大学で教えられた事柄よりも、書物や芸術、人々や世界から学んだことのほうが、その遂行《すいこう》にあたっては重要でした。

『リベラルアーツ』にも記したとおり、芸術もまた思想や方法の源泉になりうるのであって、僕のもっている独学術や知的生産術のノウハウについては、書物だけでなく、芸術から学んだことも大きいのです。

芸術というのは、いわば「世界とその構造を大づかみにとらえる一つの方法」であり、その意味では、哲学、思想はもちろん、先のようなリベラルアーツ分類では対極にあるはずの自然科学とも近い側面があります。これは、芸術にも詳しい自然科学者たちが、彼らの著書でよく語っている事柄でもあります。

だから、芸術や自然科学を度外視したリベラルアーツ概念は狭いと思います。また、**芸術や自然科学をも取り込んだリベラルアーツ概念は、必然的に、それらのさらに外側にある広い世界そのものにもつながってゆく**ものではないかとも思います。

「そうした広いパースペクティヴから語られる独学術こそ真の意味での独学術なのではないか」と考えるのです。

本書がどこまでそれに成功しているかは読者の方々の判断にゆだねるしかありませんが、少なくとも、その著者である僕がめざした「独学術のかたち」は、そのようなものです。

僕の独学術の基盤となっている方法

実際、僕は、本当に重要な事柄の多くについては、盗みみるようなかたちである程度の技術を人から吸収した以外には、独学で学んできました。裁判官としての訴訟指揮・判決・和解等の技術、大部な記録や資料の読み方、学者としての文献の読み方、専門書や論文の書き方、教授法、著者としての一般書の書き方、講演や取材における話し方やコミュニケーションの方法、そして、これらすべての基盤となる情報収集・整理の技術、分析や推論の技術等が、僕の独学の対象でした。重要なことはほとんど独学で学んだというのが、僕の秘められた誇りの一つです。

そんな僕の、ほぼ唯一の、さまざまな意味での「教師《メンター》」は、僕が三〇代の半ばから六年間にわたって、考えること、書くこと、また世界のとらえ方の方法を、口頭で、また手紙で、直接伝授していただいた鶴見俊輔《つるみしゅんすけ》さんでした。

この方は、日本のプラグマティズム（プラグマティズムについては、詳しくは第6章の2で論じますが、アメリカに源を発する哲学ないし哲学的方法論です）を代表する哲学者・思想家であり、僕は、個人的な関係を抜きにしても、戦後日本の思想家の中で、鶴見俊輔を、政治学者の丸山眞男《まるやままさお》とともに最も高いピークと考えています。そうした人物とじかに対話し、学ぶことができたのは、大きな幸運でした（その詳細は、『裁判官・学者の哲学と意見』〔現代書館。以下、『哲学と意見』と略〕の第VI章に記しています）。

その鶴見さんから僕が学んだことの核心も、考えてみると、一種の「独学術」、そのようなものとしての「哲学的・思想的方法」でした。そして、実際には、僕が鶴見さんに出会ったのは前記のとおり三〇代半ばのことであり、すでに一度目の在外研究をも経ていた僕のものの見方、感じ方、あるいは世界観や価値観は、ほぼ定まっていました。また、それらは、鶴見さんのそれらにきわめて親近性の高いものでもありました。**人は、自分に近い人物や書物からこそ、中核的・本質的な事柄を学びうる**ものなのです。

もっとも、鶴見さんにお会いした時点では、僕の内にあった先のような事柄は、

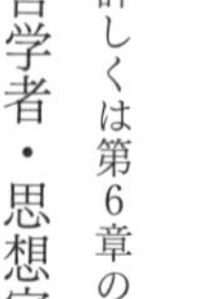

鶴見俊輔
（1922-2015）

『裁判官・学者の哲学と意見』
瀬木比呂志著、現代書館、2018

未だ、一つの総合的な「方法」の下に体系化されてはいませんでした。それらに堅固かつ柔軟な「方法」というかたちを与えてくださったのが、鶴見さんだったと思うのです。

ここで重要なのは、鶴見さんが僕に教えてくださったのが、**「体系としての哲学や思想」ではなく、「みずから学んでゆくための『哲学的・思想的方法』」**だったということです。それは、固定した内容はもたないけれども、無限の応用力を備えたものでした。

そして、**こうした「方法としての技術」こそ、教えることも学ぶこともきわめて難しいもの、またその意味で本質的なものであるの**を、僕は、学者・著者としての体験から知るようになりました。

本書では、僕が鶴見さんから学んだそのような方法をも含めた広い意味での「独学の方法・技術」について、さまざまな側面からまとめてみたいと思います。

本書の構成とその内容

本書は、このプロローグ、エピローグ、そして本文である六つの章から成り立っています。そこで、まず、それらの内容について順に説明しておきましょう。

　第1章「独学が必要な理由」では、「独学」ということの意味、また、なぜそれが必要かについて、詳細に説き明かします。

「日本の大学教育の問題」ということはいわれて久しく、それには正しい側面もあります。しかし、二度目の在外研究を経て内外の大学教育の現状を知った上での僕の考え方は、「日本に限らない大学教育の問題」ということです。

　そもそも、大学で学ぶことのできる事柄には限界があり、また、人から受け身で教えてもらう、知識を伝授してもらうというやり方、発想それ自体にも問題があるのです。これは、日本に限ったことではありません。**大学教育はあくまで基盤であり、その上の重要な「積み上げ」には、独学が欠かせない**のです。また、そのために大学院等に通う必要も、必ずしもないと思います（最後の点についての例外があるとすれば、純粋自然科学をはじめとする理系の学問の一部でしょう）。

　第2章「情報の海をいかに泳ぐべきか？」では、リベラルアーツをも含めた現代社会の莫大な情報、インターネット時代以降未曾有《みぞう》のものとなったそれらといかに接するべきか、その方法について語ります。僕自身は、それらの情報の中でなお書物を最重要なものとみますが、インターネットも使い方によっては非常に有用なものですし、新聞、雑誌、テレビ等の古くからの媒体にも、それなりの価値はあります。

重要なことは、インターネット時代（ないし将来のニューメディア時代）にあって、以上のような各種の情報をどのように自分なりに位置づけてゆくかです。本のかたちをしていても内容は本ではない（パンフレットやカタログ）という本はいくらでもあります。新聞も、そのかたちは大昔から変わっていないとはいえ、その内容や情報世界において占める位置は、大きく変わってしまっています。ですから、現代のパースペクティヴの中にそれらを位置づけ直さなければなりません。しかし、それは、いわゆるアナログ世代にとっても、子どものころからインターネットになじんできた世代にとっても、それぞれに難しいことなのではないかと思います。

また、情報の海を自在に泳ぐには、その前提として、物理的にも精神的にも、自分なりの「場所」を確保しておくことが必要です。具体的には、書斎等の「学び、考える場所」の確保、リベラルアーツ等のコレクションの方法、そして、その「場所」をみずからの拠点として外の世界と接してゆくための流儀などといった事柄が、問題になります。

第3章「書物や作品を『読む』技術の基本」では、書物を中心としながら、**「読む方法」の技術的側面**を明らかにしてゆきます。書物については、その選び方や買い方から始まり、線の引き方やメモの取り方、カード等のデータベース技術の是非《ぜひ》についてまで具体的に解説します。

また、学問の場合における技術についても、一般読者の参考になる限度で記しておきたいと思います。一般的な読みの技術と、権威主義をもって語られがちな学問の技術には、実は、本質的な違いはありません。せいぜい具体的な方法や厳密さの違いがあるだけです。また、これらをひとつながりに考えることによって、みずからが大学等で学んだ専門分野以外の広い分野の事柄についても、同様の緻密さをもって「独学する」ことが可能になります。

さらに、**こうした「読み」の技術は、芸術についても応用できるものであり、そうすることによって、リベラルアーツの全分野につき、横断的にとらえながら、対話し、学ぶことが可能になります。**

第4章「書物や作品から、内容・方法・思想・発想を学ぶ」では、第3章の記述を前提に、「読み、対話、学びの具体例・実例」を記してみたいと思います。書物でも芸術でも、その内容と方法やスタイルとは、不即不離《ふそくふり》です。この点は、芸術の場合には比較的わかりやすいと思いますが、実は、一般の書物でも全く同じことなのです。**すぐれた書物は、内容があるだけではなく、その語り方・スタイルにおいても独自のものをもっています。**

さらに、書物にも芸術にも、その根本には、人間の場合と同じく、固有の「思想」、広い意味での「思想」があります。**書物や芸術の根本にあるこの思想を読み、そこから生まれる発想を学ぶことによって、独学は、その深さ、厚み、広がりを増します。**

もっとも、以上のようなことを理解し、ものにするのはかなり難しく、たとえば楽器に習熟するのと同じような一種の集中的、継続的訓練を要します。ある意味で、書物や芸術が自在に「読める」ようになった人は、すでに、みずから「書く」こともできる水準に達しているといってもいいでしょう。

こうした事柄には、学問と同じく、あるいは学問以上に才能が問題になるのですが、一方、慣れれば誰でもできるようになるという側面も大きいのです。その意味では、一般的な文章作成術（レポート、レジュメ、企画書等）、プレゼンテーション術、議論の技術等と同じことなのです。

その具体例を示すことはそれほど容易ではありませんが、この章では、僕に可能な範囲で、そのような「読み、対話、学びの具体例・実例」を示してみたいと思います。

第5章「実務・人・世界から学ぶ——僕自身の体験から」では、**リベラルアーツや文字情報一般の範囲を超えて、誰もが行っているみずからの実務から、また、さらに広くは人々や世界から学ぶ**という意味での独学について語ります。

学びには、積極面を学ぶというだけではなく、「反面教師とする」という側面も含まれます。ことに第5章の学びについては、それがいえるでしょう。

この章では、そうした側面をも含め、実務・人・世界から学ぶ方法について、僕なりのやり方で語ってみたいと思います。

第6章「パースペクティヴ・ヴィジョン獲得のための方法・技術」では、前記の**プラグマティズム的な視点から、物事を客観的、大局的、構造的、実証的、批判的に把握するための方法・技術を、また、そうした方法の基礎にあるべきその人なりの「思**

想的な場所」獲得の必要性を論じます。

こうした事柄については、『リベラルアーツ』でも一部ふれていますが、ここでは、「独学のための基本的技術・ヒント」という観点から、僕がこれまでに多数の一般書や専門書で論じてきた事柄の関係部分、そのエッセンスを、なるべくわかりやすくかつ簡潔にまとめ直してみたいと思います。

なお、本書では、その内容に関連して適宜《てきぎ》僕のほかの書物を引用していますが、これは、僕のいうところの「独学の横断的性格」が独学の成果である僕の書物にもさまざまなかたちで影響していることを示す一つの例であるとご理解ください。

究極の独学術——世界のすべての情報と対話し学ぶための技術—目次

第4章

書物や作品から、内容・方法・思想・発想を学ぶ 251

第1章

独学が必要な理由

この章では、「独学」ということの意味、内容、また、なぜそれが必要かについて、激しく流動化する世界という背景をも考慮に入れながら、説き明かしてゆきます。

流動する世界では、「独学」でないと学べない事柄が増えている

ごく普通にいえば、現代日本における独学ないし独学術（一人で学ぶことないしその技術）は、大学等の高等教育機関で学んだことの補いとしてのそれを意味する場合が多いと思います。しかし、大学に進まなかった人々にももちろん独学は必要であり、また、その必要性はより切迫したものでもあるでしょう。

そして、僕は、さらに、大学（あるいは大学院）に進んだか否かにかかわらず、そこで受けた教育の「補い」以上のより本質的なものとして、独学は必要であると思います。それは、そもそも、**独学でないと学べない事柄が、この現実世界には、ことに変化の激しい現代においては、増えているから**です。

これには、大学等の既成の教育機関の限界も関係しています。なお、ＯＪＴ（On-the-Job Training、オン・ザ・ジョブ・トレーニング）等の企業内教育については、内容はさらに狭いものであって、その限界はより明確でしょう。

もっとも、かつての、流動性の小さな、その意味で狭い世界であれば、これらの方法でも、問題は比較的小さかったかもしれません。

一九五〇、六〇年代の映画を見ると、アメリカ、ことにその都市部はともかくとして、日本はもちろん、おそらくヨーロッパも、基本的に、まだ、この「狭い世界」だったことがわかります。

当時としては非常に斬新かつしゃれた感覚で平凡な若者たちの恋とすれ違いを描いたフランス映画『シェルブールの雨傘』（ジャック・ドゥミ。一九六四年。以下、映画については、作られた時代とのかかわりが大きい芸術であるため、公開された年を示します）におけるヒロインの生家は、傘だけを売っている街角の小さな傘屋さんであり、彼女の恋人は自動車修理工です。二人の週末の楽しみは、デートか映画です。安定した、小さな、懐かしい世界が、カラフルで趣味のよい画面にゆったりと描かれてゆきます。

しかし、映画の終わりの部分では、傘屋さんは閉められ、修理工だった青年は、アメリカ系の小さなガソリンスタンドの経営者となっています。微妙な変化ではありますが、戦後もなお続いてきた伝統的な社会と生活の枠組みが急速に失われてゆきつつあることがはっきりと示されており、主人公たちの悲恋も、そのような社会

『シェルブールの雨傘』
ジャック・ドゥミ監督、
1964
(Happinet)

の構造変化を一つの必然として起こったものであることが、このラストシーンによって示唆されています。

そして、それからすでに半世紀以上が経過し、世界は、今や、実質的には、「別の場所」になってしまいました。先頭を走っていたアメリカに至っては、どこまで実体が伴うのかよくわからない金融中心の経済と強大な軍事力によってなお大きな支配力を維持してはいるものの、貧富の二極化、社会の不安定化・荒廃によって、国のあり方としては、まるで富の集中しつつある発展途上国を連想させるような、寂しい状況になってきています（『哲学と意見』第Ⅶ章）。

さて、本書では、独学術・独学論の多様な局面との関連で、アメリカについて、さまざまな側面からたびたび言及しますが、その趣旨を正しく理解していただくために、ここで、そうした言及の基盤となる僕のアメリカ観について、簡潔にふれておきたいと思います。

僕は、団塊の世代の次の世代、つまり、学生運動の大きな動きがほぼ終わった後にさまざまなイデオロギーから距離をとりつつ自己形成、思想形成を始めた世代、また、戦争の残した大きな爪痕《つめあと》を実際にみ、それからかなり直接的な傷を受けたほぼ最後の世代に属しています。

僕自身は、自由主義者であり、また、欧米の文化や思想から深い影響を受けています。ことに、アメリカの実証主義的経験論、プラグマティズムがみずからの哲学的・思想的方法の基盤になっており、また、戦後、特にヴェトナム戦争期以降のカウンターカルチャー期のアメリカ文化については、日本文化と同程度に深く接してきているといえるでしょう（僕の独学術ないしリベラルアーツ論の内容についてもこうした背景との関連が大きいため、本書でも、たびたびアメリカに言及することになっているわけです）。

僕は、そのようにアメリカ文化に多くを負っている人間ですが、同時に、子どものころから、物質主義、安易な進歩主義のアメリカ、また、アメリカ中心主義、アメリカニズムのアメリカに対する批判精神も、先のカウンターカルチャー期のアメリカ思想・芸術からの影響もあって、ずっと抱き続けてきました。

また、判事補時代と大学に移ってからの二度、各一年間のアメリカの大学等での在外研究も行っています。

そうした僕のアメリカ観は、ごく簡単にいえば、アメリカは、かつての理想を失い、混迷、凋落《ちょうらく》しつつあり、ことに社会の劣化、問題の顕在化《けんざいか》がはなはだしい、だから、深く考えずに現在のアメリカ、ことにその権力中枢に盲従するような行き方（日本の政治家、官僚等の多くがとっているものです）は問題が大きいと考えています。

しかし、一方、アメリカの知識人層の厚み（数の大きさ）と多様性も否定できません（なお、僕は、「知識人」という言葉を、「相当の視野をもってみずからの知識を使いこなせる人々」というほどの意味で使っています）。ことに、「アメリカの国としての、また社会の問題点を鋭くかつ包括的に突く書物の多数が、今なおアメリカ人自身によって書かれている」という点は、特筆《とくひつ》すべきでしょう。その意味で真摯《しんし》な自己省察が行われているということです。もちろん、日本にもそうした自己省察を行っている書物や著者は存在しますが、割合からいえばより限られるという気がします。

街を歩いても、大学に行っても、インターネットとスマートフォン依存症のような人々ばかりが目立ちやすいアメリカではありますが、一方では、こうした知性や批判精神もなおもちこたえていることは確かです。また、人々の間にある草の根民主主義の伝統にも、なお一定の厚みはあります。

僕たちも、そうした部分からはまだ学ぶことが相当にあり、また、今後の日本とアメリカの新しい相互協力関係も、こうした部分に注目しながら築いてゆくべきものではないかと思います（アメリカの全般的な凋落傾向についても、なお一定の反転の可能性がありえないではないでしょう）。

「独学」の定義、意味、内容それ自体についての根本的なとらえ直しが必要

今も述べたとおり、ここ半世紀の世界の流動化、構造変化には、非常に大きなものがあります。

そのことを踏まえて本題に戻りますと、激しく変化してゆく現代の世界は、既成の大学教育等だけでは、そもそも理解すること自体難しいものとなってきているということがいえると思います。

めまぐるしい変化に応じて仕事、生産、サーヴィスのあり方を変えてゆくための戦略を考える、あるいは、そのように変化してゆく世界それ自体をコントロールし、全体としてよりよいものとしてゆくための方法を考えるなどといった事柄になれば、なおさらのことです。

以上を前提として独学について考える場合には、その対象となる範囲や必要性と

いうこと以前の問題として、**「独学の定義、意味、内容それ自体についての根本的なとらえ直し」**もまた求められるのではないかと思います。

普通、独学といえば、一人で書物を読むことが中心になると思われ、そのこと自体は僕も否定しませんが、一方、それだけでは、現代の独学の内容としては狭いとも思います。

また、僕の体験によれば、独学は、一方的な知識の「取り入れ」にはとどまりません。

独学は、**①まず、一方的な「学び」ではなく、双方向的な「対話」でもある**と思います。これは、人や世界から学ぶという場合を考えてみれば明らかですが、書物や芸術の場合であっても実は同様なのです。**読者、鑑賞者がいなければ、書物も芸術も成立しません。また、読者が誰であるかによって、それらが伝えるメッセージの内容や質それ自体も異なってきます。**

つまり、それは、一つの対話、コミュニケーションの過程なのであり、また、そうしたコミュニケーションは、たとえば書物の場合であれば、同じ著者が書く後の書物にも、読者の反応に対するフィードバックとして、さまざまなかたちで反映されることになります。

②また、学ぶという場合、とかくその内容、たとえば書物であればそこに含まれる「情報、知識」が問題にされがちですが、学びの対象は、内容のみならず方法ないしスタイルでもあると思います。

そして、玉石混淆《ぎょくせきこんこう》の情報が満ちあふれており、かつ知識それ自体についていえばおおまかにはインターネットによって調査、確認が可能な今日の世界では、「方法・スタイル」を学ぶことの重要性がより大きくなっているのではないかと思います。

③さらに、学びの「内容」についても、知識丸暗記という部分の意味は小さくなっているし、今後新たな情報システムやメディアの進化があれば、その傾向はさらに加速されるでしょう。

ですから、**独学の内容を、一方では、「広義の情報」という、より広く普遍性のある視点からリアリズムで精密にとらえるとともに、他方では、方法やスタイルと一体となっている生きた「知」として立体的、重層的にとらえる、そのような「独学の構**

造的なとらえ直し」が必要なのではないかと思います。

欧米の大学教育は本当に進んでいるのか？

独学の重要性が高まっている理由の一つに、大学をはじめとする既成の高等教育システムが、現代社会において必要とされる先のような意味での柔軟でかつ深い「知」を十分に提供しえていないのではないか、という問いかけがあると思います。

この点はさらに説明が必要と思われるので、次に項目を立てて論じたいと思いますが、関連して、まず、よくいわれる「日本における大学教育の問題」、すなわち、「日本の大学教育の内容や質は先進国基準に達しえていない。欧米ではもっと進んだ教育が行われている」という言明の当否について、検討してみたいと思います。

この検討にあたって僕がまずいっておきたいのは、**「日本において流布されているこうした一般的言明の多くの不正確さ、神話的性格」**ということです。

もしも日本の大学教育の水準が欧米の一般的水準と比較してそんなに低いのであれば、たとえば、「日本の製造業の全体としてのしぶとい強さや厚み。経済や工学を中心とした底堅い国力。受賞のための国際的アピールにおいて後《おく》れをとっているにもかかわらずの自然科学分野におけるノーベル賞等各種受賞の継続（もっとも、将来については必ずしも楽観できないようです。また、賞をあまりにも過大に評価するのも考え物です）。あるいは、法的なものを含む民主主義的な諸制度の、あまたの問題を含む（それは、僕自身が指摘し続けてきていることです）にもせよの「一定の水準」について、どのように説明することができるのでしょうか。

ただし、こういっても、僕は、日本の長年の停滞や世界経済の中での凋落傾向を否定するわけではありません。経済面をも含めた日本社会の停滞や閉塞《へいそく》の原因についても、僕なりに考えていることは多々あり、ことに、日本社会が抱えている根深い構造的問題、戦前から引き継いでいる負の遺産については、かなりの危機意識をもっています。

しかし一方、僕は、最近の二度目の在外研究で、経済指標が軒並みよくなっている現在のアメリカにおける激しい経済格差、急激な物価の上昇、社会をおおうあらわな絶望感をも肌で感じてきましたし、ヨーロッパ先進諸国の抱える数々の問題についても、ある程度のことは知っています。

ですから、ほかの先進諸国との対比において、日本が一方的に悪くなっているとまでは思いません。こうした事柄は、全体を大局的にみる必要があると思います（一例を挙げれば、よくいわれる一人あたりGDPについても、物価との相関の下でみる視点が必要だと思います）。

確かに日本は停滞しており、制度や社会の問題も相当に大きいと思いますが、一方、その停滞の期間中にあっても人々の生活自体は次第に洗練されてきており、また、かつては脆弱《ぜいじゃく》だったインフラストラクチャー、社会資本も徐々にではあるが充実してきているというのも、事実だと思うのです。そして、日本における政治家の質の劣化、加えて、かつては相対的に高かった行政・司法官僚の質やモラルにも翳《かげ》りがみられることを考慮するなら、「『民』のセクションを中核とする人的資源の充実とその基盤となる一般的教育水準の確保・維持」を前提としなければ、右のような事実は、およそ説明がつきません。

そうであるとすれば、日本の大学教育に関する、先のような、キャッチーでわかりやすい言明は、実は、誤っているか、少なくとも不正確だといわなければならないでしょう。日本人は、無意識の部分になお強烈な欧米コンプレックスを抱えていますから、「進んだ欧米、後れた日本」という図式にはきわめて弱く、これを根拠なく無批判に受け入れやすいというのが事実ではないかと思います。

僕は、大学に移ってから後の二度目の滞米在外研究でアメリカの大学の現状をある程度深くみてきましたが、その結論は、次のようなものです。

「世界中から人材が集まる自然科学の先端分野はともかく、いわゆる文系の学問についていえば、アメリカの大学における教育の質が、全体として、日本のそれに比較して有意に高いかは疑問である。また、その研究についても、伝統的にアメリカが得意としてきた経験論的な学問、たとえば心理学、社会学、政治学等についてはともかく、それ以外の社会・人文科学一般については、おおむね同様のことがいえるのではないか」

ちょっと常識で考えてみても、「アメリカでは公教育は相当に崩壊している（これは確かな事実です）けれども、大学になると、何と、一転してバラ色にすばらしいんですよ」などという言明は、つじつまが合わないことがわかるのではないでしょうか。

現代アメリカでは富裕層はごく一部であり、かつ、アメリカの教育サーヴィスの価格は法外に高い。したがって、公教育よりも質の高い教育を早い時点から受けられる子どもの割合は、日本よりもはるかに小さい。また、アメリカの大学入学については試験による選別という要素が相当に小さい。これらも確かな事実です。

　こうした事実に基づいて考えてみても、そうして入ってきた多数派学生に大学で一転して高度でかつ厳しい教育をほどこすのが困難であることは、明らかでしょう。


　実際、アメリカの大学教育の厳しさは、三五年前（僕が若手裁判官であったころの一度目の滞米在外研究時代）と比べても目立って減退し、むしろ、「できていてもいなくてもともかく学生たちをほめまくる」という傾向が目立ちました（なぜそうなっているかの理由については、何でもない大学でも年間六〇〇万円程度はざらという法外に高い学費をとっているからという事実のほかに、たとえば、ジーン・M・トウェンギ、W・キース・キャンベル『自己愛過剰社会』〔桃井緑美子《ももいるみこ》訳。河出書房新社〕等の分析を参照。この本の考察は深いとはいえませんが、ドキュメントとしての部分は詳細です）。

　また、在外研究員教授たち（日本人に限りません）の間にも、「一部一流大学を除けば、難しいことは大学院以降にゆずり、大学の普通コースではごく基本的なことしか教えていないのではないか。確かに多数の文献は紹介するけれども、その内容について授業で詰めた議論が行われているとは限らない」という意見は多かったですし、

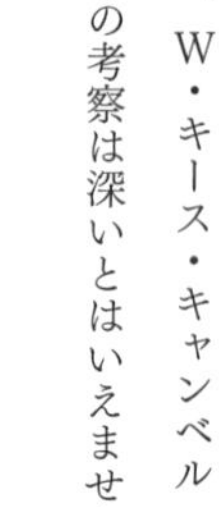

『自己愛過剰社会』
ジーン・M・トウェンギ、W・キース・キャンベル著、桃井緑美子訳、河出書房新社、2011

「その大学院についても、最近は、論理的な文章をきちんとつづることすらできない学生が出てきている」という話も、これは複数のアメリカ人教授から聞きました。

もちろん、先にふれた僕のアメリカ観とも関連するとおり、アメリカにおいて、大学は、現在でもなお、経済や軍事に準じて、相対的に強さと厚みのあるセクターではあるでしょう。しかし、先のような「翳り」の側面の存在もまた、否定できない事実ではないかと思います。


日本、アメリカの大学教育に関する考察がやや長くなりましたが、以上についてまとめると、一つは、大学教育をはじめとする高等教育一般について、「進んだ欧米、後れた日本」という図式的な理解はもはや必ずしも正しくない、あるいは理解がおおざっぱすぎるということであり、今一つは、**「キャッチーで受け入れられやすいために社会に流布している言明が正しいとは限らない。むしろ、それらはしばしば誤っているか不正確だ」**ということです。

後者の点については、この本の基本的な視点、また後の章の記述とも関連してくる事柄になります。

そもそも、大学教育一般の普遍的な問題ではないのか？

しかし、だからといって日本の大学教育に問題がないというわけではありません。それについて指摘されてきた欠点の中には、あたっているものも多々あるでしょう。

僕の基本的な視点は、「日本の大学教育の問題についてはいわれて久しく、それには正しい側面もあるが、より根本的なのは、日本に限らない大学教育一般の問題なのではないか？」ということです。

そもそも、大学で学ぶことのできる事柄には限界があります。具体的には、①それは、一定の限定された専門分野の知識や考え方を教えることを中心としていますから、ほかの分野や社会一般との架け橋には乏しく、つまり、外側からの視点や複合的な視点には乏しく、また、②おおむね知識中心、よくてその分野の基本的な方法を教えるという程度であって、**「より普遍的、一般的な考えるための方法や技術を教える」という側面では弱いことも多い**のです。

日本の大学教育の場合、一般的にいえば、こうした点は、確かに、目立った弱点でしょう。けれども、**一方、学生との議論中心のアメリカの大学のような教え方だと、**

授業のレヴェルが下がると基本的知識すらまともに伝授できなくなる、というのも事実だと思います（僕のこれまでに見聞きしたところでも、たとえば、ロースクールにおける日本法を含めた外国法の授業など、相当に問題の大きいものがあるようでした）。

繰り返しますと、そもそも、大学で学ぶことのできる事柄には限界がある、それが僕の意見です。なぜでしょうか。

細分化された大学のカリキュラム、その個々の部分において、専門分野の知識や考え方を超えた普遍的、一般的な考えるための方法や技術までをも学生に教えるには、教える側に、相当に高い知力に加えて、広い視野や深い洞察力も必要です。

しかし、そのような能力を満遍《まんべん》なく備えている人材の割合は、大学教授の中でも、まれとまではいわないとしても、それほど大きくはないでしょう。また、その割合は、少なくとも先進諸国では大差ないのではないかとも思います。

さらには、専門分野の「考え方」はもちろん、「知識」を正確に教えることすらおぼつかないという教授の割合も、大学教授を総体としてとらえるなら、実際には、必ずしも小さくはないかもしれません（これも、どの国でも同じことだと思います。このように、この世界には、数々の、通常は語られない「秘められた真実」が存在します）。

また、学生の段階で先のようなすぐれた教授を選別できる人々の割合も、やはり、それほど大きくはないでしょう。教授たちについての学生の評価、いわゆる学生人気は、一定程度は理由があります（学生たちが連続して全く集まらない授業には問題のあることが多いという意味で）。しかし、一方、学生たちに人気のある教授がすばらしい教授であるとは、必ずしもいえません。また、本当によかった教授の授業は、社会に出て何年も経ってからその真価がわかることが多いともいわれます。さらに、普遍的、一般的な考えるための方法や技術を学ぶということになれば、学生と教授の相性も重要になってきます。

以上をまとめれば、「よき師」といえるほどの教授に出会うことのできる学生は幸運だ、ということになると思います。

さらには、「教えてもらう」という発想自体に問題があるのかもしれない

さらにいえば、「普遍的、一般的な考えるための方法や技術」は、そもそも、「やさしく親切に、そして即効でわかるように教えてもらいたいです（日本に多い）」、あ

るいは、「先生がわかるようにしてくれるのが当然でしょ。そのために高い授業料払ってんだから（学費の高い国に多い）」といった構えでは、学ぶのが難しい事柄でもあります。

この点は、おそらく、**アメリカを代表とし、また今日の教育では一般的なものとなってきている「システム化教育」と対極にある「職人的教育システム」にも一定の利がある部分ではないか**と思います。

第5章の2でもふれますが、たとえば、僕が若かったころの司法研修所の教育や裁判所等における実務修習・実務教育（ＯＪＴとしての、司法修習生、また若手裁判官・弁護士・検察官のための教育）などというのは、体系的、系統的に教えるという発想はあまりなく、与えられる課題もさして多くはなく、ことに修習生については、「勉強したい人は勝手に自分でやってね」という感じでしたし、裁判官についても、「まずプールに放り込んで、自力で泳ぎ方を学ばせる」というものでした。

また、それ以前の、東大法学部における授業についても、「教授が、その年教えたいと思う部分を中心に、その時興味のあることを語って、予定の時間が尽きたらおしまい」といったものさえありました。

さらに、東大法学部の四年生については、優秀な学生は、まずは司法試験か国家公務員上級職試験（当時の呼び方）をめざしましたし、また、合格者五〇〇人台だった当時の司法試験に現役で合格するのも、今より人気のあった公務員試験にトップに近い成績で合格するのも、至難の業《わざ》だったので、そのような学生たちは、四年生では、授業にもあまり出られませんでした。普通に授業に出ていては、こうしたかたちでの合格は困難だったからです。

こうした状況でしたから、当時の司法・行政官僚には基本的な能力に問題があったとしてもおかしくないはずです。ところが、あら不思議で、どうも、誰の意見を聞いても、当時の司法・行政官僚のほうが、現在のそうした人々よりも、「自分で考える力」も「応用力」も高かったようなのです。また、法学者についても、似たようなことがいえるようなのです。

しかし、実をいえば、これは、不思議なことではありません。システム化された教育においては、多数の学生は、どうしても、みずから積極的に学ぶというよりも教えてもらうという姿勢に、また、「先生がわかるようにしてくれるのが当然」といった気持ちのもち方に流れてゆきやすいからです。「とにかく、現役合格、上位合格等の『結果』を出さなければ」といった、あるいは、「明日の法廷では誰にも助けてもらえない。自分で何とかしないと赤恥をかく」といった切迫した状況では、学ぶほうの気迫が、全く違ってきます。

「教授を含む先輩たちと接触するわずかな機会や時間の中で、自分が必要とする方法や技術だけはどうしてもものにしなければ」という構えがあれば、「普遍的、一般的な考えるための方法や技術」はおのずから身についてくる、そういう側面も確かにあるのです。

社会に出てから本質的な事柄を学ぶには？

しかし、「職人的教育システム」は、能力や意欲の高い一部の人間、また法律や医学等の専門職、あるいはアート的な側面の大きい仕事についてはメリットがあるかもしれませんが、現代においては、もはや一般的とはいえないでしょう。また、このシステムは、教えるほうのレヴェルが下がると教えられるほうの能力まで連動して落ちてしまいやすいという欠点もあります（拙著『絶望の裁判所』〔講談社現代新書。

『絶望の裁判所』瀬木比呂志著、講談社、2014

以下、『絶望』と略〕第3章)。

それでは、やはり、社会に出てから本質的な事柄を学ぶには、大学に入り直すしかないのでしょうか?

この点については、たとえば、欧米諸国の中には、上の仕事につきたければ大学院にゆくしかないという国もあります(徹底しているのがたとえばデンマーク。アメリカにもこの傾向はある)。しかし、僕は、これまでに見聞してきたところからみて、純粋自然科学を中心とする理系の限られた分野を除けば、本質的な事柄を学ぶために大学院教育が必要であるとは必ずしも思いません。

さらにいえば、純粋自然科学の領域においてさえ、超がつくレヴェルの天才でありながら最初は大学や研究所に受け入れられないまま特許庁で一人論文を書いていたアルベルト・アインシュタインをはじめ、目立った例外はあります。

その意味では、日本のように、優秀な学生でも大学教育は基本四年間でおしまいとし、あとは、実務の中で学ぶ、自分で学ぶという行き方にも、一定の合理性はあると思います。また、日本の大学院教育が、やはり、純粋自然科学を中心とする理系の限られた分野を除けば一般的には未だ弱体であるのも、事実だと思います。

もちろん、大学等の高等教育機関で学んだことは、実務においても、一つの有力な基盤にはなるでしょう。しかし、たとえば、**①新たな視点から既成の事柄に疑問を抱き、②それを的確かつ明確な課題としてまとめ、③その課題に新たな解を与える、また、④その解を、さまざまな企画や製品等の目にみえる成果として実用化し、あるいは、書物や作品として実体化するといった事柄については、既成の教育システムの中でそれを学ぶのは、残念ながら相当に難しいのではないか**と思います。

それが、僕自身の、裁判官、学者、著者としての長年の体験に基づく結論です（もっとも、この点についても、純粋自然科学を中心とする理系の限られた分野については、例外となるかもしれません）。

「独学」の重要性

今述べたような能力は、世の中のほとんどの人々がたずさわっている実務においても、あるいは社会生活や市民としての生活、活動一般においても、何事かを成しとげるには、ことに新しいことを成しとげるには、必須の能力です。そして、社会の高度化、情報化、国際化の進展に伴い、その必要性は高くなってゆくばかりです。

しかし、大学教育のような、既成の枠組みの強い、かつシステム化された教育によってそれを学ぶことには、一定の限界があるのではないかと思うのです。

そうすると、**社会に出てから本質的な事柄を学ぶには、また、特別に恵まれた環境にあるわけではない多くの学生が本質的な事柄を学ぶにあたっても、独学は、非常に重要な事柄**になってきます。

しかし、このような独学を効果的に行ってゆくためには、「まれな教師」に出会って教えを請う場合と同じような「導き」もまた必要です。そして、僕は、書物や芸術を含むリベラルアーツ一般について、それらが高水準のものであれば、そうした「まれな教師」の役目を果たしうると考えています。

現に、僕自身、学者や著者としての方法や技術はもちろん、法律実務家、裁判官としての方法や技術についてさえも、実務経験のみならず、書物や芸術一般から学んだ部分が相当に大きいと考えています。

また、実務家としての方法や技術についても、僕が、「より普遍的、一般的な考えるための方法や技術の一部」としてそれらをものにしてきたことは、たとえば、僕の『民事裁判入門――裁判官は何を見ているのか』（講談社現代新書。以下『民事裁判』と略）や法社会学的な専門書群をお読みいただければ、理解していただけることではないかと思っています。

正直にいえば、「タコツボ型社会」（丸山眞男『日本の思想』（岩波新書））といわれるほどに閉鎖性の強い日本社会、ことに、法律家の世界のような、その中でもいずれかといえば閉じた傾向の強い、流動性の乏しい世界に生きながら、先のような三つの領域における仕事をし、相応の評価を受ける成果を挙げてゆくのは、容易なことではありませんでした。

そうした生き方の中で、僕が、さまざまな方向の模索と独学を重ね、また、そこで得た方法や技術をさらに試してみることによって、みずからの独学術のかたちを築いてきたことは、確かだと考えています。

本書では、以下、そのような僕の独学術の中から、普遍性、汎用性《はんようせい》のある部分を抜き出し、できる限りわかりやすいかたちで包括的に提示してゆきたいと思います。

『民事裁判入門――裁判官は何を見ているのか』
瀬木比呂志著、講談社、2019

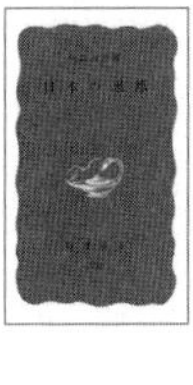
『日本の思想』
丸山真男著、岩波書店、1961

第2章

情報の海をいかに泳ぐべきか？

この章では、リベラルアーツをも含めた現代社会の莫大な情報、インターネット時代以降未曾有のものとなったそれらといかに接するべきか、その方法について語るとともに、情報の海を自在に泳ぐ前提としての自分なりの物理的・精神的な拠点確保の必要性や情報の取捨選択・コレクションのあり方についても記します。

物理学者は、「世界とは究極的には情報である」と定義しています。遠い未来において この宇宙が危機に瀕《ひん》した場合には、人類に関するすべての情報をナノスケールにまで圧縮してワームホールから他の宇宙に脱出することも考えられると説く学者さえいます。僕たちの脳に蓄積された記憶もまた、彼のいう「情報」の一部に含まれることになるでしょう。

「情報」という言葉について考える場合、こうした大きな枠組みによってそれをとらえると、思考に広がりが出てくると思います。

1 インターネットが開いた新しいメディア時代の功罪

インターネットの出現という歴史的な出来事

僕は、もう三分の二世紀近くを生きてきました。

僕自身についていえば、人から、ことにアジア人をも含めた外国人からは年齢よりもかなり若くみられることが多く、少なくともある種の精神的な若さを自分の内に保ってきたことは事実だと思います。

しかし、一方、子どものころからのことを思い出すと、「これまでの人生だけでも随分長いこと生きてきた。長い時間だった」と感じることもまた事実です。

それは、一つには、僕がみずからの子ども時代の育ち方からこうむった精神的な傷を埋めるようにして三人分に近い人生を生きようとしてきたからでもありますが、もう一つには、**二〇世紀半ばから現在までのこの期間は日本と世界が非常に大きく変わった時代だった**ということもあると思います。

この変化にはいくつかの大きな節目がありますが、一九九〇年代以降の目立ったそれといえば、まず、メディア環境の激変でしょう。インターネットの普及や情報媒体全般のディジタル化ということです。

マーシャル・マクルーハンという、メディア論の草分けとして有名な学者がいました。広く評価の確立した著書はこれといってないにもかかわらず、才気煥発《かんぱつ》であるためにその言動は常に注目を集め、そのメディア論のエッセンスは、長く記憶されることになりました（たとえば、M・マクルーハン、E・カーペンター編著『マクルーハン理論――電子メディアの可能性』〔大前正臣《おおまえまさおみ》、後藤和彦《ごとうかずひこ》訳。平凡社ライブラリー〕）。

実をいえば、僕は、マクルーハンは「思いつきの人」だと思っていたので、彼の理論にはあまり心を動かされませんでした。マクルーハンは、当時はまだ新しいメディアであったテレビを高く評価していて、「テレビが世界を変える」と主張しましたが、テレビは、基本的には映画をはじめとする既存のメディアを食いつぶしただけで、人々の精神生活や情報への接し方にまで決定的な影響を与えることはあり

マーシャル・マクルーハン（Herbert Marshall McLuhan）1911-1980

『マクルーハン理論』M・マクルーハン、E・カーペンター著、大前正臣、後藤和彦訳、平凡社、2003

ませんでした。マクルーハンの議論は才気倒れではないかという気がしていたわけです。

しかし、「新しいメディアが世界を変える」というマクルーハンの予言は、彼の死後に、インターネットによって実現しました。また、インターネットは、「今に、誰もが一五分間は世界的有名人になる日がやってくるだろう」という、ポップアートのアイコン、アンディー・ウォーホールの予言をも同様に実現させたのです。

メディアのあり方が知のあり方を変える

メディアが、多かれ少なかれ、知のあり方を変え、世界を変えるのは事実です。語りから文字による情報伝達へ、羊皮紙から印刷へ、そして、映画、ラジオ、テレビ。さらには、インターネットおよびスマートフォンへ。中でも、インターネットの出現によるメディア環境の激変については、印刷術の発明以来の大きな変化だと評する人々もいます。

確かに、誰もが情報を自由に発信でき、それにほとんど制限がかからないという情報流通のかたちは、歴史上初めてのものでした。そして、**今後インターネットに**

変わる新たな情報システムが築かれるとしても、この「情報流通の自由化・双方向性化、流通する情報量の爆発的な増加」という事態は、おそらく動くことがないでしょう。

インターネットの功と罪

しかし、インターネットには、功と罪の両面があり、独学という側面からこれを利用する場合にも、その両面を客観的にみてゆく必要があると思います。

アメリカ人のインターネット評価はおおむね好意的です。しかし、それは、ここ数十年間、アメリカ文化全般がその質において凋落をみせる中、世界に対するアメリカの大きな文化的、創造的貢献が、インターネット等のＩＴ技術にほぼ尽きるといってもよかったことによるところも大きいのではないかと思います。

また、**アメリカは、よくもあしくも進歩主義の国、つまり「社会の進歩を割合無条件に信じ、かつ肯定しやすい国民性の国」ですから、新しいことはいいことだという思い込みも、非常に強い**のです。

後にもふれますが、「進歩主義」については、よく「自由主義」と同一視されていますので、ここで少し説明をしておきたいと思います。確かに、一般的にみれば、自由主義者は進歩主義的でもあることが多いのですが、そうでない場合や側面もあります。

たとえば、僕自身は、個人の内面の自由、また表現の自由一般については最大限尊重すべきであると考えているという意味では明確に「自由主義者」ですが、左派やアメリカニズムを含めた「進歩主義」の思想、すなわち、「社会は、技術・制度・思想等の進化に伴い進歩してゆくべきものであり、また、それは難しいことではない」という思想、「社会の進歩を割合無条件に信じかつ肯定する思想」にはかなり懐疑的です。そして、戦後の自由主義者の中には、プロローグでふれた哲学者の鶴見俊輔を含め、進歩主義については懐疑的でありあるいは慎重な態度をとる人々も、かなり多かったと考えています。

本題に戻って、インターネットの功罪について具体的に検討してみましょう。

たとえば、**以前であれば権力が隠しておけた情報の相当部分が内部告発等によって表に出るようになったこと、これは大きなメリットです。**また、インターネット放送は、中核になるジャーナリストやスタッフさえしっかりしていれば、わずかなコストで濃密な番組を作ることができ、**こうした放送では、通常の商業メディアではできない物事の深い分析や批判も可能になります。**

しかし、一方、**インターネットが、権力による世論・情報操作**（ことに、日本人論を論じた保守主義者として知られる山本七平《やまもとしちへい》のいう「空気」の操作、すなわち「その時々の世論を支配する論調」の操作）**や人々に対する徹底的な監視をも可能にした**ことも、明らかです。ことに、エドワード・スノーデンが身を挺《てい》して告発したアメリカの無差別、広範、非道な諜報活動の実態は、まさに寒気をもよおさせるものでした。

山本七平
1921-1991

このように、インターネットのメリットは常にそのデメリットと表裏であることを認識しておく必要があります。ことに、物心ついたころからインターネットに慣れ親しんできた世代は、どうしてもそのデメリットのほうを軽くみがちであることを意識しておいたほうがいいでしょう。

インターネット情報の「コントロール不可能性」と「浅さ」

誰もが自由に情報を発信できる（場合によっては、ウォーホールの予言どおり、一瞬のうちに有名人になれる）、発信の態様が多様化され、その幅が広がり、情報の探索が容易になる、これらはインターネットの大きな積極面かもしれません。

けれども、**誰もが情報を発することができるというメリットは、ネット上に玉石混淆の情報が満ちあふれ、人々が匿名《とくめい》の不確かな情報やその挑発的な論調に左右されやすくなるというデメリットと表裏**でもあります。

ことに、対話、学びという側面からまず注意しておくべきは、インターネット情報の膨大さからくる「コントロール不可能性」、そしてその一般的な「浅さ」でしょう。

鶴見俊輔は、「哲学の文献が多くなりすぎてから、哲学の質が落ちた」と書いています。意識は、深いけれども狭いものであり、その意識で人間が処理できる情報には限りがあるので、「多いからいい」ということにはならないのです。

たとえば、人々は、法学者をも含め、民事訴訟の証拠は多いほど真実に近づけると考えがちですが、実際には、それは違います。民事訴訟における事実認定の質は、精選された的確な証拠による場合が最も高いのです。これには、証拠がやたらに数多く提出されると裁判官の情報処理能力を超えてしまうことが関係しています。どうでもいいような証拠を大量に提出するのは、分の悪い側の弁護士がとることのある訴訟攪乱《こうらん》術の一つなのです（『民事裁判』第8章の1）。

インターネット、あるいはインターネット時代のメディア全般は、膨大な情報を人々に与えます。そして、その量の大きさは、おそらく、人間の脳が適切に処理できる範囲を超えているのです。


インターネットが認知や思考の様式に与える影響について網羅的に考察した書物であるニコラス・G・カー『ネット・バカ——インターネットがわたしたちの脳にしていること』〔篠儀直子《しのぎなおこ》訳。青土社〕（原タイトルは、なかなか詩的な含みのある『浅瀬《ザ・シャロウズ》』なのですが、日本版タイトルは、残念ながら、まさにインターネット時代の好みに合わせたちょっと安っぽいものにされてしまっています）は、みずからネット文化にどっぷり浸っていると認めるアメリカの知識人が、脳神経科学の知見なども踏まえつつ内省的に記した書物であるために、切迫した説得力が自然に醸《かも》し出されています。

そこで著者が指摘するのは、**インターネットを読むときの脳が絶え間ない情報処理に追われる結果、深い思考や集中、創造的思考が妨げられること、また、テクストの「深い読み」が困難になる**こと、そのために、気を散らされることなく「古典的

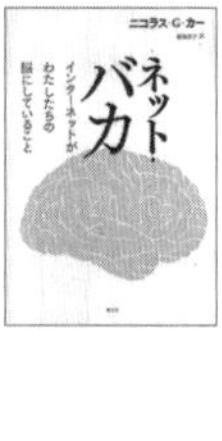

『ネット・バカ——インターネットがわたしたちの脳にしていること』
ニコラス・G・カー著、篠儀直子訳、青土社、2010

な読書」に集中する場合のように「脳内における豊かな結合が生じにくいこと」です。

「その構造からして、ネットは中断のシステムであり、注意を分割するよう作られた機械である」と著者はいいます。そして、こうした環境に慣れる結果、「注意散漫になればなるほど、われわれは最も微妙で、最も人間独特のものである感情形態、すなわち共感や同情などを、経験できなくなっていく」、**「思考のみならず感情の深さもが変化しつつあるかもしれない」**とまで述べます。

どのような情報やコメントがインターネットで一般的に上位検索されるかをみていると、この書物の指摘には、あたっている部分も相当にあるように思われます。たとえば、「日本経済」、「赤字国債」、「円崩壊」などといったキャッチーな言葉で検索を行うと、ありとあらゆる憶測や思い込みの議論を含む種々さまざまな議論が出てきますが、その中から信頼性の高いものや分析の深いものを選り分ける、探し出すのは、実際にはきわめて難しいのです。

インターネット発信とその受容の即時性、党派性、ファン的性格

インターネットは、読む側だけではなく、情報を発信する側にも大きな影響を与えます。前記の『ネット・バカ』は、そちらの側面にもふれています。実際、編集者たちも、著者たちのネット発信については、よく注意しないと、文章が荒れ、雑駁《ざっぱく》になる原因になりやすいと語っているところです。人間に対するそうした意味でのメディアの影響には、決してあなどれないものがあるのです。

さて、インターネットの特徴は、よくもあしくも、「即時性」ということでしょう。そして、即時性の高いメディアに適した言葉は、瞬時に人の目を引く言葉ではありますが、反面、深いものにはなりにくい。「速いが浅い言葉」ということです。

僕は、裁判官、学者、著者の三重生活を送り、常に世界や時代の周縁部に身を置きながら人々やその世界を観察し続けるうちに、そんなに単純には個人というものを信じられなくなりました。むしろ、個人などというものは、時代の流れに浮かぶ折紙の舟のような、もろく小さいものだというほうが正しいと思います。

しかし、**そのような個人でも、書物のような凝縮された表現形式で書くのであれば、書いている間は、大きな川の流れを離れた一定程度高い視点から状況を見《み》詰《つ》め、考え抜いたメッセージを発することが可能**になります（もっとも、どの程度水面を離れられるかは、著者の力量いかんによりますが）。

けれども、テレビはもちろん、一見すると制約が小さそうにみえるインターネットのようなメディアでも、それは、かなり難しいことになります。即時性の高いメディアほど、そこで発信される情報のあり方にも強い影響を与えるからです。

もっとも、インターネット上の文章でも、アクセスする読者を最初から限っているものは、相対的に、書物、あるいは雑誌に近い語りのスタイルをもっています。たとえば、特定の外国における訴訟手続の細部に関する説明や分析の記述、日本全体で数百人しか買いそうもないような輸入ＤＶＤ（こうした映画では、ブルーレイはまず出ていません）に関するコメント、ヨーロッパやカナダのアートアニメーションに関する批評などといったものが、それにあたります。

また、ブログの書評、作品評や紹介の中には、綿密かつ的確で、批評の実質を備えているものが一定程度存在するのも事実です。ブログの記述一般についてみても、特定の記事を読んで、少なくとも冷静で客観性を保った記述を心がけており、記述の根拠となる出典等も正確に記してあると感じられるような執筆者のものは、ほかの記事についても、大筋ではその記述を信頼できることが多いと思います。

しかし、一方、論争的なテーマに関する閲覧の多いページの記事には問題が大きく、「暇人たち」、「思い込みだけで論を立てている人たち」、「ネットによるお金儲けで生きている人たち」のいずれかによって書かれたことが一見しただけで明らかなものも、相当にあると思います。しかし、記述のスタイル自体は、とてもわかりやすい。単純化、断言、レッテル貼り等のレトリックがしばしば現れて、読者の瞬間的な注意を引こうと試み、実際それに成功します。

たとえば、前記の「赤字国債」、「円崩壊」、あるいは「嫌韓」、「嫌中」、「原発」等々の、人々の情動にふれやすい言葉に関する記述の多くがこれにあたります。

つまり、残念ながら、**多くの人々が関心をもつ事柄ほど、誰でも書き込めるような事柄なのであり、信用性の低い記事が多くなる。これが、ネット言論の最大の問題ではないか**と思います。

また、瞬時に多数の注目を集めることを目的とするようなタイプのネット言論、たとえばツイッターのようなSNSにおけるそれは、広い意味における「党派性」、そして、そうした党派性から生じる「挑発的な言葉」を売り物にする傾向が出やすくなります。さらに、そうした言論は、その「党派的性格」によって信者的な「ファン集団」を生み出しがちです。

たとえば、インターネット発信をきっかけとして有名になった著述家や各分野の専門家ないしは自称専門家の相当部分が、みずからに関するイメージないしは幻想・神話作りがうまく、それを行うことによって周囲に一種のファン集団を形成し、また、先のような幻想・神話に乗っかった派手な発言や行動によってさらにファン集団を拡大してゆくといった人々であることは、事実だと思います。

しかし、こうしたファン集団は危険なもので、いったんこうした集団に入ってしまうと、かなり分別や客観性のある人でも、一種の思考停止状態になりがちです。そして、その思考停止状態から、「この人すごい。無条件についてゆきたい」、あるいは、「自分の党派と異なる考え方には興味がない。そんなものは知りたくない。さらには、そういう考え方をもつ人々自体が憎い」などという、人間の古い本能に訴える考え方、感じ方の様式が生まれてきます。

ちょっと面白いなと思って読み続けるうちに、知らず知らずのうちにこうしたファン集団に入り、その「空気」に洗脳されてしまうことの危険性については、よく注意したほうがいいでしょう。それは、独学という観点からも、知的生産という観点からも、マイナスの大きい事柄だからです。

そして、こうしたファン集団は、実は、発信者をも害してゆきます。みずからのメッセージに自動的に反応する読み手や聴衆がいると、発信者は、やがて、客観的に世界や自分を見詰める目を失ってゆくからです。結果として、その発信も、洞窟《どうくつ》の中に響くこだまのような、フォロワーたちだけのための、閉じられた、対話や学びの価値に乏しいものとなってゆきがちです。

アメリカでは、ネット言論とテレビをはじめとするマスメディアが、かつてない規模で政治の衆愚化と二極的対立化を推し進めました。そして、それは、二〇一六年大統領選で、トランプという前代未聞のタレント大統領（その日その日の思いつきでいくらでも矛盾したことを言い続け、かつ、その強力な人気を保ち続けられる）を生み出すことにも大きく貢献しました。

インターネット、あるいはこれに代表されるさまざまな新しいメディアは、次の2でも論じるとおり、独学という側面からみても一つの有益なツールではあるのですが、それはまた、右のような強烈な依存性ないしは毒性（実りある対話や学びを害する性格）をもっていることをも、よく認識しておくべきでしょう。

2

独学における書物の意味

独学における「書物のゆるぎのない重要性」

1に記したとおり、インターネット時代は、情報流通のあり方を大きく変えました。しかし、僕は、総体としての書物についていえば、インターネット時代においてもその固有の価値を失うものではないと考えています。ことに、独学という側面からは、書物の重要性がなおゆるぎのないものであることは確かでしょう。

その理由は、**近代以降における知識と思考の中心的な媒体となった書物には、①深い思考・思索、②世界や物事を、日常生活や既成の思考の枠組みを離れた、客観的で透徹《とうてつ》した、ある意味で醒《さ》めた視点から見詰める姿勢、③長いスパンの中で考える姿勢といった、リベラルアーツの中核となる精神のあり方が結集している**からです。

これは、発信者の精神のあり方とも関係しています。1でもふれたとおり、世界は圧倒的に大きく、その中における個人の存在などというものは、きわめて小さなもの、時代という川の流れに浮かぶ折紙の舟のようなものです。

しかし、そのような個人でも、それまでに得た自己の経験とそれに基づく思索を、「書く」という孤独な行為を通じて書物というかたちに凝縮してゆく際には、大きな川の流れを離れた一定程度高い視点から状況を見詰め、考え抜いたメッセージを発することが可能になるのです。

書物の著者たちは、執筆時の研ぎ澄まされた意識を介して、著者の頭の中にある膨大な情報やアイディアを取捨選択し、限定された文章の中に凝縮、精錬してゆきます。この作業は、基本的には特定の受け手を意識しない孤独なものですが、一方、だからこそ、固有の普遍性、汎用性をもつことになります。

一方、読書もまた、同様に、基本的に孤独な行為であり、著者が書物に織り込んだメッセージを、やはり研ぎ澄まされた意識を介して、自分なりに解読してゆくものです。**それは、著者が考えたことを読者の頭の中に単に再現することではなく、文**

章を介した著者との「対話」によって、自分なりのテクストを「現前」させてゆく過程なのです。

執筆と読書の本来的なかたちは右のようなものだと、僕は思います。そこで伝えられるのは、単なる情報にとどまらない思索のかたちであり、方法であり、その審美的な側面でもあります。

前記のような「リベラルアーツの中核となる精神のあり方」は、書物においては、著者が語るべきものをもっていてかつその姿勢が真摯である場合には、ごく自然に発動しますが、書物以外のメディアの中ではなかなか発動しにくいというのが、事実ではないかと思います。

独学の対象になるような深い思索は、ほぼ書物からしか得られない

僕自身長く書物を書いてきて思うのは、書くための情報、執筆の参考にできる思索（それはまた、独学において吸収すべき思索でもあります）のうち本当に深いものは、ほぼ書物によってしか得られないということです。**思考や感覚、ことにその深い部分を**

まとまったかたちで伝えるには、おそらく、書物という形式が群を抜いて適しているからでしょう。

何といっても、書物は、ヨーロッパの近代という、現代社会の基盤を形作った時代の中で洗練されてきた長い歴史をもっており、そこに蓄積された「知と思索」の方法のノウハウは、一朝一夕にして、失われたり、他の方法に取って代わられたりするものではないでしょう。

もちろん、インターネットの記述にも、ことに具体的な情報や意見として参考になるものはあります。しかし、そのレヴェルを超えてその執筆者固有の、かつまとまったメッセージを伝えてくるような記述は、なかなかみつけられません。

たとえばいわゆる人気ブログ等に掲載された文章を編集してまとめた本は、読んだときはそれなりに感心しても、長く心に残るもの、独学の糧《かて》になるようなものは少ないと感じられます。これは、インターネットに限らず、雑誌連載の時評的な文章をまとめたような本についても、程度の差はあれいえることです。その時々の興味と需要に応じて書かれたものの限界ということです。

また、インターネットを発信地とする言論もいろいろですが、自己顕示欲とカリスマ性の強い人の場合、話題作りがうまく、人目を引き、熱狂的なファン集団を形成しているけれども、メッセージ自体の内実は乏しいという例も、ままあります。こうした人が本を出しても、そこから学ぶべきものはさほど多くないのが普通です。

やはり、メディアの形は、それが運ぶ情報や思索の質にも決定的な影響を与えるのだと思います。

3 情報を取捨選択するための基本的な視点

情報全般の取捨選択にあたっての三つの指標

次の4においては、書物以外のメディア、情報媒体の位置づけと利用法を各論的に解説してゆきます。また、第3章では、書物や芸術の選び方を具体的に詳しく論じます。そこで、ここでは、それらに先立ち、書物をも含め、日常的に接する情報全般の取捨選択についての基本的方針、その指標について論じておきたいと思います。

すでに記した**「リベラルアーツの中核となる精神のあり方」**、すなわち、**「①深い思考・思索、②世界や物事を、日常生活や既成の思考の枠組みを離れた、客観的で透徹した、ある意味で醒めた視点から見詰める姿勢、③長いスパンの中で考える姿勢」**

が、情報全般の取捨選択にあたっても、その指標となるでしょう。
以下、それらについて順次説明してゆきます。

①深い思考・思索が行われているものを選ぶ。

インターネット時代に入ると、その影響を受けて、書物のあり方も多様化し、総売上金額が減少する一方で、出版点数自体は増えました。しかし、問題なのは、それに伴い、「書物のかたちはしているがその実質を備えていない本」の割合が大きくなったことです。カタログやパンフレットのような本も多いですし、雑誌の記事を引き伸ばしたような内容の本も増えています。
今では知的出版物の一つの中核を成すようになった新書についても、まさに玉石混淆で、名著の実質を備えたものから、情報量も限られれば方法やスタイルも貧しいものまで、本当に幅が広くなっています。また、出版社のブランドイメージも、以前ほど明確ではなくなりました。要するに、読者の側に選択する目が必要になってきたということです。

そこでその選択にあたって注意すべきなのは、まず、**一見して「商品」であるよ**

うなタイトルのものは控えたほうがいいということでしょう。たとえば、タイトルや帯に、「ハーヴァード（大学）」等の欧米（主として英米）の有名大学名が確たる根拠もなく入っているような本は、読者の欧米コンプレックス、それもその浅い部分につけ込むような内容であることが多いと思います。「買い手」に手を出させることだけをねらっているようなタイトルのものは、避けたほうが無難でしょう。

また、**その時その時のトレンドに合わせたようなタイトルのものも、中身がどのくらいあるかをよく検討したほうがいい**でしょう。

一例を挙げれば、「戦後の日本はアメリカに支配され続けている」とか、「（従来型の）資本主義は終わりつつある」などといったことを訴える本は、現代の一つのトレンドに乗ったものといえると思います。

それが悪いというわけではありませんし、今掲げたような内容の言明は、ある程度知的好奇心の強い人であれば一度や二度は考えてみたことがあるものであって、決して間違ってはいません。**問題は、そうしたテーマがどこまで深く掘り下げられているかということ**です。

たとえば、「日本の戦後は、アメリカ占領時代以降のアメリカ主導型民主主義のダブルスタンダードによって相当にそこなわれたが、その具体的な実態は十分に意識されてこなかった」ということについていえば、僕の読んだものの中では、ジョン・ダワー『敗北を抱きしめて――第二次大戦後の日本人』〔三浦洋一《みうらよういち》、高杉忠明《たかすぎただあき》訳。岩波書店〕の分析が、最も包括的であり、かつ深いものでした。個々の部分については種々異論もあるものの、全体を貫く視点の確かさと緻密な検証において、群を抜いています。残念ながら、日本人の書物でこれに比肩《ひけん》しうるようなものは、あまりないように思います。

　こうしたテーマは、お手軽に扱えるものではなく、テーマについての相当の検討と準備、そして記述の際の厳密な客観性を要します。また、思索と分析の深さがものをいいます。どうせ一定の時間と労力をさくのであれば、深い思考・思索が行われている書物を選んだほうがいいでしょう。

　右には書物の例を挙げましたが、「深い思考・思索が行われているものを選ぶ」という選択基準を第一にすべきことは、ほかのメディアやその情報の場合についても全く同様です。

『敗北を抱きしめて――第二次大戦後の日本人（上巻、増補版）』
ジョン・ダワー著、三浦陽一・高杉忠明訳、2004

②既成の思考の枠組みを離れた視点のあるものを選ぶ。

既成の思考の枠組みの内にあるメッセージには、独学の対象となるような創造性や新規性が乏しいからです。

これは、インターネット発信に多い問題ですが、それ以外のメディアの場合でも同様です。「あなたを心地よくさせてくれるようなメッセージ」よりは、「あなたを不安にさせるような、あるいは深いところで混乱させるようなメッセージ」のほうが、独学の対象としては意味のあることが多いのです。

戯曲は、ヘンリック・イプセンの『人形の家』に典型的なように、時代に先駆けたテーマや気分を敏感に察知しやすい芸術形式です。また、アントン・チェーホフ（『桜の園』等）、ベルトルト・ブレヒト（『三文オペラ』等）、サミュエル・ベケット（『ゴドーを待ちながら』等）、ハロルド・ピンター（『ハロルド・ピンター全集』〔新潮社〕と『ハロルド・ピンターⅠ～Ⅲ』〔ハヤカワ演劇文庫〕にそれぞれ前期と後期の戯曲が収められていますが、日本では、むしろ、ジョゼフ・ロージーの映画『召使』、『できごと』、『恋』における見事なシナリオのほうで知られているかもしれません）等の劇作家たちの戯曲は、いずれも、読者や観客の住んでいる世界の既成の枠組みを激しくゆさぶるものです。

「あなたの世界は、あなたが日頃思っているような安定したものではないかもしれない。日常世界の何でもないすきまにも、深淵が広がっているかもしれない」というのが、彼らの一致したメッセージであり、そのような彼らの戯曲は、人間と人間の織り成す世界についての既成観念にとらわれない見方を示しているという意味で、独学の対象として意味が深いものだと思います。

逆の例を挙げると、たとえば、固定読者の多い新聞や雑誌の投稿欄や読者コメントがそれです。

新聞の投書欄は、昔はともかく、今では、投書を行う人々が限られるようになってきたこともあって、実質的にはその担当記者が全部を書いているに等しいような「既視感」のある内容のものが多いです。

映画雑誌のベストテン号において読者の選択した作品に付されたコメントなども、まさにその雑誌が期待するとおりの言葉、その雰囲気に合わせた言葉で書かれていて、メッセージとしての創造性や新規性はほとんどありません（なお、全体としての読者によるベストテンの選択自体にはそれなりに意味があります。ここでいっているのは、それに付されたコメントについてのことです）。

これは、インターネット発信にみられる先の「閉じた集団の中におけるコミュニケーションの浅さやステレオタイプ化」と同様の問題です。

また、**独学にあたっては、社会の多数意見、その時々の勢いや「空気」に乗った意見よりは、少数派の意見のほうがよりためになる場合が多い**といえます。少数派の意見は、既成の思考の枠組みを離れた視点に基づくことがより多いし、その時々の世間の風に抗して声を上げなければならないところから、その根拠となる事実やそれに基づく推論においても、より確かなものが要求されるからです。

もっとも、ここで気をつけるべきなのは、少数派といっても、衆を頼み、党派や集団を頼んだそれは、広い意味でのプロパガンダ、政治的宣伝になってしまうことが多く、やはり、その集団における既成の思考の枠組みに縛られやすいということです。つまり、「日本社会という、高度に組織され、よく洗練された、巨大なムラ社会」の中の「もう一つのムラ。オルタナティヴとしてのムラ」になってしまいやすいということです。

現代の日本においてその例として目立つのは、ナショナリズム、実際には右翼に近い国粋保守（しかもなぜかしばしばアメリカには追従）のそれですが、残念ながら、左派、左翼（ムード左翼的な自由主義者を含む）のメッセージにも、そうした方向における進歩主義者のメッセージにも、同様の傾向は現れがちです（具体的には、『哲学と意見』第II章の1において左派の思想の問題点を分析した部分を参照）。

政治的イデオロギー全般から距離をとりつつ世界やそこにおける事実の複雑さに耐えて考えているような著者、発信者のメッセージには、自由主義者の場合であれ、保守主義者の場合であれ、学ぶべき部分があると思います。さらにいえば、**左派や右派の主張であっても、個人として自立して考えている人々の場合には、汲むべきものがある**でしょう。

たとえば、作家三島由紀夫《みしまゆきお》の思想は、政治的にみれば右派のそれでしょう。しかし、彼の思想、思索は、全体としてみれば、深い部分が多いものだと思います。僕は、彼の小説にはあまり惹《ひ》きつけられないのですが、批評や思索的な文章、また戯曲には、鋭いものを感じます。

彼が死の数年前に知性派の批評家中村光夫《なかむらみつお》と行った対談『対談・人間と文学』（講談社）などは、あまり知られた本ではないのですが、芸術論、思想論として実に面白いものです。僕は、子どものころ以来、期間を置いて何度かこの本を読み返して

三島由紀夫
1925-1970

『対談・人間と文学（文庫版）』
中村光夫、三島由紀夫著、講談社、2003（単行本は1968）

いますが、そのつど、何かしら新しい発見があります。戦後の保守主義者の大半よりも、三島のほうが、より本質的なことを考えていたと感じられるのです。

僕の小説『黒い巨塔 最高裁判所』（講談社、同文庫。以下、『黒い巨塔』と略）の冒頭には、三島の戯曲『わが友ヒットラー』からの引用をエピグラフとして置いていますが、それは、三島のセリフが、権力の抱える不可避的な「悪」の本質を見事についていると思われたからでした。

③長いスパンの中で考える姿勢のあるものを選ぶ。

①について述べた事柄とも関連しますが、**独学の対象としては、たった今問題になっている事件、出来事、人物等について書かれたものよりも、より長いスパンを含んだテーマについて書かれたもののほうが価値の高いことが多い**といえます。

たとえば、短いスパンでしか考えない傾向の強いメディアの典型は、テレビでしょう。テレビにおける発信者の多くは、長いスパンの中でじっくりものを考えているとは思えません。「俺が」、「私が」という自分の語る「声」を聴きたい、聴き続けたい、それが出演の主たる目的であるという印象の人々も多いです。哲学者ジャッ

『黒い巨塔 最高裁判所（文庫版）』
瀬木比呂志著、講談社、2019（単行本は2016）

ク・デリダは、「形而上学の歴史は、絶対的な自分が語るのを聴きたいという欲望の系列である」ということをいいましたが、テレビにおける発信者にはまさにこうした志向の人々が多いという事実は、否定できないようです。

一般的にも、ある瞬間において多数の人々の注目を集めている事柄は、ほどなく忘れ去られる事柄である場合が多いものです。また、物事についての短期的な予測などというものは、まさに、「あたるも八卦《はっけ》、あたらぬも八卦」であって、たとえあたったとしても、確実な根拠や見通しに基づいてそうなったかどうかはわからないことが多いといえるでしょう。

書物の一般的な寿命が短くなったこともあって、残念ながら、書物においても、その時々の短期的なトレンドに合わせたものの割合が増えていますが、独学の対象としては、そうではなく、ある程度大きなテーマについて、長いスパンの中で考える姿勢のあるものを選ぶことが大切でしょう。

4

新聞、雑誌、テレビ、インターネットの位置づけと利用法

新聞とその周辺のメディアをどう読むか？

以上で情報の取捨選択についての一般論を終えて、ここからは、メディアごとの各論に入ります。

インターネット時代から大きな影響をこうむったメディアといえば、書物以上に、新聞、雑誌、テレビかもしれません。

いずれについても、読者や視聴者の高年齢層化が進んでおり、メディアのかたち自体はさほど変わっていないとしても、その実質的な機能についてはかなり大きく変化しています。

新聞については、たとえば、一頁全面広告の料金が、かつてに比較して、極端な例では数十分の一にまで減少しているといったことがいわれます。経済的効果、人々の消費行動に与える影響という点からみる限り、新聞の役割が大きく後退したことには間違いがないでしょう。

それよりはるかに大きな問題は、**メディア全体を束ねて情報、少なくとも質の高い情報発信の中核になるという新聞の役割が後退している**ことだと思います。

ことに、日本のメディアにその傾向の強い、政治家や官僚をはじめとする権力側の情報をそのままに流すというやり方（実際、紙面を見ても、そうした記事がかなりの部分を占めています）が、記者クラブ制度の閉鎖性と相まって、人々、ことに自分の頭で考えようとする人々の「新聞は本当に質の高い情報発信の中核としての位置を保ちえているのか？」という疑念を強めていることは間違いありません。

新聞の政治的な立ち位置、あるいはイデオロギーはそれぞれ異なるものの、官公庁による「発表報道」の場合の論調は各紙ともさほど変わらないなどといった例をみると、この立ち位置やイデオロギーについても、実は、営業政策的な「看板」としての側面もかなり強いのではないかと感じられてしまうのです。

僕は、個人的には、アメリカのように人々が新聞をほとんど読まなくなるという状況がよいとは思っていません。インターネットとテレビ中心のメディア状況は、人々が自分の好む情報しか受け取らない結果としての社会の分極化と相互不信をもたらしやすいからです。

しかし、独学という観点からの情報収集の対象としてみるならば、新聞に多くを期待することは難しくなってきているように感じられます（日本の新聞はまだかなりの読者をもっており、また、個人レヴェルでみればきちんとした報道をしようという意欲のある記者も存在するのですから、全体としての体質改善を期待したいところです）。

僕自身はといえば、なお新聞をとってはいますが、それにあまり多くの時間はさいていません。世界に何が起こっているのかをひととおり知るという意味で必要な範囲を読むという程度です。

また、大きな喫茶店や大学の講師控室等では、日経新聞を読むことが多いです。日経新聞はビジネスパースン向けの新聞なので、単なる読み物的な記事は少なく、また、同じ事柄でも、経済という一つの統一的な視点から書かれているため、論調にそれなりの独自性のあることが多いからです。

各紙の一面の記事だけひととおりざっと目を通してみることもよくあります。これは、今世の中で何が話題になっているかの雰囲気、感覚を知る上で役立ちます。紙面が比較的生き生きしている印象を受けるのは、東京・中日、北海道等の有力地方紙で、それは、中央権力との関係が薄いことにあると思います。記事それ自体をとってみるなら、東京新聞の二頁にまたがる「こちら特報部」が、本来あるべき新聞記事の姿に最も近いものといえるでしょう。主として地方紙に配信されている共同通信の記事にも、独自性があります。これは、ほかのメディアに売られる記事である以上、埋め草的な内容では通用しないからでしょう。

僕自身が取材を受けての経験からすると、経済記者出身のジャーナリストは、権力との関係がドライであり、したがってそれを相対化してみることのできる視点のある人が比較的多いかなという印象があります。たとえば、『絶望』の取材についてみても、経済系の記者は、雑誌も含め、当初からかなり関心をもっていました。

新聞が本来行うべき取材を十分に行っていない傾向の結果として、『選択』、『FACTA』等の月刊定期購読誌が、書店での販売は限定的であり、かつかなり高価であるにもかかわらず、相当の部数を出すようになってきています。これらも経済系の記事が中心ですが、実質的には、新聞のあるべき内容の一部を補う機能をもつ雑誌群という側面があります。

また、新聞には掲載されにくいような踏み込んだ内容の論説を掲載している朝日新聞『論座』等のインターネットメディア（有料）は、僕も参加していますが、そこに掲載した文章に対する反応からみて、知識人やジャーナリストの読者が多そうです。


以上のとおり、新聞とその周辺のメディアの情報については、読者の側で、独学という観点から、有益な情報が得られるように自分なりの取捨選択をしてゆく必要があるといえるでしょう。

新聞の現況に一つだけ苦言を呈しておくと、たとえば社説のあり方をもう少し何とかしたらどうかということがあります。大きくみると、疑問を感じる二つの場合として、①どの新聞を見てもほぼ同一内容で既視感の大きい場合と、②その新聞の基本的なイデオロギーによって最初から結論を決めてしまうために記述の中に矛盾が生じ、あるいは、その矛盾をおおい隠すために内容が二転三転して、一貫性がなくなっているような場合とがあります。

独学のための一つの方法としては、「大きな喫茶店等でいくつかの新聞の社説を読み比べながら、それらの問題点を指摘し、自分なりの論評を行ってみる」ことをおすすめします。

独学といっても、受動的に学ぶということばかりではありません。「対話」はもちろん、この例のように「批判的な分析を行う訓練をする」ことも、独学の重要な内容を成す事柄なのです。

最後に付け加えれば、個人的には、立ち位置は正統派の自由主義ないし保守主義の範囲であればどこでもよいから、本当に参考になるような記事と論説だけを掲載した朝刊だけの八頁程度の新聞が出るなら、現在の購読料と同じ金額を払ってでもそれを読みたいと思っています。

もっとも、これは、現在の日本の状況では、また世界的にみても、容易にはかないにくくなってきている希望かもしれません（先にふれたような月刊定期購読誌がさらに充実し、旬刊か週刊になってゆくなら、それに近い機能を果たしうるようになるかもしれませんが）。

雑誌について

雑誌については、新聞以上に読者の細分化が進み、それに伴って内容もサブカルチャー化しているようです。

かつての雑誌は相当に体力があり、執筆陣も充実していました。ことに日本文化特有のアンソロジカルな方法にはすぐれていて、たとえば音楽雑誌の特集号などは、書物以上に便利で、利用価値も高かったものです。僕は、未だに、こうした二〇年以上前の特集号の一定数を保存しています。

最近では、『教養としての現代漫画』〔日本文芸社。以下、『現代漫画』と略〕を書いた際に資料として雑誌の漫画家特集号をかなりの数買ってみたのですが、インタビュー以外にはあまり参考になる記事はなく、そのインタビューもファン雑誌のそれに近いような水準のものが結構多くて、いささかがっかりしました。

雑誌というメディアの中間的な性格が、その生き残りを難しくしているという印象があります。

その中で相対的に水準を保っているのは、たとえば数学、心理学等の専門的な事

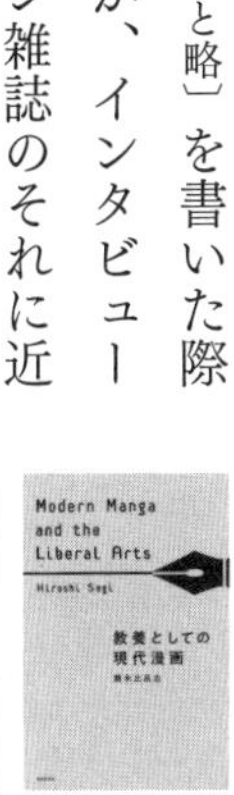

『教養としての現代漫画』
瀬木比呂志著、日本文芸社、2019

項に特化した雑誌でしょう。また、先にふれた経済系記事中心の月刊定期購読誌も、読者を維持あるいは増やしているようです。

週刊誌については、名誉毀損損害賠償請求の容易化やスラップ訴訟（恫喝訴訟）的な名誉毀損損害賠償請求の増加（拙著『ニッポンの裁判』〔講談社現代新書〕第4章の1参照）もあってほかのメディアがあまり扱わなくなった政治家、官僚、経済人等についてのスクープ記事を掲載し続けている点が貴重だと思います。

なお、前記のアンソロジー文化については、書物の場合であると、たとえば各種の文学全集や美術全集がその華《はな》で、翻訳や解説の水準も高かったのですが、近年は、こうした文化もまた急速に失われつつあります。これは、社会にとって大きな損失ではないかと思います。

テレビを見る時間は一定程度に限定して

テレビについては、独学という観点からは、あまり多くのことを期待できなくなっ

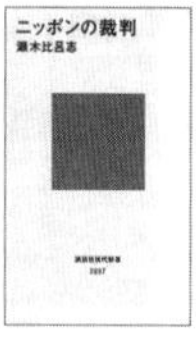

『ニッポンの裁判』
瀬木比呂志著、講談社、2015

てきています。視聴者の高年齢層化、女性中心化等により、番組の幅が以前にも増して狭くなってきていることがその一つの理由です。実際、一般的なアンケートでも、「今のテレビはつまらない」という回答の割合が非常に大きくなってきています。

アメリカでは、今や、リアリティー番組（素人出演者たちが、予測できない状況に直面してさまざまな反応を示すありさまを楽しむ番組）が全盛で、これによって一夜にして有名になる人々も増えていることから、その内容が低俗化、過激化していることが問題になっています。

日本のテレビ番組でも、たとえば、「外国人たちに対するインタビュー等で日本がいかにすばらしいかを語らせる」番組が増えていますが、もしも外国のテレビでこうした安易な自国自賛番組を見かけたら、どういう感じがするでしょうか。違和感を覚える、あまりほめられたものではないと感じる、という人々が多いのではないでしょうか。世界標準の常識からみても、「外国人に日本のすばらしさを語ってもらえなければ自国に自信がもてないというのは、要するに、アイデンティティーの不確かさ、あるいは劣等感の現れではないか」と解されることになりかねないと思います。

また、万引きをはじめとする他人の犯罪を撮影したフィルムを見ながら食事をするなどというのも、あまりまともな感覚ではないと思います（もっとも、これについては、アメリカ等他国でもやっているようです）。

テレビは元々そういうものなのだから目くじらを立てる必要はないという考え方もあり、そうした意見も理解できます。しかし、メディアの力を馬鹿にしてはいけないのであって、**「視聴者は、ただ楽しみに見ているだけのつもりの番組からも、知らず知らずのうちに大きな影響をこうむっている」**という事実については、よく考えておくべきでしょう。

ひねりのきいた、一味違うB級SF映画『ゼイリブ』（ジョン・カーペンター。一九八八年）では、地球を侵略したエイリアンたちがテレビ等の映像メディアを支配し、それらを通じて、「従え」、「これを買え」、「もっとテレビを見ろ」、「自分で考えるな」などといったサブリミナルメッセージを人々に送り続けています。

このサブリミナル文字映像は特殊な眼鏡をかけないと見えないという設定なのですが、これをかけた登場人物たちの「見た目」になって、街中のあらゆる広告や映像の真っ白な画面に先のようなメッセージが黒々と大きく浮かんでいるのをとらえたショットは、現代社会におけるイメージによる人心操作のあり方を直接的に示し

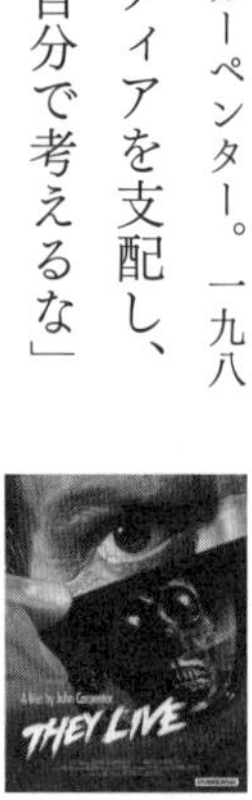

『ゼイリブ』
ジョン・カーペンター監督、1988（TCエンタテインメント）

ていて、鮮烈であり、時代を先取りしたものでした。

残念ながら、現在の日本やアメリカのテレビ番組の主要部分が発している潜在的なメッセージが先のようなものであることは、否定できないと思います（ことに、「自分で考えるな」、「従え」、「共同体に同調、埋没せよ」）。

独学という観点からは、見る番組を選び、また、テレビにさく時間は一定程度に限定したほうがいいといえるでしょう。


もっとも、海外の例でみると、イギリスのBBC、アメリカのPBSといった公共放送は、自国やそれと関係の深い国（BBCの場合はことにアメリカ）の社会的・政治的問題を深く掘り下げた報道を行っています。英語の訓練をしている人は、多少ハードな素材にはなりますが、こうした番組を試してみることをおすすめします。内容も興味深いし、リアルタイムの社会問題を取り扱う際に論理的な英語がどんなふうに使われるかを学ぶこともできるからです。

NHKもれっきとした公共放送なのですから、同じような番組をもっと作れるはずではないかと思います。人材や取材力という観点からみれば、NHKのそれは、メディア全体の中でみてもその水準が高く厚みもあるといわれており、実際、質の高い報道番組も作っているのですから。

BBCやPBSも不偏不党の方針の下で先のような番組を作っているのであり、「不偏不党の方針」と「国民・市民の代理人として現時点における権力や社会の問題の分析・批判を積極的に行うこと」とは、本来十分に両立しうることのはずだからです。

日本の場合でいうと、民間放送では、こうした分析・批判の機能を果たしているのは、おおまかにいえば、全国ネット番組よりも地方局の番組、地上波よりもケーブルテレビ、テレビよりもラジオやインターネット番組ということになりそうです。どうやら、この分野では、独学の対象としては小さなメディアのほうが価値のあることが多い、という一般論が成り立ちそうですね。

発信する側からみると

以上のような各種のメディアについては、僕自身も、取材を受けたり出演依頼を受けたりというかたちでさまざまにかかわってきました。発信する側からみると、著書に関する取材はまずはまとまった分量のものなのでいいのですが、社会的な事柄一般についての取材や出演の場合だと、まとまったメッセージを伝えるのはなかなか容易ではないということがいえます。

新聞であれば数十行のインタビュー、コメントでも少なくとも五、六行のスペースはないと、まとまったメッセージは伝えられませんし、テレビの場合であれば数分程度は必要という気がします。それより短いものは、伝える側にとっても受ける側にとってもあまり意味はなく、「専門家の意見も入れているよ」というメディアのアリバイ作りに等しいものになりがちなのではないでしょうか。

テレビのコメンテイターについても、ケーブルテレビ等のまじめな番組には出たことがありますが、やはり、短い時間に細切れで話題を扱う場合には、まとまったメッセージは伝えにくいと感じました。

そうした観点からは、時間の制限がなく長時間じっくりインタビューや鼎談《ていだん》が行われうるインターネット番組（僕自身の例でも、たとえば、『ビデオニュース・ドットコム』、『インディペンデント・ウェブ・ジャーナル』のそれなど、数時間にわたったものがあります）は、有料の例も多いと思いますが、独学という観点からしても見るに値するものが少なくないのではないかと思います。

インターネットの有益な利用方法

インターネットについては、独学という観点からみても、有益な利用方法がいくつかあり、上手に使えば独学のツールとしても非常に便利なものといえます。その使い方とメリットを挙げてみましょう。

①リアルタイムのおおまかな知識と情報を得ることができる。

百科事典に近い使い方です。紙ベースのものと異なり、複数の頁をクロスしながら使うことで、リアルタイムのおおまかな知識と情報が得られます。

百科事典的なものの代表がウィキペディアであり、これは内外を問わず学者たちからの評判が非常に悪いのですが、僕は、この反発には、ウィキペディア等のインターネット百科事典ないしはそれらに類するサイトが、知識という側面で学者たちのお株を一定程度奪ってしまったことに対する反感や嫉妬という側面もあるのではないかと思っています。

僕自身の専門領域やよく知っている領域の事項についてみると、ウィキペディアでも、記述の量が一定程度以上大きなものは、大筋信頼できる場合が多いと思います。見方のかたよりという問題も、紙の百科事典でもある程度はまぬがれないことであり、読者の側で補正してゆけばいいわけです。そのまま引用するのは危険ですが、ほかのサイトと照らし合わせてゆけば、細部の正確性も相当に詰められます。何よりも、**種々の領域について、比較的新しい事柄まで含めたリアルタイムのおおまかな知識と情報を得られる**という意味で、こうしたサイトは便利です。

②言葉や事柄の正確で立体的な理解が可能になる。

また、インターネット上の辞書や百科事典、ないしそれらに類するサイトについては、複数検索してみることで、そのニュアンスまで含めた言葉や事柄の正確で立体的な理解が可能になるというメリットもあります。

たとえば、次のような事柄を調べるには、インターネットが非常に便利です。

(i) プロトコルとアルゴリズムという言葉の意味の違い、(ii)「法的リテラシー」という言葉は英語として許されるか、それとも和製英語か、(iii) ナポレオンフィッシュの特徴や身体の色は?

順に、次のようになります。

(i)について――プロトコルは、元々は外交儀礼や外交上の議定書《ぎてい》(外交文書の一種)という意味でした(僕が学生時代に覚えたのはこの意味でした)が、今では、情報工学分野における通信の際の「情報伝達に関する手順、定め」という意味で使われることが多いようです。

これに対し、アルゴリズムは、やはり、情報工学や数学等において、「問題を解くための手順を定式化、システム化して表現したもの」を意味します。

どちらも情報工学関連で使われることが多いのでやや紛らわしくなっていますが、「 」で囲んだ部分が意味の中核であり、その部分に注目すれば、ニュアンスの相違が明らかになります(あえて単純化すれば、それぞれ、「手順書」、「定式化された解法」ということになるでしょうか)。

紙の辞書だけでは今一つはっきりしないこうした新しめの言葉のニュアンスは、インターネットでは、字数の制約がないため語源まで含めた割合幅広い説明が行われていること、いくつかのサイトを検索し記述を比べてみるのが可能なことにより、**その立体的な理解が短時間で可能になります。**

なお、プロトコルと似たような響きの言葉であるプロトタイプとアーキタイプの違いなども、英和辞書だけでははっきりわかりませんが、インターネットで調べると、プロトタイプは「製品等の最初のヴァージョン、試作品」、アーキタイプは、「原型、典型的見本」という含みの言葉であること、ユング心理学でいう「原型」は「アーキタイプ」であることなどがわかるので、ニュアンスの相違が明らかになります。

(ii) について――リーガルリテラシーというとアメリカ人は怪訝《けげん》な顔をすることが多いので、僕の使っている和製英語という位置付けで考えていましたが、英文サイトで調べてみると、全く使えないというわけではないようです。もっとも、専門家についてはリーガルマインド、一般人についてはリーガルアウェアネスというほうがより一般的でしょう。

(iii) について――ナポレオンフィッシュは水族館で人気のユーモラスな大魚。大きな口と厚い唇、ナポレオン帽のように突き出た額に特徴があり、色は雄雌で若干異なるものの、おおむね青緑色に淡い黄褐色が交じったような体色です。

こうしたことは昔は意外に調べるのが大変で、文章の中でナポレオンフィッシュを比喩に使うためにわざわざ図書館に出かけて図鑑にあたったりしたものですが、今なら一分あればインターネットで調べられます。

以上のような知識は雑学に類するものですが、ものを考えたり本を書いたりする際には、こうした知識の正確な蓄積は、意外に必要性が高いものなのです。もっとも、みずからの興味や関心に関係する事柄でないただの雑学でかつテレビ番組から受動的に入ってくるようなものは、記憶に残らず、あまり意味がありません。

しかし、自分が興味をもっている事柄、自分が今後利用する可能性のある情報や言葉について適宜知識や理解を確かなものにしておくことは、独学の一つの基盤を作ることであり、大きな意味があります。そして、インターネットは、そうした用途に用いるには非常に便利なものであるといえます。

本を読みながら、映画を見ながら、音楽を聴きながら、あるいは人から興味深い情報を得た後に、心に引っかかった疑問点について即座に、深くとまではいえないとしても一定の正確さをもった調査ができる、また、主要な外国語の単語についても即座に意味を知ることができる、これはすばらしい。こうしたことは、インターネット時代到来前には不可能でした（なお、英語による検索も加えるなら、調査できる事柄はさらに広がります）。

もっとも、①の場合と同様、記述の信頼性を見分ける目は、一定程度必要です（同じサイト内の情報であれば、信頼性もおおむね同水準であることが多いと思います）。

③アウトプットに際し、みずからの知識を確かめ固めることができる。統計的情報も有益。

①、②でふれたインプットの観点とも関連しますが、**本を書いたり文書をまとめてゆく上で有益なのが、自分のもっている情報を確認するため、ことに細かな部分の正確性を詰めるためのインターネットの利用です。統計的情報やこれにかかわる記事なども、出所が明らかであれば利用価値の大きいことがあります。**

ここでも、インターネットでは複数の異なった情報源の情報について短時間で照らし合わせることができるのは、非常に便利です。いくつもの異なった情報源によって確認した情報は、その精度が非常に高くなるからです。

書物に記した事柄については、大きな出版社であれば専門の校正セクションが調査してくれますが、今では、著者自身も、**かつては各種の辞書を種々あたってみなければならなかったような事柄、あるいは図書館や資料室をまわって確認しなければ**

ならなかったような事柄を、ごく短い時間で簡単に確認できるわけです。僕自身も、ことに書物や原稿の第二稿執筆時には、少しでも不確かな部分のある言葉、フレーズ、事実等については、インターネットで細かく確認をしています。

インターネット上の記述を論説的に参照する場合

右はインターネットの図書館、資料室的な利用法ですが、ほかに、インターネット上のまとまった記述自体を論説的に参照するという利用法もあるでしょう。

しかし、これについては、僕自身は、すでに記したとおり、基本的に、アクセスする読者を最初から限っているような比較的専門性の高いサイト、あるいは記述のレヴェルの高いブログ等を補助的に用いる程度にしています。

たとえば、映画の場合ですと、最も役に立つのは、そのストーリーを記したサイトです。どこで調べるのかわかりませんが、あらすじのレヴェルを超えた相当に詳細な筋の記してあるサイトもあり、ことにすぐれた映画の場合に詳しいものが多く、これは役に立ちます。

というのも、ストーリーというのは、イギリスの作家・批評家E・M・フォースターもいっているとおり（『小説の諸相』）、小説や映画になくてはならないものなのですが、同時に、最も原始的な要素、その意味でわずらわしい要素でもあるからです。

僕の見る映画の多くは、何度も見ているものです。ですから、映画を見ている時点では、細かなストーリーを追うことに気をそらされずに、映画の細部、そこで語られている作者たちの「声」を聴く、映像の中に具体化されたそれを「見る」、つまり「映像と対話する」ことのほうが、僕にとってははるかに重要です。

ことに、輸入物のブルーレイ、DVDでは、英語字幕を詳細に追うのは疲れるし、アメリカ版のそれらには英語字幕すらないものもあって、言葉に集中していると、映像のほうがお留守になってしまいます（映画のセリフは、日本映画ですら聴き取りにくいことがままあるものです）。

いずれの場合でも、ことに字幕がない場合には、映画を見たあとで先のような詳細な筋書きを読むと大変参考になります。これには、映画であからさまにストーリーを説明すると作品を弛緩《しかん》させやすいため、ことに芸術色の強い映画では、監督がストーリーの細部をはっきり語りたがらない例が多いこととも関係があります。

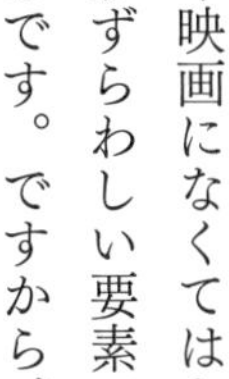

『小説の諸相』（E・M・フォースター著作集8）
E・M・フォースター著、中野康司訳、みすず書房、1994

また、見る人の少ない外国映画などでは、インターネット上のブログによる紹介や分析にもかなり水準の高いものが含まれ、一定の参考になります。ことに、日本人（外国人）には解説がないとわかりにくい箇所について説明を加えた部分などがそうです。

僕の場合には、映画を見たあとでそうした記事を一つ二つ読んだ上で、自分なりの「批評」を頭の中で一度ざっと組み立ててみることが多いです。もっとも、これは、意識的にしているというよりも、長い間文章を書いているうちに脳が半ば無意識的にそうした行為を行うようになった、というほうが正しいのですが。

つまり、最後には自分なりの見解を組み立ててみる、そのための参考としてインターネット上の記事を補助的に利用するということです。人間の相手がいなくてもこうした議論が簡単にできるのは、インターネットの便利なところです。

また、書物の著者やその著書等についても、参考になる記述が結構ありますが、百科事典的なものを除けば、深い記述は、むしろ、ある程度下った頁にあることが多いようです。最初のほうには、噂話や中傷レヴェルのものが意外に多いですね。

一方、論争的なテーマに関する閲覧の多いページの記事に問題が大きいのは、1に記したとおりです。僕は、そうした記述はほとんど読みません。テレビの場合と同様、知らず知らずのうちにそのレトリックやスタイルに悪影響を受ける恐れが大きいし、この種の雑駁な記述は、本気で読むと意外に頭を疲れさせるものだからです。

自分好みのサイトを見る場合には、独学ではなく楽しみと割り切って見る、また、その時間も一定に制限するというのが、インターネットとの上手な付き合い方ではないでしょうか。

なお、日本では対応が遅れていますが、インターネット・スマートフォン依存症は、世界的に大きな問題となってきており、ことに、子どもについては、脳に対する器質的な悪影響の可能性もいわれています。

少なくとも、インターネットやスマートフォンの使いすぎが脳を疲労させることは間違いがなく、したがって、長期的にみるなら、あなたの独学のみならず、あなたの人生自体へのよくない影響も否定できないでしょう。貴重な精神的エネルギーは、大切に使うようにしたほうがいいと思います。

また、脳は、「能動的、創造的」に使えば使うほど活性化されその機能が高まることも、認識しておくべきです。一方、情報の入力を断って脳を休める時間も確保することも必要です。

乗り物の中でスマートフォンを繰りながら時間を過ごすのも、もしもあなたが真摯に独学を志しているのなら、限られた精神的エネルギーの使い道としてはもったいないと思います。本を読むか、さもなければリラックスして脳を休めておくほうがいいでしょう。

インターネットは「議論の相手」、あるいは「ベターな世間」

さて、これまでの記述を総合すると、**全体としてのインターネットは、いわば一つの「世間」、新しく構築された「世間」のようなものではないか**と僕は思います。

「世間」というのは、定義しようのない不定型なものです。世間で評判がよかったり人気のあったりする人がすぐれた人であるとは限りません。しかし、やはり、世間というもの全体の動向は無視できない。それは固有の力と運動をもっているからです。

もっとも、インターネットには、世間とは異なる側面もあります。**インターネットにおいては、すでに論じたとおり、知りたい事柄を的確に絞れば、それなりに、場合によっては相当に、有益な情報や意見が得られることがより多い**からです。もっとも、有益な記述は、アクセスが最も多いページよりもむしろいくぶん少ないページのほうに記されている場合も多い。でも、考えてみれば、これも、「世間一般」と同様のことかもしれません。

以上のとおり、僕は、インターネットの肯定的側面をみていないわけではありません。ただ、僕個人にとっての有用性を離れ、社会全体との関係でみるときには、インターネットが引き起こしたなだれのような劇的な波及効果には、危険なものが多いことも否定しにくいと思います。そうした危険性を取り除いてゆくための科学哲学的なモラルの確立とチェックシステムの整備が必要でしょう。

そうした観点からみると、スノーデンが、インターネット時代の無差別な監視システムについて、たった一人であれだけの告発を行い、現実的な影響をもたらしえたという事実は、近年の世界で最も希望のもてるニュースの一つでした。

5

みずからの拠点を作ることと、そこから出かけてゆくこと

物理的、精神的な「自分の拠点」を作ることの重要性

情報の海を自在に泳ぐには、その前提として、自分なりの場所、「自分の拠点」を物理的にも精神的にも確保しておくことが必要です。

フランツ・カフカは、晩年の短編『巣穴』において、地下に伸び広がった「巣穴」を作るあまり大きくない雑食動物がそれについて語る幸福な感懐を、次のように語りました。

「小さな広場は、どれもぼくにはよく知られ、すっかり似通っていながら、眼を閉じても壁の反《そ》りかたでもう、ぼくには明瞭に区別できる。それらの広場は、どんな

『集英社ギャラリー 世界の文学12』（「巣穴」収録）、集英社、1989

巣も鳥をこのようにはできないほど、ぼくを平和に暖かくつつんでくれる。そしてすべて、すべてが静かでがらんとしている」（城山良彦《しろやまよしひこ》訳。集英社ギャラリー『世界の文学』12。なお、後の引用も同様）

この「巣穴」の中の小動物は、明らかにカフカ自身の比喩なのですが、さすが天才の描写で、彼の行ってきた執筆活動、彼の築いたみずからの拠点としての精神的な「場所」への愛着と執着、そして迫り来る死の恐怖が、わずかな枚数の中に余すところなく描き込まれています（死の恐怖については、どこから聞こえてくるのかわからないシュッシュッという小さな音で表現されています。結核であったカフカの呼吸音の比喩だろうといわれています）。

さて、ここでカフカを引いた理由は、彼が、徹底的にみずからの小さな場所、物理的、精神的な拠点にこだわり続けた基本的には内向きの人間でありながら、同時に、ことにその死後において、世界に大きな影響を与え続けてきた作家、著者でもあったからです。

人は、よく、「自分の世界、書物の世界に閉じこもっていたのでは十分に学ぶことはできない。書物を捨て街へ出てこそ学ぶことができるのだ」といいます。

僕は、自分自身の経験から、この言明は半分あたっていると思います。確かに、広い世界に出てこそ学ぶことができる事柄も多いでしょう。

しかし、人間には、逆に、**自分なりの場所を物理的にも精神的にも確保していて初めて世界を理解することができるようになる、つまり、情報の海を自在に泳ぐことができるようになる**という側面もあると思います。**物事を受容、検討、分析、批判し、そこから自分自身のものを汲み上げてゆくためには、それが可能になるだけの「自己」がまず確立していなければならない**からです。

日本の教育全般の一番の弱点は、こうした意味での自己確立を促す力に乏しいことにあるのではないかと僕は思っています。残念ながら、教師自体が十分に自己確立を行っているとはいえない場合も多いと思われるのです。

情報を限り、自分に沈潜《ちんせん》することもまた必要

また、これはこの書物の中で何度もふれることですが、**情報は、多く受け取れば受け取るほどよいというものではない**のです。むしろ、**精選された情報を深く受け止める、深く感じ、考えながらそれらと対話する、独学にあたっては、おそらく、そ**

うしたことのほうがはるかに重要なのです。

つまり、**人間の「世界をみる目」については、そこから入ってくる情報を制限する、限ることによってかえって深くなる、広がりも出るという側面がある**のです。ことに、新しいアイディアを生み出したり新しいものを創《つく》り出したりするには、自分の心や存在を世界に対して開くという側面とともに、右のような意味における自己への沈潜もまた、必須の事柄なのです。

というのは、新たなことを考えるのはもちろん、その前提として自分の学んだことを消化するにも、必ず、一定の精神的なゆとり、何もしない時間が必要だからです。アメリカ人研究者の友人が、「人間が大きな出来事を体験した後、それから得たものを何らかのかたちで外に出すまでには、普通何年もかかる」と言っていましたが、これはそのとおりだと思います。その間の熟考、反芻《はんすう》の時間があって初めて、大きな「結果」が現れてくるのです。

よく、毎日毎晩の自分のスケジュールを全部埋めてしまわないと気のすまない人々がいます。こうした人々は、人間的には、人好きのする、好ましい人たちである場合も多い。しかし、そういう生き方、生活をしている人々が本当に創造的に生きていることは、意外に少ないのです。

また、たとえば記者たちは、仕事の性格上常に時間に追われていますし、リアルタイムで膨大な情報を得ていますが、たとえば彼らを編集者たちと比べてみた場合、元々同じような能力をもっていた人どうしを比較するなら、深く考えている人の割合がより多いのは、後者かもしれないという気がします。

もちろん編集者たちも多忙なのですが、それでも、著者たちとともに、世界の、限られてはいるけれどもより深い、あたりまえではない側面をみてゆかなければならない仕事であること、また、集中して原稿や著者に向き合い対話する時間の長いことがその理由ではないかと、僕は感じています。

僕自身の場合

僕自身は、忙しい中でも、なるべく自分の頭脳を休ませ、無意識の領域が自由に発動できる時間を作るようにしています。実際に新しいアイディアを生み出したり、新しいものを創り出したりするのは、実は広大な無意識の領域であり、意識は、そこから立ちのぼってくるものをとらえて方向性とかたちのあるものにする際に初めて機能するものです。ですから、まずは無意識の領域を充実させ、澄み切ったものにしておかなければ、いいアイディアや書物、作品は生まれないのです。

僕の生活は、現代人のそれとしては比較的単調なものかもしれません。大学に出かける以外には遠くへの外出はそれほどしません。総体に、自分からどこかへ出かけて行くことは割合少ないですし、友人の数にしても、むしろ少ないほうかもしれません。ネット発信も、今のところはまだしていません。

もっとも、行きつけの大きな喫茶店へは毎日のように出かけて行って本を読みますし、天気がよければ四〇分から一時間程度の散歩はすることが多いです。ブルーレイ、DVDを見たり、音楽を聴いたりもします。

こうした比較的静かな生活（といっても、そこは世の常で、仕事の関係でも、執筆の関係でも、問題はいろいろと起こってくるものですが）をしていると、人と会ったり、どこかへ出かけて行くというのは、比較的まれな出来事になります。ですから、そのようなまれな場合には、知性と感性のアンテナを十分に張りめぐらせることができ、一つ一つの体験や情報を、十分に、徹底的に感じ、考えられるようになります。僕自身の場合には、それが、新しいことを思いつく上でも、思索を深める上でも、役立っているように感じます。

また、**このようにみずからの生活をコントロールして自分なりの精神的な拠点を作っていると、必要な情報が自然に集まってくる場合も多い**のです。ジャーナリスト清水潔《しみずきよし》さんと僕の対談『裁判所の正体――法服を着た役人たち』〔新潮社〕の「まえがき」で、清水さんは、僕について、「ジャーナリズムに対する造詣《ぞうけい》も深いのである」と評してくださっており、ほかのジャーナリストたちからも同じようなことを言われた経験はいくつかあります。しかし、実際には、僕が日本におけるジャーナリズムの現状や問題点をつぶさに知ったのは、『絶望』出版以降の記者たちの各種取材や記者たちとの会話を通じてのことでした。

僕の司法分析・批判に対する反応がメディアの種類によってくっきりと異なること、つまり明確な温度差があること、一方、そうした傾向はあっても、メディアのカテゴリーによる図式的な単純化や決めつけまではできないこと、そうした複雑なメディアの性格を知り、また、全体の見取図やその中のどこかに属している記者たちの性格や特徴を知るだけでも、実感をもって、ジャーナリズムやメディアの世界

『裁判所の正体――法服を着た役人たち』
瀬木比呂志、清水潔著、新潮社、2017

のあり方とその問題点が理解できました。その後、ジャーナリズム関連の書物を系統的に読むようになり、より具体的な知識や情報も得ていったわけです。そして、そのような「独学」の結果は、たとえば、『ニッポンの裁判』や小説である『黒い巨塔』等の書物にも生かされています。

もちろん、自分自身が動いて同じようなことを調べてもいいわけですが、拠点から動かず、「定点」をそこに定めたまま入ってくる情報を取得し、蓄積してゆくほうが、より立体的かつ濃密な認識が得られる、そういう場合もありうるのです。

人々や時代、また社会のリズムを感じ取る

また、人々から情報を受け取る方法は、必ずしも、それと直接能動的に接することに限られません。そうではなく、**「人々の中にいてただ感じることに専念する」という情報の受け取り方もある**のです。

アメリカにおけるソウルミュージックの全盛期を陰《かげ》で支えたある名ベーシストは、時々、街に出、何もせずに、雑踏の中に立って、あるいは座って、時間を過ごしていたそうです。

あるとき、友人が、「お前はそこで一体何をしているんだ?」と尋ねると、彼は、「俺は、ここで人々のリズムを感じているんだ」と答えたといいます。雑踏の中で彼が耳を澄ましながら全身で感じ取った人々のリズム、時代のリズムが、そのまま彼のプレイに反映していたというわけです。

僕自身も、まれに遠くまで外出したときなどには、半ば無意識的にですが、いつも、人々を観察し、街の変わりゆくありさまを感じ取るようにしています。そのように外界に対して感覚を研ぎ澄ましておくのは、たまの外出だからできることで、それに慣れ切ってしまうと、新しいものを感じ取ることはむしろ難しくなります。**ある国の社会や人心の変化は、ずっとそこに住んでいる人々よりもたまにそこを訪れている外国人のほうがよくわかる、ありありとわかることが多い**ものですが、その理由もまた同じことだと思います。

さて、このように、**「人々や時代、また社会のリズムを感じ取る」という目的で世界と接する場合には、その手段は、人によって大きく異なりうる**でしょう。一例を挙げれば、僕が4で行った分析ではあまり重視しなかったテレビというメディアも、こうした側面からみるときには、人によっては、大きな意味をもちうると思います。たとえば、人々の嗜好《しこう》や興味の対象、現在の流行等について常にネットワークを敏感に張りめぐらせておかなければならない仕事についている人々にとっては、テレビは、その番組の内容よりも、それが運んでくる時代の雰囲気という意味で、重要でしょう。

以前からそう感じており、『現代漫画』を書いた際にも確認できたことですが、男性漫画家と女性漫画家では、テレビに対する指向性が全く異なります。前者の場合にはそれはごく限られているのに対し、後者では非常に重要なようなのです。

多くの女性漫画家が、たとえ作品には直接登場しないとしても、テレビをよく見ているようですし、テレビから得たものを、やはり直接的にではないとしても、プロット（因果関係的な筋立て）として用いるとか、その感覚を隠し味として使うとか、何らかのより洗練された方法で用いています。すぐれた女性漫画家たちの手にかかると、テレビの泥臭いユーモアや騒々しさが、「何か別のもっと魅力的なもの」にうまく置き換えられるのです。

おそらく、彼女たちは、先のベーシストが雑踏で人々と時代のリズムを感じ取っていたように、流れゆくテレビ番組から人々と時代のリズムを感じ取っているのだと思います。日本のテレビは、視聴者も、チャンネル権を握っている人々も、実質的には女性が中心であることから、そのスタイルやリズム自体が、女性向け仕様になっているのかもしれません。

ビジネスパースンでも、たとえば女性向け商品を扱う人々や広告業関係者は、こうした意味合いから、常にテレビをチェックしておく必要性があるでしょう。

海外に出る場合には

海外に出ることは、みずからの拠点から外の世界に出かけて行く機会、出かけて行かないとリアルな情報が取りにくい場合のうち、最も目立ったものでしょう。

大きな体験であり、お金、時間、エネルギーを使うわけですから、ただの物見遊山《ものみゆさん》ではもったいない。その機会に、吸収できるものはできる限り吸収しておくべきです。

海外旅行については、日本では、団体のパックツアーを利用する人が多いでしょう。これは、何かと制約は多いですが、その半面、わずらわしい手続から解放されて、見ること、感じることに集中できるというメリットもあります。

ツアーのデメリットは、ツアーという「パック」の中から一歩も出ずに、いわば、輸出された「日本」の中からパノラマのように「世界」を見物する、そうした受動的な姿勢になりがちだということです。しかし、この点は、心がけ次第で、ある程度改善のための工夫ができることでもあります。

たとえば、旅行社の提携店舗における買い物のために充てられた時間（結構長いことが多いです）に店の周囲の街を歩いてみるとか、安全な範囲で食後の散歩に出てみるとか、いろいろと方法はあります。美術館を訪れるツアーでは、出発前にインターネットで主要な収蔵作品をチェックしておくだけでも、得られるものが全然違ってきます（『リベラルアーツ』三八四頁）。

僕は、海外にもそれほど頻繁《ひんぱん》には出かけないのですが、出かける場合には、徹底的に集中して「見て」きます。若いころに妻と一か月ほど出かけたヨーロッパではもちろんそうでしたし、一人で参加した団体ツアーでも、短い空き時間があれば必ず単独で行動していました。また、列車やバスに乗っている際にも、居眠りせずに街や人々を観察し、たとえば、この国を舞台にする小説だったらどんなことをどんなふうに語るのが適切だろうか、効果的だろうかなどということを考えていました。

二度の滞米在外研究でも随分動いて、多くの人々と話しましたが、若かった一度目と最近の二度目では、スタンスがかなり異なりました。正面から学ぶことが非常に多かった一度目に対し、二度目は、むしろ、反面教師として社会、人々、制度の問題点を観察するという側面が大きかったのです。

しかし、その二度目の体験でも、大学の休暇中にはアメリカとカナダのあちこちを車で移動し、時には、二週間ぐらいかけてレンタカーで数千キロを一人走り続けたこともありました。朝から夜まで、ある日は砂漠や豪雪の中を、ある日は霧の険しい山道を、といったドライブです。これは、もう、観光などでは全くなく、僕の年齢や運転技術（日本人の平均レヴェル）を考えるなら、無謀な冒険旅行に近いものでした。

しかし、たとえば東海岸や西海岸の大学や大学街を訪れただけでは、アメリカの本当の姿、現状は、決してみえてきません。これまでの蓄積でそのことはよくわかっていましたから、万全の準備をしつつ、しかし事故やトラブルの可能性も絶無ではないという覚悟を決めて、出かけました。
結果として、アメリカの中心部、大都会だけではなく、地方、周縁部、辺境がどういう状態になっているかを、肌で感じつつ見てまわることができました。また、文字どおり地の果て、世界の果てのような、想像を絶したアメリカ西部、中部の自然も、一度目の滞在の場合よりもさらに深く、自分のものとして体験できたと思っています。

まとめれば、一年間、純粋に、一人の異邦人としてアメリカ社会をみてきたわけです。その体験は、『哲学と意見』（第Ⅶ章）にも記したとおり、世界観や思想をもいくぶん変えるほどの影響を、僕にもたらしたと思います。また、その影響は、帰国後の僕の書物にも、たとえば、『民事訴訟法』（日本評論社）のような専門書までをも含め、さまざまなかたちで表れていると考えます。

二度目の在外研究については、一度目と異なり妻を日本に残して一人で出かけたこと、僕の年齢、またアメリカ社会の三五年間での大きな変化もあって、全体としてみれば孤独な厳しい生活だったのですが、そうした孤独な生活から得たものは、やはり大きかったように思うのです。

『民事訴訟法』
瀬木比呂志著、日本評論社、2019

6
書斎の作り方、情報の取捨選択・コレクション

書斎のかたち

みずからの拠点のうち物理的なものとして重要なのが、書斎と蔵書等のコレクションでしょう。

まず、**書斎ないしそれに準じる空間については、名前はどうでもいいのですが、自分の部屋、それも無理なら自分の机と周囲の空間までは確保しておいたほうがいいでしょう。**

もう随分前のことになりますが、僕の自宅新築後、アメリカ人の友人夫婦が家を訪れた際に、その妻のほうが、僕と妻とがそれぞれ独立した大きめの部屋をもって

いるのをみて、「こういう部屋の使い方のほうがずっといい。合理的だ」と言っていたのをよく覚えています。彼女は、自分の家にベッドルームなど複数なくていいから、その代わりに自分自身のちゃんとした書斎がほしかったのだろうと思います。ちなみに、別のアメリカ人夫婦は、学者夫妻ですが、それぞれが書斎をもって、僕たちの場合と同じような部屋の使い方をしています。

独学というのは、言葉のとおり、「一人で学ぶ」ことを基本としますから、たとえ机一つと本棚一つ、そして周囲の空間だけであっても、自分の場所があったほうがいいことに間違いはありません。自分の独立した場所をもち、そこでの時間をもつことが、独学のための最も基本的な環境整備となります。

書斎ないしそれに準じる空間については、学びかつ考える場所の確保ということとともに、カフカが『巣穴』で語っていたような「自分だけの親密な空間」が確保されていることによって、言葉と意識を備えた「動物」である人間が感じる充足感や安心感といった事柄もまた、重要なのです。

ことに、家を建てる、あるいは買う場合には、自分の書斎、自分の独学の空間をどういうかたちで確保するかについて、よく考えておく必要があります。

僕の場合には、一〇畳の和室を書斎とし、その窓のない面に、幅三・三メートル、三層で合計約一〇メートル、高さが二・四メートルのスライド書棚を設置しました。実質的には、小さめの書庫のようなものです。この書棚の床下には二トン前後の負荷がかかるので、最初に特別な基礎を打って補強してあります。そうでないと床が傾いてしまうからです。こうしたことを考えると、木造建築で二階に書斎、書庫というのは、避けたほうがいいかもしれません。

この部屋には、寝具が入れられる押し入れ、またクローゼットがあり、それ以外の収納部分も相当に確保してあるため、おおむねこの部屋だけで、仕事や基本的な生活が可能になっています。別の一面は全部が開口部で、サッシにしてあります。こうした部屋はどうしても暗く陰気になりがちなので、大きく光を採り入れたということです。もっとも、サッシの内側にはガラス張りの障子があり、落ち着いた雰囲気で仕事ができるようになっています。

コレクション整理の方法

蔵書を含めたリベラルアーツ関連のコレクションは、やはり、独学には欠かせな

著者書斎のスライド書棚

いものです。これについては、最初に、僕自身の方法を解説しておきます。

まず、蔵書については、内容が刻々と変化していることもあり、正確な数は数えたことがありませんが、容易にアクセスできるかたちで自宅に収容できる冊数はおおむね五〇〇〇余りなので、保存している本の数もその範囲だと思います（なお、専門書については、大学の研究室にも保存しています）。

CDが一万枚足らず、内訳は、ロックとクラシックが各三〇〇〇枚台の後半、ジャズが一〇〇〇枚弱、残りが、ソウル、ブルース等のアメリカ黒人音楽、世界各地のポピュラー音楽、民俗音楽等です。

ブルーレイ、DVDも千数百枚あり、DVD化されていない、あるいは買い替えていないヴィデオソフトも、ある程度保存しています。

これらを全部書斎に入れておくのは到底無理ですが、妻は家にものがあふれるのをいやがるので、書斎に置けないものも、二階の小屋裏収納（これは実質は書庫です）、また、すでに独立した二人の息子の部屋の収納部分に整然とまとめてあります（娘の部屋については、妻の領分になっています）。

これらがきちんと整理されているのは、アクセスの条件として、そうしておくこと

が必要だからです。以前は段ボール箱をどんどん収納部に積み上げていたので、小屋裏収納などは通路も満足に確保できない状態となり、したがって、段ボール箱に入れてあるものについてはアクセスが困難だったのですが、執筆の期間が長くなるにつれ、情報の整理や処分を含めて工夫を重ねるようになり、現在では、すべてのコレクションについて短時間でアクセスすることが可能になっています。

以下、具体的に記してゆきます。

書物については、自分にとって重要なものを先のスライド書棚に収め、残りは二階の小屋裏収納と場所を決めた一部の押し入れとに、ジャンルごとに分類した上で、段ボール箱に入れて保存しています。美術書については小屋裏収納の一画にそのまま並べ、漫画については、かってはほぼ全部段ボール箱だったのですが、『現代漫画』執筆後に、三分の一を処分し、三分の一は小屋裏収納に移し、最後の三分の一だけは、次男の部屋の造り付け書棚に並べました。

また、専門書の一部など大学の授業で随時使用するものは、講義案や大学関係の基本書類とともに、机の脇の小さな本箱に入れています。

なお、専門書については、よく利用するものは家に、資料的なものは大学に置いています。資料的なものについては、大学を退職する際に、その後利用する可能性についてよく考えた上で、ある程度の部分は処分することになるでしょう。

CDについては、ロックだけはスライド書棚前面のガラス扉付きのセクションに大半を並べ、クラシックのうちボックスセットは長男の部屋の本箱に収納し、それら以外はすべて、書斎と長男の部屋の押し入れ内の大型収納ボックスに入れています。引き出しを開けるかたちでアクセスが可能です。

ブルーレイ、DVDについては、主要なものはスライド書棚に入れていますが、重要性の低いものや海外版ブルーレイ等を買った場合の日本版DVD（字幕付きなので一応残してある）は、同様に、押し入れ内の大型収納ボックスに入れています。

最後に、各種資料類については、今後利用する可能性の高いものだけを厳選してスライド書棚の一部などアクセスしやすい場所に置き、それ以外については、大きな段ボール箱に入れた上で小屋裏収納の一番奥に保存しています。これらについても、大学を退職する際には相当程度処分することになるでしょう。

インターネット時代に入って、資料類の多くについては再取得が可能になったため、たとえば執筆関係で利用するものについても、本当に重要でありかつ再取得の難しい資料は、ごくわずかになったと思います。そうした資料を中心に保存しているということです。

以上のとおりですが、これらが今のように整然と整理できたのは、実は、二度目の在外研究から帰国した後のことでした。大きな区切りの体験であるこの海外生活を経ることによって、今後の自分の執筆、研究のテーマについても大筋の方向性がついたので、書物を中心に、相当に思い切った整理、処分を行った結果、前記のようなアクセスが確保されるようになったわけです（なお、僕がこうした大きな整理、処分を行ったのは、学生時代以来でも二回だけです）。

僕自身の方法は以上のとおりですが、一般的にいっても、**独学の成果、リベラルアーツ関連情報については、その整理とアクセスの確保がきわめて重要**です。

せっかく蓄積された情報も、制御不能になってしまうと、もっていることの意味に乏しくなりますから、**常に、全体をコントロールでき、どれにでもアクセスでき**

る状況にしておくことが大切なのです。これは、蓄積されるものの量が大きくなればなるほど、重要なポイントになってきます。

一時間ぐらいかけないと、あるいはいつまで経っても目当てのものが発見できないような状態で大量の情報を保存していても、適切な利用はできません。仕事の効率が著しく妨げられるばかりでなく、ストレスやフラストレーションもたまりやすくなります。機能的に整理しておくことが大切なのです。

新しい情報の取得、整理、処分の方法

それでは、次に、逐次《ちくじ》増加してゆく情報をどのようにコレクションに組み込んでゆくかについても、解説したいと思います。

新たな情報については、たとえば紙媒体の場合には、スキャンしてパソコン上に保存しておくこともできますし、書物については、電子書籍を購入することも可能でしょう。

しかし、僕自身は、原則として、こうした方法はとっていません。電子書籍しか

出ていない書物について、例外的にそれを購入するだけです。

第3章で詳しく論じますが、基本的に、書物や文書は昔ながらの紙媒体により、線を引いたり書き込みを行うことをも含め手でふれられるかたちで利用するというのが、僕のやり方です。裁判官時代には一時前記のような方向への転換を考えたこともあったのですが、結局やめました。

その理由は、以下のとおりです。

①まず、スキャンした上で本体を捨ててしまうような文書や本を後に利用することは、実際にはほとんどなかったからです。
②また、自分の考察や印象等を記して保存するについても、書物の原稿のようにまとまったものはワープロソフトの各種機能を利用しながら作成するのが圧倒的に便利ですが、それ以前の独学、吸収の段階でいえば、結局、紙ベースのものに手書きをするという方法が、最も簡便でありかつあとからの利用もしやすいとわかったからです。
③さらに、パソコン等の機器を保存に利用するやり方だと、スキャンの場合に限らず、情報の選択がいい加減になりがちだからです。具体的には、何でもとって

おくという方向に流れがちになるわけです。

しかし、そうすると、結局多くの場合には、情報が「モズのはやにえ」状態になります。つまり、あとから利用するものは限られ、一方、実際には使わないものを保存する手間と、必要なものを探し出す手間とが、増えることになります。

これに対し、紙ベースのものだけであれば、書物は選んで買い、資料類は本当に必要なものだけを選択して残すという作業を日常的に行うようになり、それが習慣になります。そして、この、**本当に必要なものだけを選択する、選択できるという能力、広くいえば取捨選択の能力は、実は、独学の前提としても、新たなものを生み出すアウトプット作業の前提としても、重要な能力**なのです。

僕の場合、新たな情報についての、整理や処分の前提としての選択、また、それに続くプロセスは、以下のようになります。

書物については、詳しくは第3章の4に記しますが、読んだあとで、「今後も読み返したり利用したりする可能性の高いもの」はスライド書棚の「未整理の本のための場所」に並べておき、それらがある程度まとまったところで整理することにしています。整理の頻度《ひんど》は、半年から一年に一度ぐらいです。
それ以外の書物は、特定の場所にためておき、やはり半年から一年に一度ぐらい、書斎以外の場所に保存しておくか、それとも処分するかの選択をします。

CDやブルーレイ、DVDの場合にも同じような方法で整理してゆきますが、これらについては、今では新しいものがそれほど増えるわけではなく、また、長いスパンで計画を立てたり考えたりしながら買っているので、作業はよりスムーズです。たとえばブルーレイ、DVDであれば、スライド書棚等のところどころに若干の空きスペースを確保しておけば、新しいものも最初から所定の位置に入れることができます。

各種資料類は、保存するものを厳選した上、処分する方向のものについても、しばらくの間は、決まった場所にためておきます。後者のものについては、数か月の考慮期間中にやはりそれが必要であると判明した場合には保存場所のほうに移し、それ以外については、考慮期間後に処分します。なお、実際には、考慮期間中に考え直して保存にまわすものは、ごくわずかです。

以上いずれの場合についても、整理や処分は、逐次的にではなくまとめて行っていることに注意してください。短いスパンで整理や処分を繰り返していると、非常に時間を食いますし、また、実際には必要なものを誤って処分してしまうなどの失敗も増えます。

コレクションとその整理は長い目で計画的に行い、ことに、大きな整理については一〇年、二〇年単位の節目で一気に行うほうが、より的確な判断ができると思います。

情報の取捨選択・コレクションの意味

以上のような情報の取捨選択・コレクションの意味についての僕の考えは、次のようなものとなります。

①まず第一に、「各種の情報を、新しいアイディア創出や各種の創造のための利用に適した方法で保存しておく」ということです。

②第二には、「そのようにしてできたコレクションは、それ自体がみずからの物理的、精神的な基盤になる、つまり、カフカのいう『巣穴』のような『みずからの場所』

になり、創造的活動の物理的、精神的拠点になる」ということです。これは、単なる収集者の心理的満足にとどまることではありません。

もちろん、③「収集家としての心理的満足自体」もコレクションの一つの意味ではあるとは思います。しかし、それは、①、②に比較すれば、小さな事柄です。

「ある特定の領域のコレクションを作ること」それ自体に意味を見出している人々（コレクター、収集家）は、①、②に比較すれば小さな事柄である③を中心的なメルクマールとして、コレクションのためのコレクションを行いがちです。しかし、それでは、ある意味骨董品《こっとうひん》の収集と同じことで、独学、自己形成、創造のためにコレクションを生かすというより重要な目的は、お留守になってしまいがちです（一般的にいっても、コレクターは、必ずしも創造的な人々とは限りません。また、愛書家が集めた本の多くを実際に読むとも限りません。学者等で洋書の収集に血道を上げるような人々についても、同じようなことはいえます）。

先に記したような受容、選択、整理を経て築かれたコレクションは、それ自体が、その持ち主、利用者固有の「刻印」の深く記された存在になります。もう一度まとめれば、**そうしたコレクションは、単なる資料にとどまらず、その所有者の「拠点」、**

そしてイマジネーションの源泉になるということです。

僕の場合、線を引かれ書き込みがなされた上で分類され、書棚等の所定の場所に置かれた書物については、その内容のみならず、執筆にあたっての著者たちの方法、また、レトリック、言葉の使い方の技術が、自分の中に型、方法、スタイルとなって残っていますし、同様に一覧性のあるかたちで分類され、かつそれらに関する印象や感想がカードやルーズリーフのかたちで別にまとめられている芸術作品についても、同じことがいえます。

何度も述べたとおり、**書物や作品はその「能動的な受容」があって初めて成立する**という事実を思い起こしてください。そうした成立過程が刻み込まれたコレクションは、その著者や作者たちだけのものではなく、それを受け取った人間のものでもあるのです。そして、**そうした受容過程の意味は、その堆積がコレクションというかたちをとることによって、方向性のはっきりした、より明確なものになります。**

たとえば、先にも記したとおり、僕は、現在、書斎のスライド書棚前面のほぼ全部をロックのＣＤで埋めており（なお、ごく一部には自分の著書を置いています。執筆や授業準備等で参照することがあるからです）、また、うち七〇余のアーティストについては、彼らのアルバムから一枚ずつを選んで、机の脇のボックスに並べています。

この七〇枚余りのCDは、いわば、僕にとっての、一種の、ごく比喩的な意味での、新約聖書のようなものです。つまり、一つの啓示のかたちであり、インスピレーションの基本的な源泉でもあるということです。

そして、このように、多くの音楽のうちからロックを選んで自分に最も近い場所に置いていることは、知らず知らずのうちに、僕の精神のあり方、また書物の内容やスタイルに、表立っては目につきにくいけれども深い影響を与えていると思います。クラシックやジャズなどほかの音楽にのめり込むことがあっても最後にはロックに戻ってくるのは、僕にとって、それが、最も内的な必然性のある音楽、みずからの血管の中を流れている音楽だからということがあるのでしょう。

ブルーレイやDVDのうちスライド書棚に並べているもの（約八〇〇本）についても、同じようなことがいえます。これらについては、数が限られますから、時々、その全部のタイトルを順に読んで、その全体のかたち、つまり僕なりの映画の体系、歴史を確認してみることがあります。また、そのうち自分にとって特に重要なものと考えている二〇〇本余りについては、別立てにして最初の部分に並べているのですが、その選択についても、映画を見直したあとで変えてゆくことがあります。この別立てにしている映画の内容は長い年月の間に一定程度変わりましたが、その数は、二〇〇余りでほぼ動いていていません。こうした作業を行う中で、自分の映画観を組み立て直すとともに、そのようにする自分自身についても、選択した作品群を一つの鏡とする内省を繰り返しているわけです。

書物については、事実上無際限ですから、それらをトータルなかたちで自分の下に置いておくことは、およそ無理です。しかし、音楽、映画、漫画等については、書物に比べればその下位ジャンルは限られるので、自分なりのトータルな視点をもって選んだそれら、いわばいくつかの芸術的な小宇宙を、書斎ないしはその周辺に作っておくことはできるわけであり、僕がやっているのは、実は、まさにそのようなことです。

これらの小宇宙群は、僕によって選択されたものとはいえ、それなりにトータルな全体ですから、それらがいつでも手にとれる場所にあることによって、僕自身も、それらの「全体」を鏡としながら、自分の生きてきた精神のかたち、あるいはその位置する場所を確かめることができ、また、自分の進歩や退歩、転向や回帰の形についても考えることができるわけです。書物についていえば、僕の下にあるのはその限られた一部、一つのミニチュアのようなものだとは思いますが、その機能としては、やはり同じようなことがいえると思います。

音楽配信、音楽作成ソフト、CG等の落とし穴

こうしたコレクションを行うことについては、あるアメリカ人の若者が、「知のコレクションなんて無意味です。そういう世界はすべて僕のスマートフォンの中に入っていますから、僕にはスマートフォンだけで十分です」と、挑戦的な口調で語ったことを覚えています。これは、現代アメリカ的な傲慢《ごうまん》さと、その視点のかなり致命的な欠落とを示す言葉だと思います。この若者が一応大学教員の末端に名前を連ねる存在だったことを考えると、この言葉はさらに象徴的です。

彼の言葉は、僕が論じたコレクションの意味のうち、③については反撃しているといえますが、①、②については、完全に見落としていると思います。

繰り返しますが、「知る」というのは「限定して選択する。みずからの明確な意

思をもって選び取る」ということです。だから、たとえば「音楽配信ですべての曲が聴ける」というのは、実は幻想にすぎません。それは、「インターネットですべての必要な情報にアクセスできる」というのと同じことなのです。また、「すべての曲が聴ける」というのは、実は、「本当は何も聴いていない。音楽をムードやファッションで流していて、切実なものとして選び取ってはいない」という事態にも結びつきやすいのです。

実際、音楽配信は、音楽のあらゆるジャンルの創造性に相当に致命的な打撃を与えましたが、その理由については、音楽配信が、音楽家たち、ことに若い音楽家たちの経済的な基盤を奪ったということのほかに、音楽の受け手のほうについても知らず知らずのうちにその変質をもたらしたということもあると思います。

また、**芸術とはすべて、その様式が課する制約との戦い**であり、比較的新しい様式である映画やポピュラー音楽については、ことにそのようにいえます。映画の歴史は、ある意味で各種の技術的制約との戦いでしたし、ロックやジャズについても、そのような側面はあります。そして、そうした制約こそが、アーティストたちのインスピレーションの源でもあったといえるのです。

ＣＧを使えば既存の映画に課せられていた制約の多くが簡単に「超えられる」、パソコン上の音楽作成ソフトを使えば、誰でも整った演奏を「作れる」……一見そのように思われるかもしれませんが、実はそれが幻想であることは、ＣＧや音楽作成ソフトに頼り切った作品の退屈さ、単調さによって明らかです。

一般に、アメリカに代表される現代の進歩主義（政治思想こそ異なるものの、中国も、効用一辺倒の進歩主義という意味では、アメリカと同じ方向をとっています）は、「制約のなくなることこそが進歩だ」と信じる傾向がありますが、こうした進歩主義には、大きな落とし穴があると思います。

カフカの『巣穴』が伝える「思索の拠点」についてのメッセージ

カフカは、先の『巣穴』において、その主人公である小動物に、次のようにも語らせています。

「これは、ぼくが引っ掻《か》き、噛《か》みつき、踏みつけ、押しつけて、手に負えない土から獲得したもの、どんなにしても他人のものにはなりえないぼくの城であり、それほどぼくのものなのだから、ここで最後には安心して敵から致命傷をうけることもできる。つまり、ぼくの血はこの地面にすいこまれ、失われることがないからである」

これは全くそのとおりであり、思索の拠点（それはまた、独学や知的生産の拠点でもあります）は、それなりの努力や格闘の結果自分のものとしたのでなくては、その意味をもつことはできません。そして、拠点のないまま情報の海を漂っているだけでは、本当の意味での受容、すなわち「情報との対話」も、オリジナルな思索や知的生産も、可能にはなりません。**独学を行うためには、情報を受け止め、咀嚼《そしゃく》し、自分のものとして再構築する中心的な場所が必要**なのです。リベラルアーツのコレクションも、そうした拠点の基盤として重要になるわけです。

一方、「本当に自分のものにすることができるなら、ほんのわずかのコレクションでも大きな意味をもつ」ということもいえます。

僕が保存している音楽雑誌の特集号の一つに、『私の好きな一枚のジャズ・レコード』〔季刊『ジャズ批評』別冊、一九八一年。ジャズ批評社〕があります。その執筆者たちの多くは、まだモノが貴重だった戦後間もなくの時代にジャズを聴き始めた人々ですから、読んでいると、「一枚の輸入LPレコードを買うために半月分の給料を使っ

『季刊ジャズ批評別冊 私の好きな一枚のジャズ・レコード』ジャズ批評社、1981

てしまい、次の給料が出るまで歩いて会社に通った。そのレコードがすり切れて裏側が透けて見えるようになるまで聴いた」といったたぐいの、今では信じられないような話がごろごろ出てきます。

いずれの文章にもジャズに対する「深い思い入れ」があるわけですが、単なる思い入れだけではなく、執筆者たちの選んだ一枚が彼らの知性や感性にどれほど深い影響を与えたかが、身に迫るように理解、実感できる文章が多いのです。そして、そうした執筆者たちのジャズ観も、おおむね相当に深いものなのです。

こうした事態を考えるなら、**「コレクションは量ではなく質の問題だ」ということもまたいえる**でしょう。

独学と仕事のスペースにものを積まない

最後になりますが、独学と仕事のための場所は、可能な範囲ですっきりと保つことを心がけるとよいと思います。

書物や資料で机の上をいっぱいにするといった独学や仕事の仕方は、一見それに打ち込んでいるようにみえますが、実は気を散らしやすいものです。

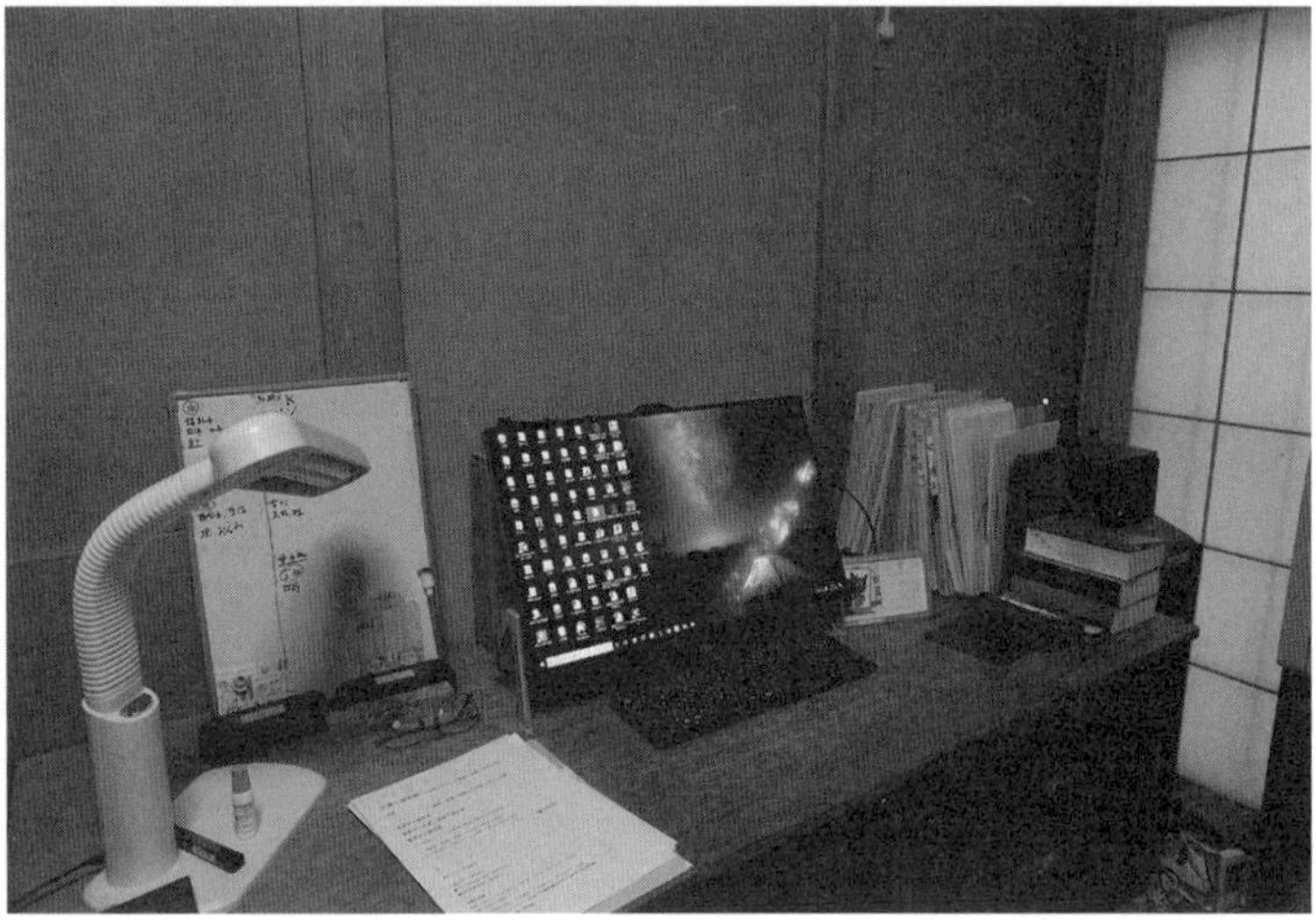

著者の机

僕の経験でも、たとえば、参考文献が多い書物執筆の場合など、机の上や脇に本や資料を山のように置くと、それらに押しつぶされてしまって身動きが取れなくなりがちです。その時その時に本当に必要なものだけを出しておき、用がすんだらしまうようにするほうが、結局は効率的ではないかと思います。

もちろん、これはそれぞれの人の性格にもよることなので、一概にはいえません。しかし、自分だけでなくこれまでに一緒に働いてきた人々の場合を考えてみても、少なくとも、一日の独学や仕事が終わったら、それぞれのモノはそれぞれの場所に返してあげるようにするほうが、机の上や周囲をごちゃごちゃにしたままで次の日を迎えるよりも、頭のリセット、リフレッシュ効果が期待でき、新しい一日に新しい発想を期待することができるようには思います。

第3章

書物や作品を「読む」技術の基本

この章では、まず書物の選び方から始め、書物についての線の引き方やメモの取り方、独学全般で得た情報や印象の集積・利用方法、さらに、学問の場合の同様の技術について説き明かしてゆきます。こうした「読み」や情報集積の技術は、書物のみならず、芸術全般と対話する場合についても応用できるものです。

1

「読む」こと、受容することは一つの技術

書物の選択や読書、またリベラルアーツ全般の受容は、一つの技術である

「読む」技術、すなわち、書物を読む技術、また芸術等受容の技術についてまず知っておくべきことは、**書物や芸術、すなわちリベラルアーツの内容を成す広い意味での「作品」は、誰でも最初から「読める」というものではない**ということです。

もちろん、識字率の高い日本では、誰でも、活字を追うことはできるし、読んだものについて何らかの印象をもつことはできるでしょう。インターネット記事の多くについていえば、そうした「読み」で足りるのかもしれません。また、インターネット上の記述の大きな部分が、そうした読みを前提として、日常会話のレヴェル

で書かれているのも事実です。

しかし、**①独学の対象として意味のあるような相当の水準をもった書物を選び、②自分なりの「対話」が成り立つようなレヴェルでそれらを深く読んで消化、血肉化し、③さらには、それらについて自分なりの「批評」を行った上でみずからの「知」の体系の中に位置づけ、④そうすることによってインプットをアウトプットにつながるようなものにしてゆくためには、それなりの、あるいは相当の訓練が必要**です。

つまり、それは、一種のコミュニケーションの技術なのです。そして、本書は、そのような技術の全体を体系的に説き明かしてゆくことを大きな目的としています。

また、**こうしたコミュニケーションの技術や方法は、リベラルアーツ全般についても同様に当てはまりますし、さらに、世界や人々と接する方法やそれらを教師、反面教師として「学ぶ」方法にもつながってゆく**ものなのです。つまり、**「読む」技術は、人々や世界と意味のある対話を行うという意味におけるコミュニケーションの技術の一環でもある**のです。

2以下では、以上のような観点を踏まえながら、書物や作品を「読む」技術の基本について解説してゆきます。

2

濫《らん》読《どく》と精読の関係、また精読の意味

濫読と精読の組み合わせが有効

書物の読み方については、よく、濫読と精読という二つの読み方が対比的に説かれます。結論からいうと、独学という観点からは、この二つの読み方について、バランスをとりながらうまく統合してゆくことが必要だといえるでしょう。

まず、**最初のうちは、間口を広くとっておく必要性から広い分野の本を試してみることが適切であり、その意味では、一定程度の濫読が望ましい**といえるでしょう。独学という観点からは、百科全書的に広い分野をひととおりおさえることによって「知」の全体像をつかんでおく、それらについての感覚を得ておくことは、重要です。

ことに、日本人やイギリス人のような古い島国の民族は、狭い分野に自分の興味を限って、その分野の事柄だけを求道的に追求するようになりやすい指向をもっています。たとえば、音楽の場合なら、ブルースしか聴かない、ジャズしか聴かない、それも特定の時代や流派のものしか聴かない、そして、録音等の細かいデータにこだわる、曲のヴァージョンの違いにこだわる、そうしたファンやコレクターは、日本人やイギリス人に特徴的です。

しかし、こういう行き方は、趣味としてはそれでもかまわないのですが、対話や学びという観点からすると、必ずしも生産的ではありません。

①まずはあるジャンルについてひととおりのことを知る、
②そして、隣接する領域との相互比較をし、横断的、系統的な視野を得る、
③そのような過程を繰り返しながら徐々に「知」の全体像をつかんでゆく、
固有のパースペクティヴとヴィジョンを獲得するためには、そうした経験論的な、かつ地道な努力が必要なのです。

一方、**個々の書物を読むときの「読み方の基本」は精読**でしょう。しかし、実際には、自分の固定した興味の範囲から少しでも外れていることがわかった本については、その質にかかわらず、読み飛ばしたり斜め読みをしたりする人が多いものです。後に論じるように、本によってはこうした読み方もありうるのですが、内容と質を備えた本についてこんな読み方をするのはもったいないことです。書物から何かあなた固有の特別なものを引き出すには、書物と「対話」を行うには、精読が必要です。

もっとも、精読というのは、スピードの問題ではありません。つまり、精読だからゆっくり読まなくてはならないというものではない。後に述べるように、僕は、今では、基本的に、本に線を引いたり書き込みを行ったりする「本を汚《よご》す読み方」をしています。しかし、そのことによって読むスピードがさほど遅くなっているわけではありません。

もっとも、個々の書物を読む際の速度については、いちいち時間を計っているわけではありませんが、ある程度異なるだろうと思います。

まず、その本を読むことそれ自体を楽しむような場合、たとえば読んでいるうちに特別に気に入ってしまった本を読み続ける場合には、速く読んでしまうと楽しみがなくなりますから、ことさらにゆっくり読むことがあります。たとえば文学について は、時にはこうした読み方が効果的です。こうした読み方をすると、著者の技術やスタイル、レトリックがごく自然に理解されてゆくからです。

それ以外の場合については、特に意識的にしているわけではありませんが、それぞれの書物が要求する速度に合わせるということになっていると思います。

隙《すき》のない緻密な論理を休みなく積み重ねている書物（哲学、思想、自然科学等に多い。僕がその価値を認めるような法学の書物についても同様）については、その論理を途切れなく追い続けるだけでも一定の時間がかかりますから、読む速度は自然に遅くなります。反対に、思考の浅い本は自然に速く読めます。雑誌等の記事や連載をそのまま本にしたような書物の場合です。

一方、随時緩急《かんきゅう》のリズムをつけながら、集中して読むべき部分とある程度流れに任せてスムーズに読める部分とを織り交ぜつつ書かれているような書物では、その時々の著者の語りのリズムに合わせてゆけばいいわけです（作品としての要素を含んだ書物を書くことを意図している著者は、程度の差はあれ、こうした工夫をすることが多いものです）。

精読とは、書物と「対話」を行うことである

以上のとおり、精読は、必ずしも「ゆっくり読む」ことではありません。

しかし、**「書物と対話しながら深く読む」**ことではあると思います。つまり、**人間と接する場合と同様に、書物との「対話」を行い、そのテクストを、内在的に深く感じ、かつ、理解することが必要**です。コミュニケーションとは本来そういうものであり、それは、相手が人間の場合でも、書物や作品の場合でも、何ら変わりありません。

インターネットの記述を読んでいると、よく、「この本の書き方は上から目線だ（気に入らない）」などといった一言で本を断罪している人がいます。確かに権威主義的な上から目線の論調は気にさわるものですが、では、こうした断罪があたっているかというと、そうではない場合も多いのです。自分が気に入らないから、自分がその本について上から見下されているように感じてしまったから、そのことに対する反発として、そういう言い方をしておとしめているにすぎない場合も、ままあるよ

うに思われます。

むしろ、問題は、何かといえばこうした決めつけの言葉で書物を断罪したがるような人々の「書物に対する姿勢」にあるのではないでしょうか。自分が「上から目線」と感じるかどうか、より広くいえば、自分がその対象を気に入ることができるかどうかだけで書物や作品を評する、そのような姿勢でそれらに接していても、本当の意味での受容や対話が成り立つことはありません。まずは先入観をもたず虚心に心を開いてゆく姿勢がないと、書物や作品も、同様に、あなたにその世界を開いてみせてはくれず、あなたを拒絶します。


もちろん、本を読んだ結果それとの対話から得たことや考えたことがあり、あるいは一定の疑問をもったので、それを記してみることは、独学のステップとしても、客観的に対象を評価すること、すなわち「批評」の訓練としても、意味があるでしょう。インターネットでそれを行うことによって人々にみずからの意見を伝えたいというのも、まっとうな願望です。

しかし、読んだらただちにインターネットに好悪のあらわな感情的な書き込みをすることが目的で本を読むといったようなことになってくると、対象のあら探しや揚げ足取りをする、逆に無内容な賛美、賛同をファンとして行うといったことになりがちです。それならむしろ、自分だけの率直な感想、印象を自分だけのために蓄積しておくほうが、独学のあり方としてははるかに実りが大きいでしょう（右のような情緒的な書き込みをすると、書物に対する自分の印象もそれによって固定してしまいがちなものです）。

2で論じた事柄について、まとめておきましょう。

①　**独学という観点からは、まずは視点を広くとることが大切であり、広い分野の本を読んでみることが望ましい。**そうした意味での濫読は必要であり、ことに、みずからの世界観やテーマが定まっていない最初の時点ではそういえる。

②　**しかし、個々の書物を読む場合には、その本に相当の内容や質が認められるなら、その読み方は、精読が基本となる。**もっとも、**精読は、必ずしもゆっくり読むということではない。**それぞれの書物が要求している速度で読めばよい。**だが、まずは虚心に心を開いてゆく姿勢がないと、書物との対話は成り立たない。**対象の評価は、そのあとで客観的に行うべきである。

3

いかに書物や作品を選んでゆくか？――全体的な方針

書物や作品を選ぶにあたっての基本的な姿勢

書物や作品の選び方については、具体的な実例を挙げながら解説するほうが感覚をつかんでいただきやすいと思いますから、僕自身の例を引きながら語ってゆきたいと思います。

まず、第2章の3で論じたとおり、

①深い思考・思索が行われているものを選ぶ、
②既成の思考の枠組みを離れた視点のあるものを選ぶ、
③長いスパンの中で考える姿勢のあるものを選ぶ、
というメルクマールは、書物に限らないリベラルアーツや情報の全般についていえ

ることですから、ここでも、それを前提にして論じることにします。

僕は、本書や『リベラルアーツ』の記述にも表れているとおり、自分の興味をかなり広くとって独学を進めてきました。その範囲は、自然科学、社会・人文科学、思想、批評、ノンフィクション、文学、音楽、映画、美術、漫画と、リベラルアーツの全分野にわたっています。もっとも、子どものころからこれらのすべてに均等に接してきたわけではなく、時代によって興味の中心は少しずつ変わってきています。

僕のリベラルアーツ体験について、書物や作品の選び方という観点から参考にしていただくことができるような部分をまとめると、おおむね以下のようになると思います。

① いわゆる**名著リストのようなもの**（「オールタイム名著百選」といったような）**に従って読書をしたことはほとんどない。みずからの直感に重きを置きつつ、広い分野の書物に興味をもつようにしてきた。**

② 法学を学び、法律実務を行い、また、民事訴訟法と法社会学を専門の研究対

象にしてきたが、伏せられた資質ないしそこからくる**興味の対象としては、自然科学と芸術も大きく、この端《はし》と端の二極の間で法律実務や法学を相対化しながら、実務と研究を行ってきた**（僕の長男は理系の学者、長女は芸大を出て専門分野を生かして働き、次男も、理系と芸術系の接点のようなところで仕事をしています。僕の場合も、本来は、実務系というより、理系と芸術系の中間、純粋社会科学系の頭だったと思います）。

③ 芸術の場合のみならず、書物についても、**内容だけでなく、その方法やスタイル、審美的な完成度の高さを重視してきた。**また、**自然科学を一つの典型とする緻密な経験論、その論理性や厳密な近代的リアリズムをも重視してきた。**

④ 興味をもった分野については、できる限り、断片的なものではない包括的、体系的な理解ができるようになることをめざした。また、異なった分野の事柄について横断性をもってとらえ、それによって各分野の特質や共通点を見極められるようにしてきた。

⑤ 従来の**自分の考え方や価値観とは異なる考え方や価値観に立って書かれているものについても、質が高ければ、とりあえずは、先入観を排した公平な視点で読んでみるように努めてきた。**

以下、それぞれの事項について順に解説してゆきます。

①（いわゆる名著リストにはたよらず、みずからの直感に重きを置きつつ、広い分野の書物に興味をもつようにしてきた）について いえば、最初のころ、十代の前半には名著リスト的なものを試したこともあったのですが、結局、あまり意味がないとわかってやめました。

こうした名著リストに掲げられる書物は、一応の高等教育を受けた人なら誰でもそのタイトルぐらいは聞いたことのあるような古典、それも社会・人文科学系のものが中心になることが多いのです。しかし、実際には、そのような古典は、特定の読者が、たとえばあなたが、特に興味をもてるような本（誰にとってもその数は多くないと思います）は別として、それ以外については、概して、表現やスタイルが古くてとりつきにくいものなのです。

また、内容的にも、今では相当程度に常識となっているような事柄についての初期の考え方が行きつ戻りつの思索とともに展開されている場合も多く（パイオニアによる思索なのだから、当然のことです）、したがって、相当の知的訓練を経てきた人間、あるいはその分野の専門家でないと、一般的な知識以上のものをそこから汲み上げるのは、なかなか難しいことも多いのです。さらに、必ずしもいい翻訳がない場合もあります（翻訳についてみると、さすがに、文学には、よくこなれているものが多いです）。

また、誰が作ったリストかということもあります。特定の分野について学者の作ったものはおおむね総花的で生気に乏しいですし、出版社の作ったものは、売るための戦略という部分が大きいです。

たとえば、大学の授業における解説付きで、またゼミナールで、こうした書物に取り組むことには意味があると思いますが、独学の対象としては、「あなたが特に興味をもてるもの」以外は、後回しにしてかまわないと思います。それよりも、みずからの直感に重きを置きつつ、広い分野の書物に興味をもつようにしましょう。

もっとも、映画や音楽などの限られた芸術ジャンルであれば、各種のオールタイムベスト（クラシカルミュージックの場合には、ベスト録音となります）なども、それなりに意味があり、楽しめるし、利用することによって新しくみえてくるものも意外に多いものです。もっとも、これもまた一種の「世間」によるファン投票ですから、その「世間」の質や傾向についてはよくみておく必要があります。

②（自然科学と芸術を両端とするリベラルアーツ全般によってみずからの専門〔法律実務と法学〕を相対化してきた）について は、自分の専門分野を相対化できるような目をもってきた、

というよりも、元々の自分の資質とはある程度ずれた分野を選ばざるをえなかった（『哲学と意見』第V章に記したとおり、僕の両親は、子どもの将来をきわめて強引に限定してしまうような人たちだったからです）ために、「自分の専門分野についても相対化してみる目をもたざるをえなかった」というほうが正しいでしょう。

これは、僕と僕の人生にとっては大きな軋轢《あつれき》の種になる事柄でしたが、反面、その軋轢があったからこそ、既成の法律実務や法学を疑う視点、そのようなパースペクティヴ、ヴィジョンをもちえた、一般書についても専門書についてもそれなりに独自の視点や鋭利さをもった論理を展開できたというのも、事実だと思います。

皆さんの中にも、現在の自分の仕事が必ずしも自分に合わない、職場環境が自分に合わないなどの思い、悩みを抱えた人々はいると思います。そのような場合、より自分に合った「場」がみつけられればもちろんいいのですが、すぐにはそれが難しいことも多いでしょう。しかし、そんな場合でも、その軋轢からくる違和感や圧迫感を一つのてこにして新しい方向性を考える、そのために必要な独学を行う、たとえばそうした戦略をとることは、できるのではないでしょうか。

③（書物や芸術の内容だけではなく方法やスタイルをも重視し、自然科学を一典型とする緻密な経験論、その論理性や厳密な近代的リアリズムをも重視してきた）については、内容と一体となった方法やスタイルの重要性を文学をも含む芸術から学び、経験論的な論理性と近代的リアリズムを自然科学をも含めた多様な分野から学んだということがいえると思います。

「プロローグ」でもふれたとおり、芸術は、「世界とその構造を大づかみにとらえる一つの方法」として、その対極にあるはずの自然科学と近い側面があります。この両端との対比の中で社会・人文科学、思想・哲学、批評等を考えると、リベラルアーツ全般についてのより立体的で深い理解が可能になると思います。

④（各分野それぞれについての包括的、体系的理解、また、それを踏まえての各分野の横断的理解）については、②、③と関連します。それぞれの書物や作品を孤立してとらえるのではなく、「各分野それぞれについての包括的、体系的理解」を縦軸とし、「それを踏まえての各分野の横断的理解」を横軸とすることによって、自分なりの「リベラルアーツの地図」の中に位置づけてゆく、また、そうした方向性、志向をもって書物や作品を選んでゆくということです。

⑤（自分の考え方や価値観とは異なる考え方や価値観に立って書かれているものについても、先入観を排した公平な視点で読んでみる）については、簡単にいえば「他者を知る」ということであり、「他者との間に橋を架ける」ということです。楽しむだけなら、自分に親しい、あるいは心地よい情報だけを選んでいてもよいのですが、独学という以上は、そうでないものからも学んでゆく積極的な姿勢が必要です。

第2章の3でふれた劇作家たち、ことにブレヒトやピンターは、意図的に観客に挑戦し、その既成観念をゆさぶり、不安をかき立てるという戦略の下に作品を書いています。こうしたことは、芸術、ことに戯曲のように直接的に観客に訴えてその情動をゆり動かす芸術様式については、その重要な役割の一つといえます。また、全盛期のロックミュージックや映画にも、そのような側面は強くありました。

たとえば、そうした「他者」性をもった芸術と接触することによって、みずからの知性や感性をきたえることができると思います。

これについては、僕自身の具体的な経験を一つ挙げてみましょう。

僕は、一〇歳前後に、一年間ぐらい、日本共産党の新聞、機関誌である『赤旗』

（当時の名称）を読んでいました。父が知人との義理で一年間だけとったのですが、誰もあまり読まないのでおおむね放置されていて、僕だけが熱心に読んでいたのでした。

子どもであった僕にとって、それは、なかなか知的な体験でした。世の中のごく普通の考え方とは異なることが書いてある一方、きわめて日本的な泥臭さやルサンチマン（怨恨的感情）も強烈に表れていて、違和感や不安をも覚えつつ、「普通とは異なる考え方の体系にふれる」という意味での知的興奮も感じました。また、左派の論理やレトリックについても、その日本的な部分をも含めて、自然に、かつある程度批判的に学ぶことができたと思います。

幼い僕がその紙面に盛られた左派の思想にそれほど共感しなかった、入れ込まなかったことについては、元々の素質と、日本人には珍しい冷徹な合理主義者でありかつ懐疑論者でもあった父の影響が大きかったのだろうと思います。

僕は、左派の思想、広くいえば進歩主義的な党派の思想、その長所短所については、この『赤旗』体験と、学生運動の時代における父と兄の議論をその横に座ってじっと聴いた体験とによって、基本的には、子どものころに身体で学んだように思います。自由主義者であり、ことに個人の内面の自由、また表現の自由一般については重視するが、必ずしも進歩主義的ではなく、また、イデオロギー的な型にはまった党派の思想とは一線を画するという僕の思想の基盤は、こうした体験からも形成されました。

自分とは異なる考え方についても、決めつけやレッテル貼りをしないで、それから学ぶ姿勢で臨《のぞ》む、そうすることによって世界や物事を多角的にとらえる目を養うことは、独学によって自分の精神をきたえ、独自のパースペクティヴ、ヴィジョンを獲得するための前提条件の一つではないかと思います。

みずからのテーマを広くもち、それに沿った選択を行う

先に述べたような意味で広い分野の本を読むということは、ただ手あたり次第に濫読することとは違います。それは、みずからの関心に基づくテーマを広くもち、それに沿った選択を行うことなのです。

僕の場合、そうしたテーマを自覚的にもつようになったのは、三〇歳前後だったと思いますが、それ以前の学生時代、あるいは少年時代から、すでに、自分が特に

興味、関心のもてる分野や事柄は、ある程度固まっていました。

最初に広く興味をもったのは芸術諸分野でした。漫画に始まり、一〇歳前後から日本文学、ついで海外文学を読み始めました。現代詩や戯曲については、やや高度なものになるので、一五歳ぐらいから接するようになったと思います。また、一二歳ごろから、映画、ロック、美術に親しみ、音楽については、学生時代に、ジャズ等ほかのポピュラー音楽、またクラシックにも対象を広げました。

文学については、二〇代後半からは海外文学が中心になっています。これは、日本文学についてはめぼしいものは読んでしまい、また、同時代の日本文学に一定の限界を感じるようになったことが理由です。また、現代詩や戯曲については、若いころが中心で、その後はそれほど読んでいません。これらは、感性が鋭い時代にこそ読むべきもののようです。

思想・哲学書は、思春期から読み始めました。社会・人文科学、精神医学等についても同様です。これらについては、学生時代を中心に濫読しましたが、三〇代、ことにその半ばに鶴見俊輔さんとお会いして自分の考え方が定まってからは、対象を選ぶようになりました。批評については、芸術と並んで若いころから持続的に読んでいますが、これについても、自分の考え方が定まってからは、同様に対象を選ぶようになっています。

また、三〇歳前後ころからは、それまではさほど興味のなかった自然科学書、そして、ノンフィクションや社会分析書をよく読むようになりました。これは、僕の考え方に経験論や実証主義の要素がより強くなっていったことと関係しています。

さらに具体的にいうと、自然科学書については、それが、かつて哲学が対象としていた領域の多くをより実証的にかつ精緻に明らかにしてくれるようになったからで、若いころの思想・哲学書に代替している部分が大きいと思います。ノンフィクションや社会分析書については、僕の基本的な方法であるプラグマティズムの素材になる部分が大きいからです。

また、それほど多く読んでいるわけではありませんが、SFも、質の高いものは、世界の成り立ちを比喩的、構造的に明らかにしてくれる側面をもち、自然科学書や社会分析書に近い知的興奮を与えてくれると思います。

次に、僕が執筆等に関してもっているテーマについていえば、専門分野である民事訴訟法、法社会学を除いた一般書領域では、①民事訴訟、司法制度・法曹制度、裁判実務と理論の関係、司法と社会の関係、日本人の法意識と法的リテラシー等の司法関連事項、②日本とアメリカの社会、経験論・プラグマティズム、自由主義・保守主義、芸術を含むリベラルアーツ全般の解釈・批評、うつ等の精神疾患と個人・社会の関係、独学術、文章術を含む知的生産術（インプットとアウトプットの技術）等の司法関連以外、③創作、エッセイ、あるいはそうした要素を含んだもの、というようにおおまかに分類できると思います。

これらのテーマが徐々に明確なかたちをもつようになったのは、三〇代半ばのころ、一般書、専門書関連の執筆を始めてからのことでしたが、その萌芽《ほうが》についていうなら、若いころの僕の中にもすでにあったように思います。先にふれたような僕のリベラルアーツ選択が僕の中に徐々にこうしたテーマを発酵させてゆき、そのように発酵してきたテーマによって書物、芸術等に対する僕の新たな興味が形作られていったという相互的な関係が、そこにはあります。

前記①から③までのテーマの内容はかなり広いとはいえ、一定の方向性をもったテーマ群であることも、おわかりいただけるのではないでしょうか。

そして、こうしたテーマ群は、自分なりのさまざまな具体的執筆プランのかたちにもなっており、その一部はすでに実現しています。また、編集者との話の中で従来のプランにはない新たな構想が浮かび上がってくることもあります。もっとも、今後のことはわかりませんし、プランの中には、出版事情などとの関連から実現が容易ではないものもあると思います。

それでも、自分の関心をそうした執筆プランのかたちに具体化しておくと、自分の選ぶ書物や作品についても、自然にそれに沿った大きな方向性が出てきますし、それらとの対話についても、より深くなります。自分の接する情報から得られるはずのものを実際に得ることが、より容易に、かつ効率的になるわけです。

「結晶作用」の重要性

以上のとおり、独学にあたっては、**最初はおおまかなもの、限られたものでもかまわないので、こうした自分なりの関心、自分なりのテーマをもつように心がけることが有意義**であると思います。

スタンダールは、その『恋愛論』において、「結晶作用」ということをいいました。ザルツブルクの塩坑（廃坑）に小枝を投げ込み数か月後に引き出すとそれが美しい塩の結晶におおわれている、恋愛とは、このようにその対象を次第に美化させてゆく過程なのだ、というのがスタンダールの論旨です。

この「結晶作用」は、脳による知的・感覚的な営み一般についていえる真理ではないかと思います。何かを創り出すようなタイプの人間は、その子ども時代に傷を負っていることが多く、環境との軋轢も起こしやすい。しかし、だからこそ、そうした体験や傷のまわりに知的・感覚的な結晶作用を起こさせて、新しいものを生み出すことが可能になる。そうしたケースは非常に多いと思います。

逆に、さまざまな意味で恵まれた環境に育った人間は、一定の才能をもっていても、新しいもの、独創的なものを生み出すのが、意外に難しいことがあります。その一つの理由は、そうした人々には結晶作用の核になるような重い、あるいは苦い体験が乏しいことにあるのではないかと思います。

みずから逆境を求める必要は全くありませんが、**誰でも、生育歴の中で抱いたさ**

『恋愛論』
スタンダール著、大岡昇平訳、新潮社、1970

まざまな知的関心、疑問、思考・感情のこだわりというものはあるわけで、そうしたものを正面から客観的に見据《みす》えて自分自身の「ザルツブルクの小枝」とし、みずからが選び取った情報や知をそのまわりに組み上げ、かたちのあるものにしてゆくことはできるし、有用でもあるのではないかと思います。

4

個々の書物や作品の選び方——書店、インターネット、図書館

最初は書店に通うのがベター

書物との出会いについては、最初は、書店、それも大きめの書店通いから始めるのがいいでしょう。図書館に収められて時間の経った本には乏しい輝きやオーラが新しい本にはあり、それらの並ぶ書店にはそれ自体人の知的興奮をかき立てる「何か」があるからです。また、書店には、その時点で出たばかりのさまざまな分野の本をひととおり確認し、その時代の「風」を感じられるという長所もあります。

何よりも、書店では、本の中のどの部分についても多少の立ち読みができるというのが、いいところでしょう。本を選ぶことに慣れないうちは、自分の興味、テーマに的確にフィットする本をみつけるのは意外に難しく、現物を見ないで、読まな

いでその判断を下すことはできにくいからです。

僕自身の経験でも、少年時代の前半に濫読した本の中には、自分の中にあまり痕跡を残していない（ように感じられる）ものも、かなりあると思います。そして、そうなったことの一つの原因は、書評等をも含めた既成の権威、あるいは時代の流行に無批判に乗って本を選んでいたことにあるような気がします。権威、既成観念については、一定の参考にしつつも半面で常に疑う、そして、自分の基準に照らして参考にできる部分を選んで参考にするという姿勢が、書物を選ぶ上でも重要でしょう。

書店で実際に本を手にとり、その一部を読んでみるという経験は、そうした意味での自分なりの基準を自分の内に形作ってゆくための知的訓練としても重要です。

いい本は「匂い」と「第六感」でわかる

それぞれの特色をもったさまざまな書店を訪れ、系統的に本を選びながら緻密な読書体験を続けてゆくと、少しずつ、書物に関する勘が発達してきます。そうした勘が養われてくると、その時自分に必要な書物を選び出すことも、容易になります。

鶴見俊輔は、「哲学書であれば、専門の書店に並んだ大量の書物の中から面白そうな本を一瞬で選び出せるが、漫画ではそうはいかず、若い人々に教えてもらう必要がある」という趣旨のことを書いています。

これは本当で、自分に手の内の感覚がある分野では、本屋に行くと、自分が興味をもてるような本は、周囲から何となく浮き立って見え、すぐに目につくものです。漫画については薄いビニールカヴァーをかけている書店も多いのですが、それでも、僕は、漫画についても長い間読んできているので、表紙や帯の感覚からだけでも、そのおよその質はわかります。また、法律書の場合には、鶴見さんの場合の哲学書と同様、読むべき価値がある本か否かは、棚を見ただけでも大体わかります。

書店通いの中で、こうした感覚、一種の第六感を身につけておくと、インターネットでも適切な書物の選択ができるようになりますし、図書館等で必要な資料を探すのも容易になります。「匂い」でわかるようになる、そのような意味で「鼻がきく」ようになるということです。

また、これはいくぶん不思議なことですが、本を書くときなどに資料を確認してゆくと、必要なものはすでにおおむね読んでいるかもっているという事態は、意外に多いものです。つまり、あらためて細かく探してみても、重要な資料が新たに出てくることは少ないのです。

　僕の場合、今では、新刊のしらみつぶしのチェックはしませんし、書評等もあまり読んでいません。日常行っている書物の選択については、基本的にラフなもので、感覚的に行っている部分が大きいのです。それでも自分のテーマに関して必要なものはあまり落としていないことについては、先のような「第六感」、直感のはたらきによるところが大きいと思います。その典型的なものとして、新聞一面のめったに見ない書物広告欄をたまたま見たときに自分に必要な本のタイトルが目に入ってきたという経験は、これまでに相当の数ありました。

　量子力学的並行宇宙を信じるある物理学者は、人間の予知能力ないし第六感は、僕たちの宇宙と隣り合わせにある無数の量子力学的並行宇宙から手に入れたものではないかと書いています（第4章の3で取り上げるフレッド・A・ウルフ『もう一つの宇宙——量子力学と相対論から出てきた並行宇宙の考え方』（講談社ブルーバックス））。確かに、人間の意識やその研ぎ澄まされた部分である第六感には、そのような不思議な性格、選択能力があるのかもしれません。

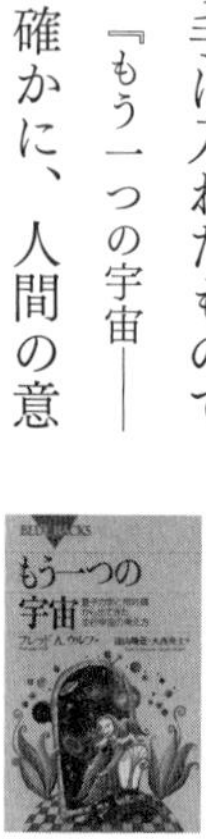

『もう一つの宇宙——量子力学と相対論から出てきた並行宇宙の考え方』
フレッド・A・ウルフ著、遠山峻征、大西央士訳、講談社、1995

インターネットを利用する場合

自分なりに本を選ぶ目や感覚ができてきたら、インターネットを利用することも有益です。ことに、書店にゆく時間がなかなかとれない人、たとえば多忙なビジネスパースン等にとっては、インターネット書店は、利用価値が高いでしょう。

書店を訪れるのは楽しいものであり、また、前記のとおり、そこでしか養えない感覚や思いがけない出会いもあります。しかし、書店街をまわっていると相当に時間とエネルギーを費やすのも、また事実です。僕自身も、『絶望』で一般書の執筆を再開して多忙になってから後には、インターネットを利用して本を買うことが以前よりも増えました。

インターネット書店の長所は、その一覧性と検索の容易さにあるでしょう。現在カタログに載《の》っている書物であれば、一部の自費出版物出版社のものまで含め網羅的に調べられますし、大書店で棚から棚へ移り、階から階へ移って行く際のタイムロスやエネルギーの消費もありません。

さらに、インターネット古書店まで含めると、ここ半世紀ぐらいの意味のある出版物は、ごく一部の入手困難書を除きほとんど手に入れることができるというのも、大きな長所です。インターネット古書店は印税生活者の仇敵《きゅうてき》とみられており、確かにそういう面もあると思いますが、一方、これによって、価値のある書物であれば一定の読者をもち続けることができるという意味では、著者たちにとってもメリットのあるシステムではないかとも思います。

さて、インターネットで書物を選ぶ場合に注意すべきなのは、書店で現物の本を見る場合以上にタイトルの取っつきやすさやその時々の流行に影響されやすいということでしょう。しかし、先に記したような本をみる目や感覚を書店で養っていれば、インターネットでの選択も、それほど難しくはありません。

具体的には、著者、書名、内容、頁数、カヴァーデザインを含めた装丁といった情報だけからでも、大体の予想はつきます。著者については、肩書きや経歴にはそれほど大きな意味はないと思いますが、過去にどんな本を書いているかは重要な判断要素になります。装丁が判断要素に含まれるのは、本の内容がいいと、カヴァーデザイン等の装丁も、それにインスピレーションを得てよいものになることが比較的多いためです（これはCD等についてもいえることです。もっとも、装丁全般の正確な質についていえば、本でもCD等でも、現物を見ないとなかなかわかりませんが）。

また、アマゾンで特定の本に関連して出てくる関連書籍や作品も参考になります。書物ではありませんが、たとえばブルーレイが新しく出るヨーロッパや日本の秀作映画などは、そのカテゴリーに入るいくつかの作品から引いてゆけば、短い時間でほぼ網羅的にチェックできます。書物の場合には点数が多いこともあって関連書籍も玉石混淆となるため、そこまでのことはないですが、それでも、ある程度専門性の高い本やハイブラウな内容の本であれば、同様に、めぼしい関連書籍のおおよそのチェックはできます。

アマゾンの企業としてのあり方については種々批判のあるところですが、そのアメリカ的な集約性、機能性の徹底ぶり、ことにその検索アルゴリズムの正確さは、アメリカ的知性の経験論的な底堅さを示す一つの実例でもあると思います。

書物に関するレビューやブログの記述

アメリカアマゾン掲載のレビューにも、アメリカ的な知性が表れていると思います。

日本アマゾンのそれは、元々母数が少なく、すぐれたもの、参考になるものももちろんありますが、その数はそれほど多くなく、また、広義の社会科学関連等特定の分野に限られているように感じられます。一般的にいえば、星五つのレビューの中に参考になるものがあります。

対比すると、英米、ことにアメリカのアマゾンでは、一般に母数がかなり多く、また、星一つから三つぐらいのレビューの中に非常に的確なものがあり、映画などでは、そうしたレビューを一つか二つ読むだけで「見ない」ほうに判断のつくこともあって、これはなかなか便利です（星五つのレビューは数が多いが、星の少ないものは数が限られるので、ことに英語で読む場合には、参考になるレビューの探索に時間がかからなくていいということです）。

たとえばこうしたところにも、英米的経験論に源を発するクリティカル・シンキングの強みは感じます。子どものころから議論と批評ばかりさせている、そうした訓練を徹底して行っている国の「強みの部分」ということです。

付け加えれば、レビューの平均点があまり参考にならないのは、英米でも日本でも変わりありません。参考になるのはあくまで個々のレビューの記述であり、英米のそれには、芸術関連まで含め、単なる感想ではなく批評として成り立っているものがかなりあるということです（また、星の数が少ないレビューについても、単純にけなすか受け入れられないと述べるものは、一、二行だけにしている場合が多く、自分がわからなかったからよくないとか、自分が心地よくなかったからよくないなどといった、他人にとっては意味をもちにくい記述を何行も付け加えるものや、同業者等による可能性の高い人格攻撃あるいは中傷に近い記述――日本では、自然科学書関係をはじめとして、そこそこあります――は、あまりみられないように思います）。

なお、インターネット上のブログ等の詳しい記述については、第2章にも記したとおり、書物や作品に接したあとで、その本についての自分なりの評価を定め、頭の中で簡潔な「まとめ」をしておく前に参考として読むのが有益だと思います。

さらに本格的な批評が読めればベターですが、リアルタイムでそうした批評を探すのはかなり難しいことですし、インターネット時代になって、批評家らしい批評家の数も減っていますから、むしろ、あなた自身が客観的な「批評」を行うことのできる技術を身につけるほうが、早道かもしれません。

書物購入の「リスク」について

書物の購入については、買ってはみたけれど自分にとって有益な本ではなかったというリスクがつきものです。このリスクは、インターネット書店の場合のほうがリアル書店の場合よりも高くなりやすいでしょう。

しかし、独学という観点からは、こうしたリスクについてはある程度のことは想定に織り込んでしまって気にしないというのが、適切な態度だと思います。

そもそも、書物をはじめとするリベラルアーツ関連の媒体は、今日では、安すぎるくらいに安いものです（第2章の6でふれた、輸入ジャズレコード一枚が若い社員の月給半分ぐらいの価格であった時代のことを考えてみてください）。名著やすぐれた作品の場合についていえば、むしろ、今日の価格は、奇跡的な安さだといってもいいくらいでしょう（国際標準に比較してもかなり高いなと思うのは、日本映画やヨーロッパ映画の日本版ブルーレイぐらいではないかと思います）。

問題は、むしろ、この安さ、またアクセスのしやすさのために、かえってその真価がわかりにくくなり、また、その質が十分に考慮されないままないがしろに「消費」されがちになっていることのほうにあると思います。

僕の場合、これも第2章の6に記したとおり、膨大な数のコレクションがあり、それ以外にも取捨選択していった書物や作品は多いわけですが、それでも、専門書類を除くなら、おそらく、それらにかけた金額のすべてを合計し、映画やコンサートのチケット代まで含めても、現在の物価に引き直して三〇〇〇万円を超えないのではないかと思います。それだけをみればなお大きな金額かもしれませんが、五〇年間でならして考えれば、三〇〇〇万円で計算しても月五万円となり、極端に大きな金額とまではいえなくなります。飲み代や衣服費だけでもこれより多く使っている人は、そこそこいると思います。

もっとも、僕の場合には、書物や作品は友人のようなものであり、また、執筆や研究のためにも必要なものですから、そこには惜しまずにお金を使っており、したがって、右の金額も例外的に大きなものになっているのではないかと思います。たとえば書物に限るなら、仕事をもっている人が厳選した五〇万円相当の書物を読み切るには、相当の時間がかかるのが普通でしょう。

ですから、**書物や作品を選ぶ際には、一方では慎重に選ぶ、その質をみるとともに、他方、大胆に選ぶ、自分にとって価値のありそうなものは広めに選択しておくという方向性も大切です。**

また、この章で記してきたような方針に従って、つまり自分なりの関心やテーマをもって、書物や作品を選んでゆくようにすれば、不要なものを選んでしまうリスクは、一定程度避けられます。

もっとも、そうはいうものの、書物や作品はある意味で人間と同様に生き物ですから、ある程度深く付き合ってみて初めて相性がわかるという側面もあります。したがって、先のようなリスクは、一定程度は見込んでおくべきでもあるのです。

僕の場合には、インターネット注文なら、おおよそ一割ないし一割五分はそのようなリスクとして見込んでいるという感じです。若いころにはこのリスクはもっと高かった（二、三割程度）のですが、そのようにして、たとえば（一部しか）読まずに本を処分するに至った場合でも、そうした選択それ自体が一つの経験であり、ものをみる目を広げてくれたと思うので、何ら後悔はしていません。

また、こうしたリスクについては、次の項目で論じるとおり、経験を積むにつれ、小さくしてゆく、あるいは実質的にはリスクでなくしてゆくことも可能なのです。僕の場合ですと、今では、買ったけれども全く、あるいはほとんど読まないまま処分してしまうという本は、それほど多くありません。

買った本をどのように読んでゆくべきか?

それでは、買った本を僕が実際にどのように読んでいっているのか、それをここで語っておきましょう。

①買うべき本については、(i)気がついたときに、あるいは(ii)後にふれる専用の手帳にメモしておいたものを年の初めなどにまとめて、購入します。すぐに読みたい本、あるいは読む必要性が高いと考える本については(i)、それ以外については(ii)ということです。

すぐに読みたい本、あるいは読む必要性が高いと考える本以外について(ii)の方法をとる理由は、買う前に必要性とその高低をもう一度じっくり考えることができ、また、まとめて検討することで、考える時間の節約にもなるからです。実際には、(ii)の選択以前に無意識がそれらの本の意味や必要性について考えてくれているので、常に(i)の方法によっている場合よりも短い時間で的確な選択ができます。

たまに本を買うだけなら(i)でもかまわないのですが、僕の場合、アンテナを張りめぐらせている分野が割合広く、興味に引っかかってくる書物の数も多いことから、自然にこの二つの方法を併用するシステムができてきたわけです。なお、これは、CDやブルーレイ、DVDの選択についても同様です。

②未読の本は、本棚等の所定の場所に置いておき、興味と必要に応じて読みます。

僕は、買った本(ことに前記(ii)の方法で買った本)をすぐには読まない場合も多いです。すぐに読むのは、執筆関係の資料としての本以外では、たとえば、気に入りの著者の本、自然科学書のうち自分が興味を抱いている分野の新刊書、映画等芸術の技法に関する専門家たちの考え方や秘術が開示されている本など、「自分の好きな本」です。

それ以外の本は、スライド書棚等の所定の場所に置いておき、興味と必要に応じて読むことにしています。スライド書棚等としたのは、たとえば専門書やＳＦのように未読書がかなりあるジャンルの本は、スライド書棚では場所を食うので、特定の場所に収納しておくからです。

このように購入時から一定の時間が経ってから本を読むことには、それなりのメリットもあります。

第一には、流行に追われないということです。

多くの読者を集めているはやりの本にはそれなりのオーラがありますが、一方、そのオーラは、読者の目をくもらせる方向でもはたらきます。例を挙げましょう。日本ではいつでもその時々のはやりの海外思想家があって、「猫も杓子《しゃくし》も○○」ということになりやすいです（近年の例の一つがハンナ・アーレント）が、そうした思想家に関して言及される内容はおおむね「判で押したように同じ」です（アーレントの場合でいえば、「悪の陳腐さ」）。

そこで、多くの人が、こうしたキーワードに従ってアーレントを読むことになります。しかし、これは、高級そうにみえてもしょせん一種の流行ですから、間もなく、読者の相当部分は、何を読んだかを忘れてしまいます。それは、「流行」と「空気」に従って本を読んでいるという側面が強く、自分自身の知性で著書、著者と正面から向き合ってはいないからです。

僕は、そうした流行が起こっているときには、そのような著者の本を読むのはいくらか先に延ばすことが多いです。そのほうが、外からの声やその時々の空気に左右されずに対話ができるからです。

第二には、本によっては、ことに内容の高度な本や相当に鋭角的な視点から書かれた本には、それぞれの読者にとって読むべき時期があるので、その時点で読んだほうが得られるものが大きくなるということです。

僕の場合、ごくまれではありますが、買ってから三〇年、四〇年後に読むべき時期がやってきて、以前は五〇頁で中断していた本を興味津々《しんしん》で読めたという例は存在します。

最近の一例を挙げれば、ジョーゼフ・ヘラーの小説『キャッチ＝22』〔飛田茂雄《とびたしげお》訳。ハヤカワ文庫。原著一九六一年刊行〕があります。これは、第二次世界大戦中のイタリアを舞台に、戦争の狂気、そしてアメリカニズムの狂気を余すところなく描いた実験

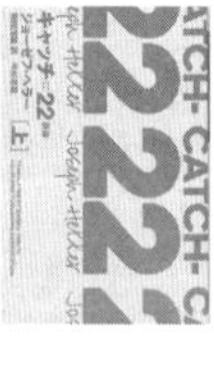

『キャッチ＝22（新版、上）』
ジョーゼフ・ヘラー著、飛田茂雄訳、早川書房、2016

的かつポップな長編小説なのですが、かつては、集団的狂気におちいった軍隊組織や軍人たちの、即物的で、ドライで、誇張された描写が延々と続いてゆくさまに、僕は、数十頁でついてゆけなくなっていました。

しかし、二度目の滞米在外研究から帰って読み返してみると、ヘラーが、戦争の狂気、そして、アメリカニズムの一つの極致としての集団的な狂気を、通常は米軍が正義の戦士たちだったととらえられている第二次世界大戦中のイタリアを舞台に、誇張された手法で描いたことの意味が、ひしひしと伝わってきました。

二〇〇一年の同時多発テロ事件以降のアメリカ社会の状況はある意味『キャッチ=22』的な狂気にとらわれてしまっていると僕は思いますが、それは、ヘラーがその核を摘出してみせたような、アメリカニズムのはらむ根本的な矛盾や欺瞞《ぎまん》がとうとうその表面にまで噴き出してきたものとみることもできるのではないか、と感じられたのです。そして、こうしたテーマを描き切るには、伝統的な主流文学の方法では難しく、先のような鋭角的かつポップなスタイルを用いなければならなかった必然性があることも、よく理解できました。

また、「いかに表面を飾り立てようと、戦争の本質は、つまるところ醜悪でむき出しの暴力にすぎす、それにかかわった人々を敵味方の別なく荒廃させてゆく」ことを活写し、厳密に証明しているという意味では、思想書の実質をもった小説であるとも思いました。

③未読の本を読む場合の具体的な読み方は次のとおりです。

第2章の6にも、コレクションという観点から一部を記しましたが、ここで全体をまとめておきます。

まず、(i)**「普通に全体を読む本」**があります。

おおむね全部を精読しますが、ごくまれに、一部を省略したり(単なる資料的な記述に尽きる部分)、ざっと読んだり(冗長《じょうちょう》な部分)する場合もあります。そうした部分については、資料として用いる場合に読み返す必要性などを考え、そのような読み方をしたこととその部分について、本の目次の部分にメモしておきます。

読んだあとで、今後も読み返したり利用したりする可能性のあるものは、スライド書棚の「未整理の本のための場所」に並べておき、それらがある程度まとまったところで整理し、ジャンルごとに所定の場所に並べ直します。この整理の頻度は、半年から一年に一度ぐらいです。

それ以外のもの、つまり**読み返したり利用したりする可能性の比較的小さいものは、特定の場所にためておき、やはり、半年から一年に一度ぐらい、処分するか、書斎以外の場所に保存しておくかの選択をします。**この選択の基準は、すぐれた本とはいえないとしても一部でも参考になる部分があるか否か、によります。

次に、**(ii)「普通の読み方をしない本」**と(iii)「読まない本」があります。

(ii)については、ひととおりざっとめくって吸収できる部分があれば吸収するという本です。僕は、この読み方を「めくり読み」と呼んでいます。一冊の本につき一〇分から二〇分ぐらいの時間で、要点だけを追ってゆきます。裁判官は、法廷等で、時には、その場で提出された相当の長さのある文書(準備書面や書証)の要旨だけを読み取りながら、訴訟指揮をしなければなりません。この「めくり読み」は、そうした実務体験の中で身につけた技術です。

「めくり読み」をした本は、資料的な価値があれば当面保存しておきますが、処分用の段ボール箱に入れる場合のほうが多いです。

当面保存しておいた本の最近の一例を挙げると、E・フラー・トリー『神は、脳がつくった――200万年の人類史と脳科学で解読する神と宗教の起源』〔寺町朋子《てらまちともこ》訳。ダイヤモンド社〕についいては、「めくり読み」をしました。脳の進化とからめて神と宗教の起源を論じた本ですが、少し読んでみると、書かれていることの多くが既知の事柄である上、文章もやや浅く、情報量に乏しいと感じられたためです。

もっとも、全く参考にならない本ではないかもしれないので、とりあえず一〇分ぐらいで論旨を拾いましたが、「人類の脳の進化によって宗教が起こった」というのはあまりにも当然のことであり、一方、「脳の進化と宗教の進化を段階ごとに関連づけて論じている」のは、どこまで根拠があるのか疑わしく（なお、著者は精神医学系の医師です）、当面は保存しておくことにしましたが、やがては処分することになる本ではないかと思っています。

最後に、(iii)は、ちょっと読んでみて、全部を読む価値がないばかりでなく、およそ参考にする可能性もないものであることがわかった本であり、ただちに処分用の段ボール箱に入れますが、その数はわずかです（なお、実際に処分するのは、段ボール箱がいくつかいっぱいになってからです。インターネット書店の無料引き取りサーヴィスを利用するためです。また、こうすれば、最終処分の前に、もう一度保存の可能性について検討することもできます）。

時には「ジャンル買い」、「テーマ買い」、「著者買い」も有効

本の買い方については、最後に、究極の「大人買い」ともいえる「ジャンル買い」、「テーマ買い」、「著者買い」を紹介しておきたいと思います。

「ジャンル買い」は、短期間に、一つのジャンルをまるごと、あるいはそれに準じるようなかたちで買ってしまうという方法です。

僕の場合、たとえば、CDについては、ロックのうちの三分の一ぐらいは、大学に移った前後の二年間ぐらいのうちに集中して買っています。また、その際に聴いてもいます。クラシックやジャズについても、同様に集中して買った時期がありますす。

ロックの場合だと、その時に買った一二〇〇枚ぐらいで、自分が興味深く聴けそうなアルバムで聴いていなかったものについては、おおむね拾ってしまったわけです。

本については、SFや漫画で、これに近い買い方をした時期があります。

こうした買い方はもはや一つの「仕事」であり、たとえば、先のロック約一二〇〇枚については、おそらく、その選択に、本が一冊書けるくらいの時間を費やしたのではないかと思います。

このように、「ジャンル買い」は、大きなエネルギーと時間を要するのですが、各種の評価を参考にしながら真剣勝負で検討や試し聴き（音楽については、英米アマゾンの「Digital Music」等で可能）を続けるのは、非常にエキサイティングな体験でもあります。それは、もはや単なる選択ではなく、一つの「創造的作業」となるからです。

また、ジャンル買いは、それによって新しい視点を獲得するという意味においても価値があります。

たとえば、僕は、ここ数年間、それまではあまり持っていなかった海外のブルーレイやDVDを各国のネットショップで集中的に買っています（なお、見る際の字幕は英語になります）が、これは、単に、未見の、あるいは昔映画館で見たけれどその後見ることのできなかった映画をまとめて見られるというにとどまらず、欧米各国の、国や地域によっても相当に異なる映画観や映画監督観を知ることができるという意味でも、得がたい経験になっています。

また、日本映画を代表する作品群やこれに準じる作品群について、英米やフランスでブルーレイが出ていて日本では出ていない、あるいは海外版のほうが画質がよい、価格もずっと低いなどという事態をみると、日本の映画産業や映画ソフト産業の体質、その構造的問題についても、新たな視点から考えさせられるようになります。

次に、「テーマ買い」は、ジャンル買いよりも小さな規模のものであり、ある特定のテーマに関連する書物等をまとめてそろえてしまうという買い方です。これは、ジャンル買いよりも頻繁にしています。

こうした「ジャンル買い」や「テーマ買い」の一番大きなメリットは、たとえその時点で全部の書物や作品を読んだり聴いたりはできなくても、選択の過程で自然にそのジャンルやテーマの全体像が頭に入ってくること、それに関する感覚ができてしまうことでしょう。

僕は、『現代漫画』を書くときに、特別な準備はしないで、自分なりの現代漫画のかたち、物語、見取図の全体を見据えながら、即興に近いかたちで各パートを書いてゆきました。実際にその総体について書いた芸術ジャンルはこれだけですが、ほかの芸術ジャンルについても、自分がよく親しんだものなら、どのくらいのことができるかについては程度の差はあるものの、同じようなことはできると思います。それは、「ジャンル買い」や「テーマ買い」をも含めた先のような選択の過程で、それぞれのジャンルについての自分なりの見方が自然にできていっているからです。

まとめると、**「ジャンル買い」や「テーマ買い」は、選択自体が創造的作業になり知的な訓練になる、また、その過程において、それぞれの対象に関する「手の内の感覚」を無意識のうちに得させてくれるという意味で、独学の方法の一つとして、大きな意味がある**のではないかと思っています。

最後に、「著者買い」については、興味をもった著者の本をひととおり買ってしまうことで、これについては、読書家の中には、している人もかなりあるのではないかと思います。僕も時々これをしますが、具体的な選び方については、著者の性格によって変えています。

一例を挙げると、日本人論を論じた保守主義者として知られる山本七平の書物は、数が多い上、その質にもかなりムラがあり、相当にすぐれたものからいささか雑駁なものまでさまざまであって、時には、一つの著書の中に鋭利な考察と書き飛ばした感のある部分とが混在していることさえあります（これは、割合珍しい事態です）。こうした著者の場合には、まとめて買う場合でも、選択は慎重に行う必要があります。

図書館について

本を読むために図書館を利用する人も多いでしょう。読んだら返せばいいので、手元に「モノ」が増えないというメリットがあります。

しかし、僕自身は、現在、図書館をほとんど使っていません。その理由は、古い本でも必要なものはインターネット古書店でほとんど入手できるようになったこと、手元に置いておけない本は、ほかのリベラルアーツ群との有機的なつながりの中に位置づけて生かすことも、後にふれるように線を引いたり書き込みをすることもできないからです。

僕の場合、こうしたことができないと、本当の意味で対象を自分のものにすることができにくいのです。また、それは、ある程度は一般的にもいえることではないかと思います。

もっとも、ごくまれには、インターネット古書店でも買えない、あるいは異常に高いという本（数万円）もありますから、こうした本については、ごく普通にいえば、近くの図書館やその支部に頼んでどこかの図書館から取り寄せてもらい（近くの図書館にはない場合が多いからです）、読んだあとで、必要があれば非破壊型のスキャナーでスキャンしておくことも考えられるでしょう（かつては、スキャンができなかったので、手間をかけてコピーするしかありませんでした。こうした点では、新しい技術は便利です）。

5

「対話」の記録の方法——カードの作り方、線の引き方、メモの取り方など

書物や作品との「対話」の記録を残す意味

書物や作品と「対話」を行ったら、どんなかたちでもいいからそれを書き記し、残しておくことが、独学においては非常に重要です。これをしておくか否かによって、それらに関する記憶、あるいは感覚として定着されるものが、大きく違ってくるからです。

人間の記憶というのは本当にあてにならないもので、たとえば、誰でも、同じ本やCDを二度買ったという経験はあると思います。僕自身も、何度かやっています。二度買うわけですから、まあ、興味や関心の対象であったことは間違いないでしょう。それでも忘れてしまうのは、くさびを打ち込むようにそれを心の中に定着して

おかなかったからだと思います。

もっとも、こうした記録を後に利用する頻度はどのくらいかというと、僕の場合、非常に高いとまではいえません。しょっちゅうそれを参照するといったことまではないわけです。それでも、それらを参照したいときに参照できるというのは、時には、たとえば執筆の関係で本を参照する場合には、非常に便利です。膨大な量の書物を一時に読み返すようなことは困難だからです。

しかし、記録の意味はそれにとどまりません。**より重要なのは、むしろ、こうした記録を作る過程で、書物や作品と行った「対話」の内容が、風景や人物を写真に撮《と》ったりスケッチしたりしたのと同じような鮮明な輪郭《りんかく》を伴って、「記憶に定着される」、「脳の中にも記録される」ことにある**と思います。

以下においては、そのためのさまざまな方法の概要を記してゆきます。また、実際にそうした対話の記録を行った結果がどのようなものになるかについては、この章における記述でその概要を記した後、第４章で、僕自身の例を引きながらより具体的に示してみたいと思います。

カード、ルーズリーフ

読書の記録といえば、古典的なものはカードでしょうか。学者がよく使いました。今日でも、たとえば、人類学、民俗学等のフィールドワークでは、手書きのメディア、情報媒体として有用かもしれません。

僕自身は、一時書物について要約等のカードを作りましたが、非常に時間がかかる割には後に利用する機会は限られるので、数年でやめてしまいました。判例や法律雑誌についてもやったことがあり、これは一〇年間ぐらいは続けましたが、インターネットで判例や論文が検索できるようになって、無用の長物となりました。

もっとも、書物については、その利用はあまりしなかったとはいえ、**カードで書物の内容を要約する訓練は、学者、著者の修行・独学としては一定程度意味があったと思います。要約は批評的思考の基本だからです。**どんな本についてであっても「その本質をついた要約」ができるようになった人は、すでに、ある程度「書き手の領域」に足を踏み出しているといってもよいと思います。

僕が今でもカードを使用している領域は、音楽と映画です。

音楽については、CDやCDボックスセットごとに作っており、**アーティストとタイトル、購入の年月、最低二回は聴いての簡潔な感想と一〇段階ぐらいの評価、そしてその後に聴き返した年月を記載**しています。最初は録音の年代等も含めいろいろ記していたのですが、インターネット時代に入るとそうした情報は容易に調べられるようになってしまったので、省くようになりました。

評価については、A+から始めてEまでやってきましたが、DやEのものは処分してしまうので、ほとんど残っていません。したがって、実質的には10から1までの一〇段階評価と同じことであり、後に同種の記録を始めた映画（カード）や書物（ルーズリーフ）については、後記のとおり一〇段階評価にしています。この、「数字や記号によるとりあえずの評価をつけておく」というプロセスには、第6章の3で論じるとおり、それを行うことによって、頭の中で、その書物や作品に対する印象が集約されるという効果があります。

クラシックのボックスセットのような場合には、一枚のカードではスペースが足りないため、併《あわ》せて、インターネットからダウンロードしたボックスの内容を二冊のファイルに綴《と》じてあり、そこに、それぞれのCDを聴いた年月と先のような数字

CDのカード

評価程度はメモしています。

なぜ音楽についてカードを作るのかの理由は、単純なことです。数が多すぎて、ジャンルごと、ＡＢＣ順に並べてあっても、カードがないと、自分が何を持っているかが正確に把握できないからです。また、カードに先のような事柄だけでも記載しておけば、「対話」の結果としての、ジャンルごとの自分なりの「地図、見取図」が自然に形成されてゆくというメリットもあります。

映画についてのカードはもっと簡単で、国ないし地域ごとに監督を分けて、持っている映画について、そのメディア（ブルーレイ、ＤＶＤ、ヴィデオテープ）の別を明らかにしつつ、見た年、一〇段階評価（こちらは先のとおり10から1まで）を記しているだけです。

国や地域ごとの分類をしているだけで、一監督一枚にもしていませんから、全体の枚数もわずかです。また、買った順に記していくので、たとえば同じ監督の映画が、「日本」や「フランス」のカードの数か所に分散するような書き方になります（数の多いアメリカ映画だけは、アカサタナ……で監督の姓ごとに分けています）。しかし、千数百程度の数であれば、カードが少なくて記入のしやすいこのシステムで間に合いますし、かえって記入、参照もしやすいのです。

また、映画については、それらを見た順番にルーズリーフでも記録しており、こちらは、一二歳の時に作り始めたものが、今でも一冊のファイルとして残っています。これには、映画を見た時点における評価（最初はアルファベット。後に数字に変えた）とメモ程度の感想がつけてあります。この一冊ファイルは意外に便利なので、大学に移ってからは、書物についても、読んだ順に同様の記録を残すようになりました。


さて、以上のうち結局は使わなくなった書物要約カードや判例等についてのカードを除いた記録方法の特質は、**手でふれられること、機能性、一覧性**でしょう。

随分アナログだなと感じられた方もいることでしょう。まさにそのとおりであり、僕自身の考えは、**「アナログだからこそ、使いやすく、高機能なのだ」**ということなのです。

デジタル化された情報というと何となく新しいような気がしますが、コンピューターによる情報処理は、二進法の線形システムですから、意外に穴が多く、こうした独学対話情報の記録としては、あまり使い勝手がよくないように感じます。

人間の脳は、末端の情報伝達についてはともかく、全体としてみれば、一〇〇億の

ニューロン、五〇〇兆のシナプスによって構成される非線形の複雑なシステムで、微妙なあいまいさを含みます。それに見合った独学の情報処理にあえて線形のコンピューターを使う必要はないと僕自身は感じています。データベースという意味では、インターネット全体が大きなデータベースのようなものですから、その情報を適宜直接に利用すればいいわけです。

手書きというのは、やり方が完全に自由ですし、自分にさえわかればいいわけですから、記述も、きわめてラフであってかまわない。手帳のなぐり書きのメモだと自分でも読めなくなって困ることがまれにありますが、判読さえできれば、メモに込めた自分の思考は、後になってからでも、その全体がおおむね再生できます。パソコンに打ち込んだ文字では、そうした広がりがありません。

また、先のようなカードやルーズリーフであれば、直前にそのCDを聴いたり映画を見たりしたのが一〇年、二〇年前等であるのを知ることに加えて、そのころの自分の筆跡や表現から、当時の自分の思考や感覚、また心境そのものをよみがえらせることも可能になります。自分の「対話」の軌跡がそのままリアルに残ることに、こうしたアナログ的な記述、情報整理の長所があると思うのです。

また、いずれにしても、**独学の過程における感想や記録は、**たとえば以上のように、**単純、シンプルなものにしておくほうが、使いやすく、機能性、一覧性も高い**のではないかと考えます。

手帳の使い分け

関連して、僕が日常使っている手帳についてふれておきますと、三種類あります。

①一つ目は、ごく普通の一週間一頁の年ごと手帳ですが、記入方法についてはさまざまな工夫をし、いつ何をしたかとか、執筆中の書物についての備忘等が全部入るようになっています。これの別冊には重要電話番号や最重要の年間生活予定等を一覧的に記載しており、年が変わってもそのまま引き継いで使用できるようにしています。

②二つ目は、中性紙を使った罫線《けいせん》があるだけの日記帳です。しかし、記載内容は日記ではありません。①には記載できないような**個人的な思い**(自分にとっての過渡期、転換期、あるいは何らかの逆境にあるときに記載することが多いです)、**執筆の参考になるような人からの特記すべき情報など①のような年ごとの手帳とは別に記録しておく意味のあ**

三種類の手帳

る情報を、ランダムに記載しているのです。二二年間かかって七割ぐらいを使用しました。おそらく一生に二冊ですむでしょう。死んだら即座に処分してもらわなければいけない手帳ですね。

③三つ目は、やはり中性紙で罫線があるだけの小さな手帳です。**これの記載は、読むべき本や買うべきCD等のリストが中心ですが、ほかにも、**たとえば著者、音楽家、写真家のリストなど、**リベラルアーツ関連の各種の事柄が種々ランダムに記載**されています。後者の情報のうち一部はカードにまとめ直していますが、それ以前のラフなメモがここに記載されているわけです。もっとも、最近は、買うべき予定のリベラルアーツ一覧表ぐらいしか使っていません。二六年間使ってまだ未使用部分がある程度残っている状態です。したがって、これも一生に二冊ですむでしょう。

以上、①だけでは記載しきれないような質の異なった情報を、独学と執筆（インプットとアウトプット）という観点を中心に、②、③に記しているということです。

カード、ルーズリーフ、手帳を全体としてみると、それらのメモ的な記載だけで、独学・知的生産・精神生活日記に近い内容が再現できるようになっていることを、おわかりいただけたでしょうか。

書物との「対話」の記録方法――①書物に線を引く

次に、僕の、読書時における**書物との「対話」の記録方法**について記したいと思います。それは、**一つは、書物に線を引くことであり、もう一つは、書物の最初の部分に走り書きのメモを残すこと**です。

書物に線を引く具体的な方法は、本によって異なります。

(i)普通の本の場合には、写真1のような感じになります(書物は、『リベラルアーツの学び方』です。ほかの著者の書物を使うわけにはいかないので、自著で示すことにしました)。線は手で引いていますし、引くのは、自分にとって重要と思われた部分、強い印象を受けた部分だけです。この場合、線を引く行為は、本を読むスピードにはほとんど影響しません。

(ii)専門書や特に綿密に精読する必要のある本の場合には、定規を使うので、写真2のような感じになります(書物は、拙著『民事訴訟法』〔日本評論社〕です)。

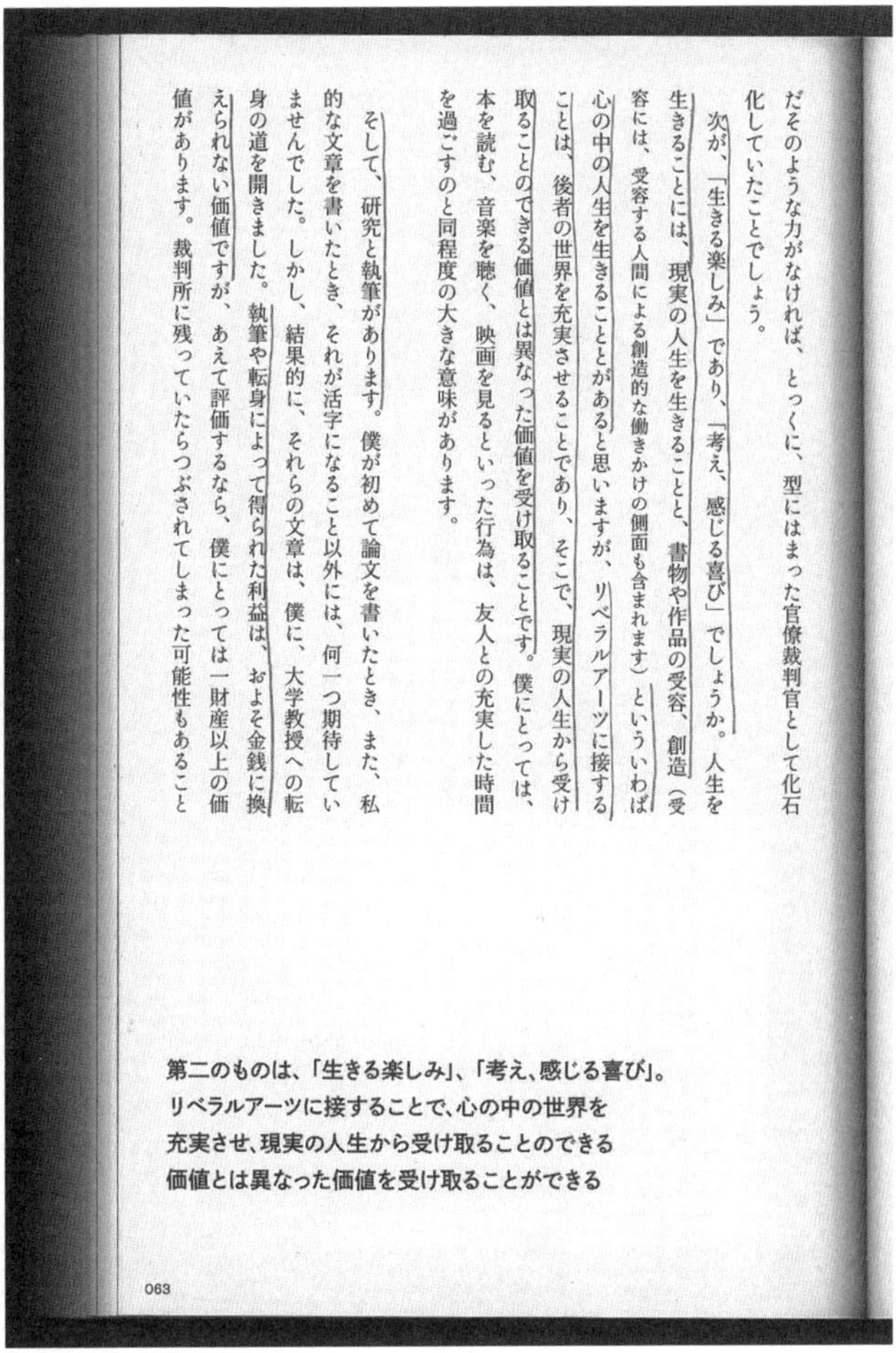
だそのような力がなければ、とっくに、型にはまった官僚裁判官として化石化していたことでしょう。

次が、「生きる楽しみ」であり、「考え、感じる喜び」でしょうか。人生を生きることには、現実の人生を生きることと、書物や作品の受容、創造（受容には、受容する人間による創造的な働きかけの側面も含まれます）といういわば心の中の人生を生きることとがあると思いますが、リベラルアーツに接することは、後者の世界を充実させることであり、そこで、現実の人生から受け取ることのできる価値とは異なった価値を受け取ることです。僕にとっては、本を読む、音楽を聴く、映画を見るといった行為は、友人との充実した時間を過ごすのと同程度の大きな意味があります。

そして、研究と執筆があります。僕が初めて論文を書いたとき、また、私的な文章を書いたとき、それが活字になること以外には、何一つ期待していませんでした。しかし、結果的に、それらの文章は、僕に、大学教授への転身の道を開きました。執筆や転身によって得られた利益は、およそ金銭に換えられない価値ですが、あえて評価するなら、僕にとっては一財産以上の価値があります。裁判所に残っていたらつぶされてしまった可能性もあること

第二のものは、「生きる楽しみ」、「考え、感じる喜び」。
リベラルアーツに接することで、心の中の世界を
充実させ、現実の人生から受け取ることのできる
価値とは異なった価値を受け取ることができる

063

写真１

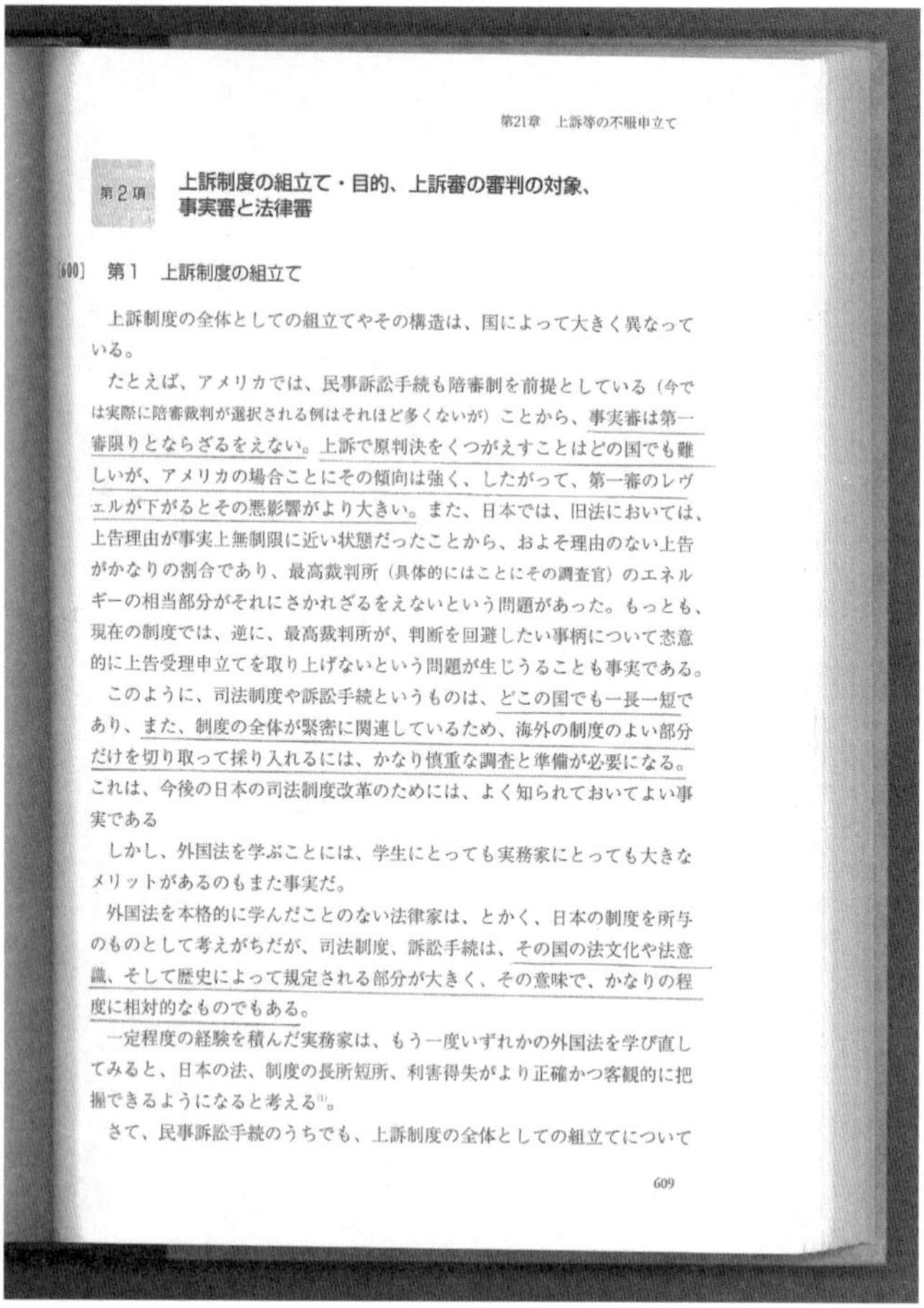

第21章　上訴等の不服申立て

第2項　上訴制度の組立て・目的、上訴審の審判の対象、事実審と法律審

[600]　第1　上訴制度の組立て

上訴制度の全体としての組立てやその構造は、国によって大きく異なっている。

たとえば、アメリカでは、民事訴訟手続も陪審制を前提としている（今では実際に陪審裁判が選択される例はそれほど多くないが）ことから、事実審は第一審限りとならざるをえない。上訴で原判決をくつがえすことはどの国でも難しいが、アメリカの場合ことにその傾向は強く、したがって、第一審のレヴェルが下がるとその悪影響がより大きい。また、日本では、旧法においては、上告理由が事実上無制限に近い状態だったことから、およそ理由のない上告がかなりの割合であり、最高裁判所（具体的にはことにその調査官）のエネルギーの相当部分がそれにさかれざるをえないという問題があった。もっとも、現在の制度では、逆に、最高裁判所が、判断を回避したい事柄について恣意的に上告受理申立てを取り上げないという問題が生じうることも事実である。

このように、司法制度や訴訟手続というものは、どこの国でも一長一短であり、また、制度の全体が緊密に関連しているため、海外の制度のよい部分だけを切り取って採り入れるには、かなり慎重な調査と準備が必要になる。これは、今後の日本の司法制度改革のためには、よく知られておいてよい事実である

しかし、外国法を学ぶことには、学生にとっても実務家にとっても大きなメリットがあるのもまた事実だ。

外国法を本格的に学んだことのない法律家は、とかく、日本の制度を所与のものとして考えがちだが、司法制度、訴訟手続は、その国の法文化や法意識、そして歴史によって規定される部分が大きく、その意味で、かなりの程度に相対的なものでもある。

一定程度の経験を積んだ実務家は、もう一度いずれかの外国法を学び直してみると、日本の法、制度の長所短所、利害得失がより正確かつ客観的に把握できるようになると考える[1]。

さて、民事訴訟手続のうちでも、上訴制度の全体としての組立てについて

609

写真2

（i）の場合にも（ii）の場合にも、**あとからたとえば執筆等の際に参照するような場合には、後記②の「書物の最初の部分に記した走り書きのメモ」とこの線を引いた部分とによって、本の中の必要な部分を短時間で確実に拾い上げることができます。**

また、（ii）のような厳密な線の引き方は、それに従って講義や講演を行う場合にも非常に役立ちます。自分の本でも、まっさらなままでは、それに基づきながら要点をかいつまんで話したり、その内容を元にしながらさらに具体性をもたせて話したりすることは難しいものです。しかし、（ii）のような線の引き方さえしておくなら、特別なレジュメなど作らなくとも、大体の計画さえ立てれば、書物に書いてあること以外の事柄をも織り交ぜながら臨機応変に講義や講演ができるようになるのです。

書物との「対話」の記録方法
――②書物の最初の部分に走り書きのメモを残す

これの具体的な方法については、僕が読み終えたばかりの本であるクレア・ウィークス『不安のメカニズム――ストレス・不安・恐怖を克服し人生を取り戻すための

『不安のメカニズム――ストレス・不安・恐怖を克服し人生を取り戻すためのセルフヘルプガイド』
クレア・ウィークス著、森津純子監修、白根美保子訳、筑摩書房、2016

セルフヘルプガイド』〔白根《しらね》美保子《みほこ》訳、森津《もりつ》純子《じゅんこ》監修。筑摩書房〕をまず例にとって説明してゆきます。メモの写真は3です。悪筆なのでメモの内容はきわめて読みにくいと思いますが、実際のメモについて感覚的に理解していただくために、写真を付けておくことにしました。

この本は、邦題が長いですが、原タイトルは『あなたの不安・神経症のための完全セルフヘルプ』というもので、内容は、不安神経症患者のための医師による自己治療ガイドブックです。僕の興味、関心との関係では、「精神医学関連」の中の「神経症」の項目に対応します。

女医による、患者に寄り添う方向で書かれた平易な叙述の本ですが、長い実務経験の反映された記述の水準はかなり高いと思います。

この本では、目次の前の空白頁に記した走り書きのメモは、一列と少しで終わっています。これでもやや量が多いほうであり、多くの本では半列前後から一列足らずで終わります。なお、量が非常に多い場合の例が、写真4です〔書物は、ジャン＝リュック・ゴダール『ゴダール 映画史』〔奥村《おくむら》昭夫《てるお》訳。ちくま学芸文庫〕です〕。相当に詳細なメモをとる場合でも文庫一頁に収められることがおわかりになると思います。

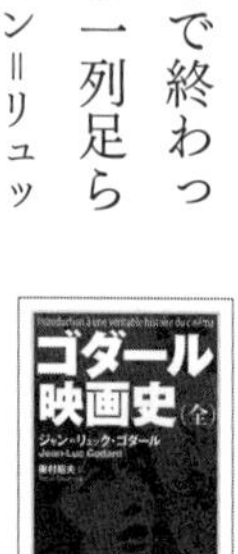

『ゴダール 映画史』ジャン＝リュック・ゴダール著、奥村昭夫訳、筑摩書房、2012

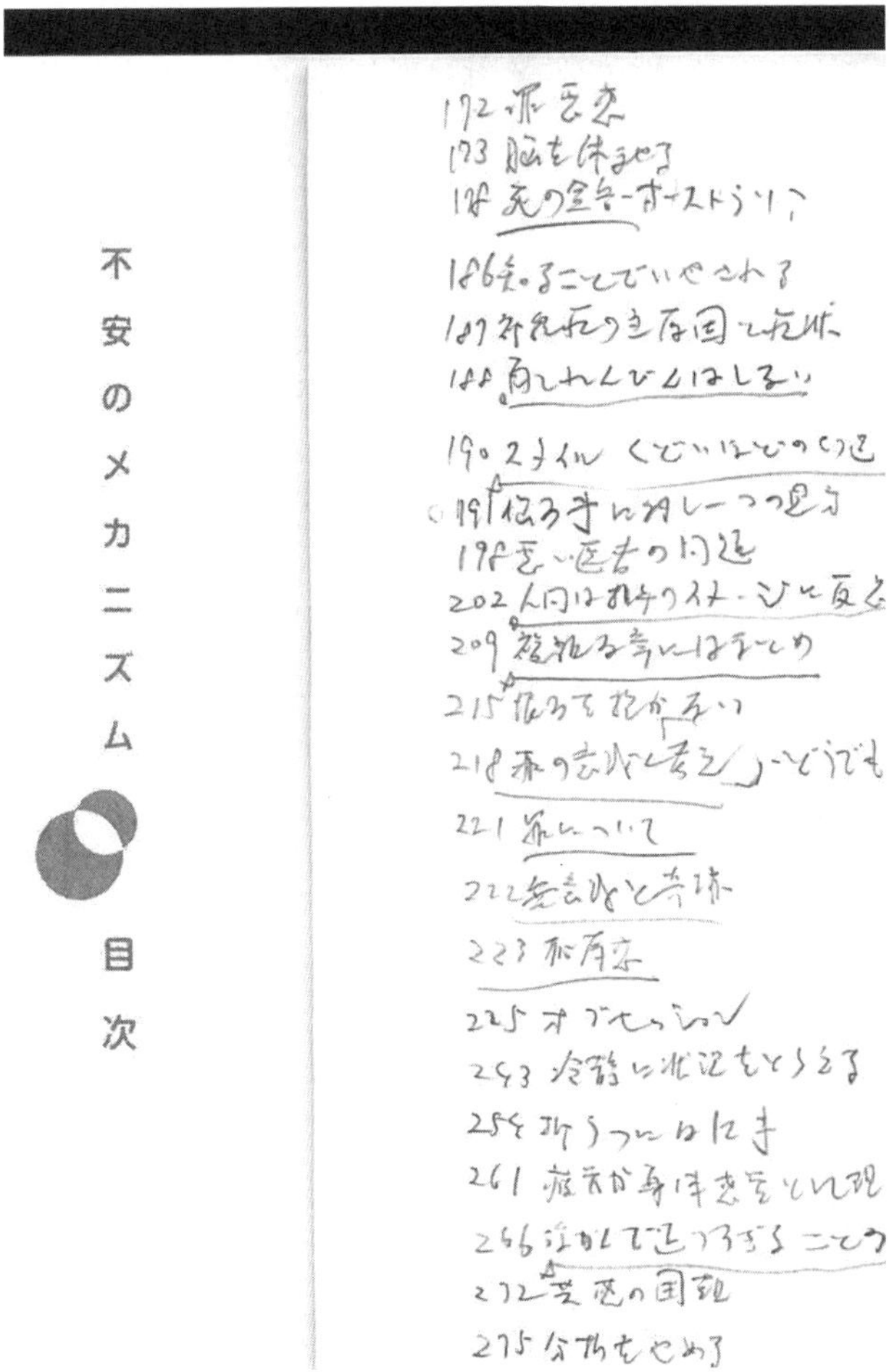

写真3

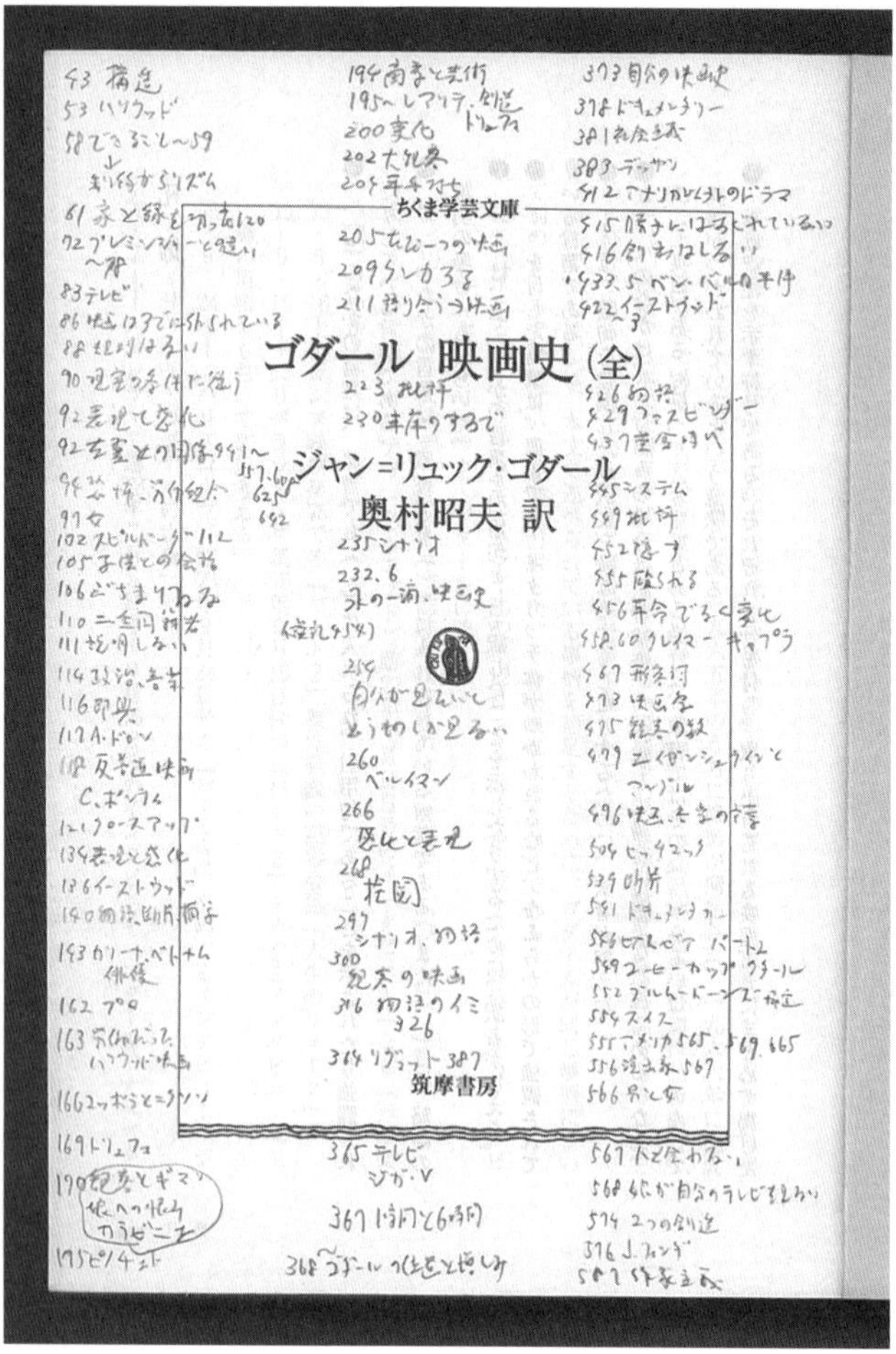

写真4

走り書きメモの種類・内容　例1『不安のメカニズム』

さて、『不安のメカニズム』についての僕のメモは、最初のものが「172 罪悪感」（頁とその頁の内容に関するメモ）となっています。この書物の場合、本全体の半ばの部分までは全くメモがないわけですが、これは、その部分の記述が僕にとっておおむね既知のことであり、目次を見ればそれだけで内容がわかるようなものだったからです。必要のない部分でメモをとることはありません。

メモは、①「172 罪悪感」、②「173 脳を休ませる」、③「178 死の宣告—オーストラリア」、④「186 知ることでいやされる」と続いています。

それぞれの内容を僕の言葉で文章にすると、以下のようになります。

①「172 罪悪感——神経症の原因は過去の罪悪感だが、その罪悪感が本当に深刻な罪に根ざしていることはまれである」、②「173 脳を休ませる——神経症の人は絶え間なく同じことを考え続けているために脳が疲労してしまっている。普通の人はこのように考え続けることはなく、何も考えない時間に脳を休ませているもの

だ」、③「178 死の宣告―オーストラリア――オーストラリアのある医師は、ある患者に、手術を受けた場合の余命三、四年と、受けなかった場合の余命六か月を正確に告げた。患者は、自分の生活にとってより喜びの大きい（入院しなくてすむ）六か月のほうを選択した」、④「186 知ることでいやされる――神経症のメカニズムをよく知ることができれば、その原因である恐怖の多くは消失する」

いかがでしょうか。書物の中から、みずからの考え方の根拠（傍証《ぼうしょう》）にできる部分をも含めた「学べる部分」を選び、「対話」の中心的な対象ともなったそうした部分に関してメモをとっていること、その内容はいずれもそれなりにまとまった深いものであること、それらが二、三秒で可能な走り書きのメモの中に凝縮されていることが、おわかりいただけるのではないかと思います。

さて、メモの性格という観点からすると、①、②、④と③とでは異なります。①、②、④は**「A 書物の内容に沿った重要事項」**ですが、③はそれからは相当に独立した「エピソード」であり、オーストラリア人（を含めた英米系の人間）のものの考え方や行動について考えるための一つのヒントになる情報です。

つまり、③のメモは**「B　みずからの思索、発想、執筆等のヒントになりうる『事実』」**のメモということになります。

なお、いつもそうしているわけではありませんが、この書物については、A以外の情報にかかわるメモの下にはアンダーラインを引いて、内容に沿ったAのメモと区別できるようにしています。それは、この本を読んでいる途中で、本書への引用を考えるようになったからです。**一般的にいえば、こうしたアンダーラインは、特に重要なメモの下に引くことが多いです。**

同様のメモとしては、ほかにも、たとえば、「301個人の人生にも立ち入る医師」というものがあり、これは、著者が、何らかの要請を受けて患者のところに出かけ、治療として家のペンキ塗りをすすめ、患者である女性がそれに打ち込めるようになった後に、「私たちは仕上げにどのような色を使うか、熱心に意見を交わし」たというエピソードについてのものです。精神科医は普通患者の個人的な人生や生活には直接立ち入らないで単にアドヴァイスを与えるにとどめるものですが、この著者はそのような限界を自然に踏み越えられる人だということがわかります。これも興味深いエピソードです。

書物の内容と直接に関連しないメモとしては、ほかに次のようなものがあります。やはり右の書物から例をとります。

C 書物の方法やスタイルにかかわるもの

①「190 スタイル くどいほどのくり返しと平明さ」、②「209 複雑な章にはまとめ」、③「291、317 神経症の定義―あとのほうで」

①は、この本の基本的な叙述の方法、スタイルに関してのメモで、「レトリックはほとんど用いず、平明な文章で、重要なことはくどいほど繰り返している」という趣旨です。繰り返しは冗長になりやすいので普通は避けるべきなのですが、理解しやすい自己治療ガイドブックというこの本の目的からすると、例外的に、繰り返しは必要でもあり効果的でもあるというのが僕の印象となります。

②については、「叙述が複雑になってくる書物の後半では、適宜、章ごと等のまとめを入れている」ということです。よくみかけるのはすべての章にまとめを入れるというやり方ですが、こうしたパターンにしてしまうと、本を単調なものに感じさせる、ハウツーもの的な安っぽい印象を与えやすいなどの悪い側面も出てきます。

この本は、そうしたデメリットをうまく避けながら、必要に応じて目立たないかたちでまとめを入れているという印象があります。

③については、「神経症とは、感情と頭脳が極度に疲労した状態であり、長く続いた恐怖が身体的な症状として現れたものにすぎない（厳密にいえば、「病気」とはいえない場合も多い）」という定義を書物のあとのほうでしているということです。

普通、書物の中核的テーマにかかわるこうした定義は、初めのほうで正確に記すものですが、この本は、書物の最後のほうの全体のまとめにあたる部分でそれを行っています。

これは、精神医学に通じていない読者にとって、より頭に入りやすくわかりやすいかたちで定義を示そうとしたものと考えられます。もちろん、それまでの部分で定義の具体的な内容を噛んで含めるようにして具体的に示していることがその前提になりますが、著者は、それを十分にやっています。

この書物の文章自体は、よくいえば平明、悪くいえばやや平板で、特別に力のある文章というわけではありません。しかし、右のような点をみると、女性精神科医らしい繊細な感覚が一つのスタイルを形作っていて、内容のみならずスタイルについてもそれなりによい印象を残す本だということがわかります。

D 独立した思索や発想として価値があるもの

①「188 自己れんびんはしない」、②「202 人間は相手のイメージに反応」

①は、「自己憐憫《れんびん》、すなわち自分をあわれむ心の持ち方はやめるべきだ。気力と時間を浪費し、あなたを助けたいと思っている人々を尻込みさせるからだ。自己憐憫の底には、『自分はがんばってきた』というプライドがあり、それを自分できちんと認めることは必要だが、だからといって自己憐憫におちいるのはよくない」という趣旨で、おわかりのとおり、一つの深い思索の表明であり、精神科医としての著者の「思想」が表れた部分といえるでしょう（付け加えれば、日本人の一つの特徴は、自己憐憫とそれに基づくぐちが多いということでしょう。変えてゆくべき点の一つといえます）。

もっとも、この記述は読者を傷つけかねない内容のため、著者は、右の内容をきちんと言い切らずに、婉曲《えんきょく》に示唆するにとどめています。僕の記述は、言葉を補ったものです。こうした補いや推測も、重要な「対話」の一部です。

②は、「人間は、相手が自分に対してもっている無意識のイメージ、考え方に反

応するものだから、あなたが嫌っている人についても、よい面をみるようにしてあげれば関係も変わりうる」ということです。この陳述自体はややありきたりで、よくある人生術の本にも書いてあるような事柄なのですが、この著者の口から出ると、それなりの重みがあります。それは、その陳述が彼女の実務体験に根ざしており、また、坊さんじみたお説教としてではなく、体験的に観察した事実に基づいて客観的に述べられているからでしょう。

走り書きメモの種類・内容　例2『語りつぐ戦後史』

次に、普通の書物とはやや異なったタイプの本（哲学者鶴見俊輔の思想的対談集）である、鶴見俊輔編集・解説『語りつぐ戦後史 3』（思想の科学社）を例にとってみます。この本は、鶴見が、思想家や作家等知識人のそれぞれの「戦後」についてそれらの人々と語った対談集の最後の巻で、少年期に終戦、敗戦を迎えた人々を主な対象としています。メモの写真は5です。

こうした書物の場合には、Dの変形としての**「E 思索や対話の一つのまとまりを示すもの」**としてのメモが多くなります。

『語りつぐ戦後史 3』
鶴見俊輔編集・解説、思想の科学社、1970

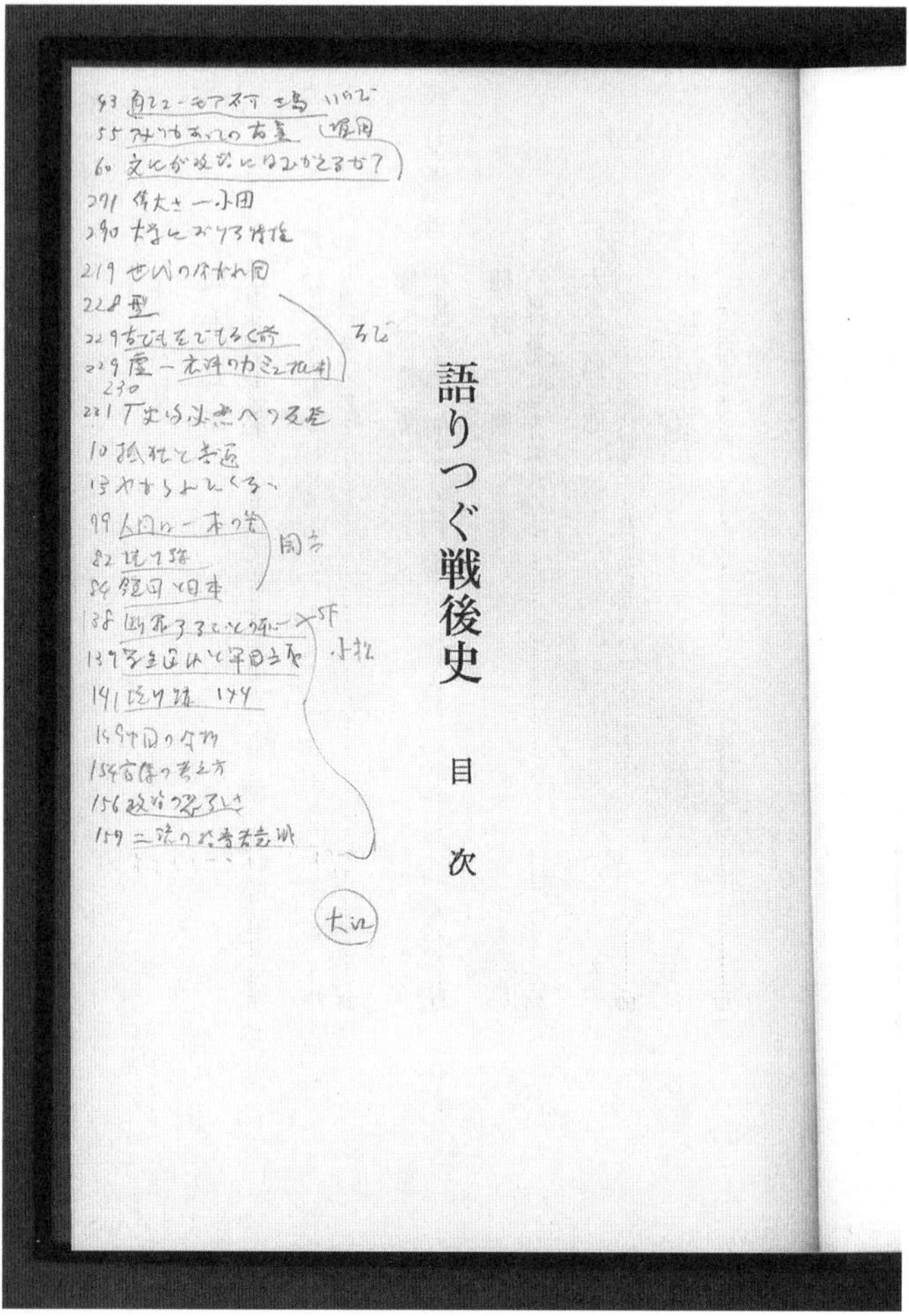

写真5

たとえば、精神科医・作家なだいなだとの対談については、「228 型、229 右でも左でもなく前、229 虚―広津のカミュ批判」といったメモのまとまりがそれです。このまとまりが意味する事柄を僕の言葉で文章にすると、次のようになります。

「(鶴見による、なだの思想の簡潔なまとめ)――『型』というものは、これしかないという正当性をもって主張されるべきものではなく、『必要に応じて型から離れるためのめじるし』としてあるべきものだ。

(これを受けてのなだの応答)――作家広津和郎《ひろつかずお》は、『いかに人生を生きるかということが書かれていない』としてアルベール・カミュの文学を批判した。しかし、そのような文学観では、文学という『虚』の世界を人生と切り離して造形することの意味がわからなくなってしまうのではないか？

あるフランスの学生が『僕は、右でも左でもなく「前」に出たい』と言ったが、この言葉は正しいと思う。全体としての交響曲には不協和音も含まれるのであり、それが落ちてしまったら、一つの全体として成立しない」

みずからの信じる「型」に固執するのではなく、異物的な要素をも含めた全体としての世界をみるべきだといっているわけで、この考え方は、本書における僕の考え方と共通する部分が大きいものです。

　また、学生運動経験のあるSF作家小松左京《こまつさきょう》との対談については、「138 断罪することの恥—SF、139 学生運動と軍国主義、156 政治の恐ろしさ、157 二流の指導者意識」といったメモのまとまりがそれです。このまとまりが意味する事柄を僕の言葉で文章にすると、次のようになります。

「（鶴見の小松への問いかけ）——学生運動には、『歴史的必然性の理論』によりみずからが正義となって他を断罪するという正義派特有の欠点があったが、そのことについての（あなたの）恥の意識が、SFという文学形式に結び付いたのではないか？（これを受けての小松の応答）——学生運動には、ファシズム教育や軍国主義教育の反映、影響もかなりあったのではないかと思う。

　政治というものは恐ろしいもので、巻き込む人間をだめにする力が強い。日本のインテリ層、ことに左派のそれの言動の中には、正義の言葉の陰《かげ》に指導者意識や権力志向が隠されている場合が多かった」

　学生運動の隠れた部分についての考察であり、鶴見の質問の背景には正義の思想に対する鶴見なりの懐疑があるわけですが、小松は、率直にその懐疑に答えています。「みずからがになった正義の思想に対する恥の意識が、ＳＦという、虚構の中で人間のあり方や社会の構造について考察する文学形式に小松を結び付けたのではないか？」という鶴見の指摘は、非常に鋭いと思います。

以上二つとも、大きな思想的問題を含んだ内容です。**こうした対談をただ読み流しても、その含んでいる内容と対話し、自己のものとして消化し、記憶するのはかなり難しいと思いますが、線を引き簡単なメモをとるだけでそれが可能、容易になるこ**とが、おわかりいただけるのではないかと思います。

走り書きメモについてのまとめ

ここで、**走り書きメモの種類・内容**について、再度まとめておきましょう。

A 書物の内容に沿った重要事項
B みずからの思索、発想、執筆等のヒントになりうる「事実」
C 書物の方法やスタイルにかかわるもの

D 独立した思索や発想として価値があるもの

E 思索や対話の一つのまとまりを示すもの

書物の最初の部分に記した走り書きのメモだけで、また、これと書物に線を引いた部分を併せ見ることで、書物との「対話」の内容や読書時に考え、感じたことが相当に鮮明に再現できることが、理解していただけたでしょうか。

また、こうした線引きや走り書きメモの意味は、先にもふれたとおり、書物と行った「対話」の内容の再現、記憶喚起《かんき》にはとどまりません。こうした自分なりの記録を書物に刻んでゆく過程で、書物と行っている「対話」の内容が、鮮明な輪郭を伴って「定着される」、「脳の中にも記録される」ことも、非常に重要なのです。

なお、関連して付け加えておきますと、**すぐれた書物の本文中で引用されている本には読む価値のあるものが多いので、これについてもみずからの興味に応じてメモをとっておくといい**と思います。僕は、メモをとっている頁の右上の端に「本」とだけ記して引用の頁数を書いておき、あとからインターネット書店等でその書物についてチェックして、買うかどうかを判断しています。

メモに基づくアウトプットなど

さらに、**こうしたかたちのインプットは、そのままアウトプットにもつながってゆきうる**ものです。その例を示しましょう。

写真6は、僕が文庫版の解説を書いた小説、織守《おりがみ》きょうや『少女は鳥籠《とりかご》で眠らない』〔講談社文庫〕のゲラ（校正刷《ずり》）の最初の頁にメモを書き込んだものです。四つの短編についての先のような走り書きのメモと、全体を通じての僕の印象とが記してあります。

僕は、このメモだけを元に、一日で、文庫にして八頁になるこの短編集の解説を書いています。その際、メモにおいて数字1から4で示されている全体を通じての僕の印象は解説の最後の部分でほぼそのまま使っていますが、四つの短編についての①から④で示されている細かなメモは、直接的にはほとんど使っていません。

それでは後者のメモは解説を書くために不要だったのかというと、そうではありません。たとえばもしも解説の分量が八頁ではなく一五頁だったら、後者のメモも直接参考にしたことでしょう。また、いずれにせよ、後者のようなメモをとり、か

『少女は鳥籠《とりかご》で眠らない（文庫版）』
織守きょうや著、講談社、2019

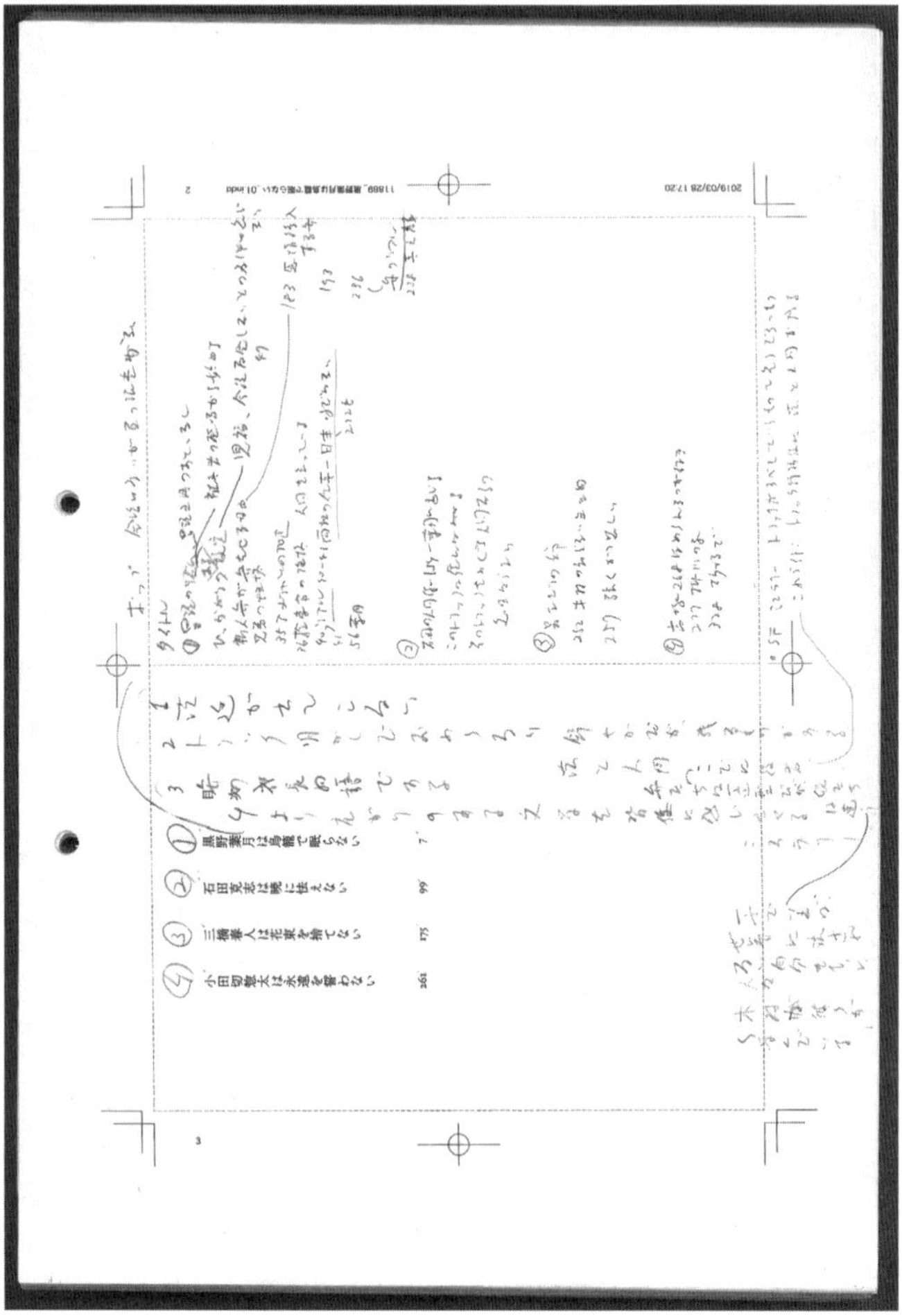

黒野葉月は鳥籠で眠らない 7
石田克志は暁に怯えない 99
三橋春人は花束を捨てない 175
小田切惣太は永遠を誓わない 261

写真6

つとりながらいろいろと考えをめぐらせていたからこそ、そのメモに従って小説の若干の部分を参照するだけで、個々の短編の内容には少ししかふれないとしても、それらをも踏まえた解説を、規定の枚数の中で、また比較的短時間で、書くことが可能になったからです。

『リベラルアーツ』の各論で僕が行った書物の簡潔な紹介と分析の一部は、このようなメモを元にしたものです。そして、こうしたメモが書物に残されている場合には、それを書く作業がずっと容易になりました。

もっとも、『リベラルアーツ』における個々の書物に関する記述はかなり短いので、具体的な「対話」のリアリティーまでを感じていただくのはやや難しいかもしれません（行間を読んでいただく必要があります）。また、先に具体的なメモについて解説した二冊の書物の例だけでは、やはり、「対話」のリアリティーの感覚まではつかみにくい部分があるかと思います。

そこで、次の章「書物や作品から、内容・方法・思想・発想を学ぶ」では、僕の、書物との「対話」のかたちや内容を、書物のジャンルごとに、さらに具体的に示してみたいと思います。

なお、すでに述べたとおり、こうした「対話」は、書物のみならず、リベラルアーツ全般、さらには人々や世界との間においても、さまざまなヴァリエーションをもって成立しうるものです。次の章と第5章では、その例についてもふれます。

6 学問の場合

学問の場合の特殊性？

それでは、以上のような独学の方法について、リベラルアーツ一般と区別した厳密な意味における学問の場合には、何か違いがあるのでしょうか。

結論からいうと、ことに僕のような方法をとる場合、リベラルアーツ一般の場合と学問の場合とで、明確な相違まではないと思います。逆にいえば、この書物で論じている僕の方法自体が、その基本においてかなりの程度に学者的なものであり、その柔軟な応用なのです。

あえていえば、学問の場合にことに気をつけるべき点としては、次のような事柄

が挙げられます。これらは、「読む」技術にとどまらない学問全般についての留意事項になります。具体的には、

① 学問の場合には、まず、その方法論をしっかりと身につける必要があること、
② 文献や資料について緻密な「読み」が必要とされること、
③ 客観的な事実に基づいた確実な推論によって論理を積み上げる必要があること、
④ 書物や論文の書き方についても論理の流れを重視したそれが要求されること、
⑤ 文献の引用等の形式にも厳密さが要求されること、

といったところでしょう。

しかし、これらの方法については、社会・人文科学の場合なら、独学では身につけられないというほどの事柄ではありません。学者の場合でも、指導教授等先輩の指導を受けるのは最初のうちの限られた期間だけであり、あとは独学で学ぶ部分が大きいわけです（これは、理系の学者である長男の話を聞いても、おおむね同じことのようです）。

また、僕が、専門書『民事訴訟実務・制度要論』や『ケース演習 民事訴訟実務と法的思考』〔いずれも日本評論社〕に記しているとおり、学者の間でも、学者として

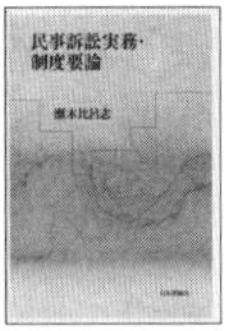

『民事訴訟実務・制度要論』
瀬木比呂志著、日本評論社、2015

『ケース演習 民事訴訟実務と法的思考』
瀬木比呂志著、日本評論社、2017

の基礎訓練が必ずしも徹底して行われているわけではありません。

文章の正確さ、明確さや論理の流れについてみても、専門書や論文を読んでいると、たとえば東大等をはじめとする一流大学といわれる大学の学者のものでも、ことに文章には、いささか難のある場合はあります（専門文献を読む場合には、こうした点についても、権威主義、事大主義に惑わされるのではなく、自分自身の目で客観的な判断や評価を行ってゆく必要があるといえるでしょう）。

また、専門分野の業績があり、かつ、良質の一般書の執筆をはじめとして他分野の人々にも通じる言葉を提供できる学者となると、どの分野でもその数はごくわずかです。

しかし、一方、日本の大学では、生え抜きの学者以外の人材の割合はなお小さく、その採用についても、何らかの縁故や紹介等による場合が多いこともあって、本当に学者としての力のある人が選抜されているとは、必ずしもいえません。僕の目からみても、実務家出身の学者の質が全体にそろってくるのは、これからのことではないかという気はしています。

学問の方法のエッセンス

それでは、学問の方法のエッセンスとは、具体的にはどのような事柄なのでしょうか。先の項目で僕が挙げた事項のそれぞれについて、その焦点を簡潔にまとめておきたいと思います。

①学問の場合には、まず、その方法論をしっかりと身につける必要があること

学問には、どんな分野についても、固有の方法論があります。そして、学問においては、基本的知識と並んでこの「方法論」が重要です。講義や演習の中でこうした方法論を身につけさせることのできる教授がすぐれた教授なのですが、多くの学生は、そうした点よりも表面的なわかりやすさや面白さで講義を選択しがちです。あなたが学生であれば、右のような教授の授業を受けることに努めるべきです。

もっとも、こうした方法論は、その分野のすぐれた書物を読むことによっても獲得できます。また、**一つの分野についてそれをものにすれば、その隣接分野の方法の理解は、類推によって相当程度に可能になります。**

僕の専門分野の場合ですと、大学で学んだのは民事訴訟法だけでしたが、裁判官時代に民事保全法の立法準備作業にたずさわった際に、民事訴訟法の姉妹法である民事保全法、民事執行法の方法論については完全に自分のものとすることができました。また、法学と社会学の隣接領域である法社会学の方法論についても、学生時代から社会学の書物は読んでいましたので、割合自然に身についてゆきました。

②文献や資料について緻密な「読み」が必要とされること

いずれも一定の質を備えた学者の一般書とジャーナリスト等非専門家の一般書の違いは、文献や資料、ことにその細密な部分の読み方の違いによるところが大きいです。

ジャーナリスト等の一般書は、大胆な論理展開や創造性においてはすぐれている場合であっても、専門分野（社会科学、自然科学）の文献や資料の「読み」においてはどうしても一歩譲る部分が出てきやすいといえます。

もっとも、こうした「読み」も訓練によって向上させることは可能であり、実際、学問の方法論には通じていなくても、対象の分析、論理の質や水準においては一流の学者以上のものを備えている一般著者は一定程度存在します。

「読み」の緻密さについては、たとえば、**（ⅰ）定義や要約を正確に行えるようにすること、（ⅱ）論理の展開方法、論理の筋を正確に追えるようにすること、（ⅲ）パラフレーズ（いいかえ）や敷衍《ふえん》（趣旨を詳しく説明、展開すること）が自在に行えるようにすること、などの訓練が重要**です。

こうした厳密な「読みの技術」やそれに対応した「書く技術（後記④に関係）」、ことに後者については、僕の『民事裁判』で、民事訴訟に関連しながらですが、かなり詳しく説いていますから、興味のある方はご覧ください。

③客観的な事実に基づいた的確な推論によって論理を積み上げる必要があること

④書物や論文の書き方についても論理の流れを重視したそれが要求されること

自然科学の場合には当然のことですが、社会・人文科学の場合にも、程度の差はあれ、**客観的な事実に基づいた的確な推論によって論理を積み上げる**ことは要求されます。そして、**書物や論文で新たな考え方を示す場合には、相当な根拠をもった一つの客観性のある見方を、論理の流れを重視しながら構築、提示する**必要があります。

もっとも、たとえば人類学、民俗学等の学問における「根拠」、「推論」のかたちや質と、経済学におけるそれ、法学におけるそれ、また、社会学や心理学におけるそれとは、実は相当に異なるのではないかと僕は思っています（たとえば人類学におけるそれなどは、相対的にみれば、相当に「思いつき」に近い部分もあるように感じます）。

いずれにせよ、たとえば、日本論、日本人論のような、学問のかたちが整っていない大きなテーマに関する書物についても、この「根拠」、「推論」という観点からみる限り、学者の書いたものは、それ以外の著者たちの書いたものよりも一定程度精度が高いとはいえそうな気がします（『リベラルアーツ』一三二頁参照）。

対象が不定型で複雑な事柄となる社会・人文科学の場合、自然科学と同様の精度をもった議論もその実証も困難であることは確かです。しかし、こうした不定形で複雑な対象について論じる学問の場合には、自然科学とはまた異なった方法論、創造的なものの見方、仮説形成能力が要求されるのもまた事実だと思います。

だからこそ、古い時代の哲学書のように、現代の自然科学によってその前提の相当部分が新たなものに置き換えられた書物についても、少なくとも、思考の方法論を示すものとしては、なお参考にされる価値があるわけでしょう。

しかし、一方、そうした社会・人文科学にも、学問ごとに設定された共通の基盤としての論理の精密さや実証性は要求されるということです。

いいかえれば、「学者は、裁判官や弁護士同様、仮説は提示することができても憶測を述べることはできない。それは学者としては不適切な行為だ」ということです。

⑤文献の引用等の形式にも厳密さが要求されること

書物や論文の書き方自体については、学問の場合おおむね共通です。論文の書き方は、序でテーマを提示し、本体部分で論理の流れに従いながら結論とその根拠を示し、結尾部分でこれらをまとめるというかたちが標準的でしょう。

しかし、文献の引用方法は、学問ごとにかなり異なるようです。たとえば、法学の場合、著者、書名や論文名、あるいは出版社名等についてはかなり詳しく記しますが、発表・刊行年については、記す場合は必ずしも多くありません。しかし、人文・社会科学一般でみると、発表・刊行年を必ず記す分野も多いようです。

これは、法学では引用文献がかなり多いためいちいち発表年次を記すのは煩瑣《はんさ》であること、専門家であれば著者名、書名等でおおよその年代の推測がつくことなどによるのではないかと思われます。

こうした事柄は、細かいようですが、学問的には結構重要な事柄になってくるので、特定の分野の専門的文献を書く場合にはもちろん、読む場合にも、注意しておく必要があります。

以上のとおり、学者の議論は、専門分野については相当に厳密ですが、それを離れると必ずしもそうとは限りません。たとえば、弁護士、記者、編集者、学者それぞれの噂話を比較してみると、僕の経験では、最も虚偽情報（ガセネタ）率の高いのは、実は学者のそれではないかという気がしています。

これは、弁護士や記者が常に事実の真偽を問うことを仕事にしており、編集者も職業柄情報の信憑性《しんぴょうせい》には常に敏感である（これらの仕事では、こうした点の見落としは致命的な結果を生みます）のに対し、学者は、専門分野を離れてしまえばそうした事柄にうといことが理由ではないかと僕は思っています。

いずれにしても、専門家のいうことだからといって盲信、盲従すべきではありません。常に相対化しながら、「聴くべきことは聴く」という姿勢が必要です。

専門分野について学ぶには

専門分野について学ぶにあたって一番大切なことは、**基本書を完全にマスターすることでしょう**。こうした基本書は、社会・人文科学でも自然科学でも、特定の分野ごとにおおむね定まっており、それほど多いものではありません（もちろん、時代による変遷《へんせん》はあります）。それらを繰り返し綿密に読み、徹底的にマスターする、自分のものにすることが必要です。

たとえば、司法試験受験についてみると、法学関連の書物は無数にあるわけですが、**特定の分野の基本書、体系書をほぼ完全に理解してしまえば、多くの問題には答えられるか、少なくとも考える糸口がみつけられる**ものなのです。

ほかにも、演習書、受験参考書など各種の書物があるわけですが、それらも、結局は、基本書、体系書に書かれている事柄を正確に、あるいはよりやさしく（たとえば、必ずしも正確ではないとしても平易に――受験参考書の場合）理解させるためのものであるのが普通です。

また、論文、判例集、コンメンタール（逐条《ちくじょう》解説書）等学者や法律実務家が使っている書物についても、基本書、体系書を完全に理解していれば、それらの理解は難しくありません。逆にいえば、基本書、体系書の理解がおざなりであると、ほかの書物を読んでもよく理解できないということになります。

まずは基本書をマスターし、そこから徐々に手を広げてゆく、これが、学問をマスターするための王道でしょう。

専門知識とリベラルアーツ一般の相互作用

専門家は専門知識さえもっていればよいかというと、そうではありません。専門分野のこと以外は何も知らないという専門家の議論には、一定の限界のあることが多いものです。リベラルアーツ一般に関する知識や感覚があったほうが、議論に深みや奥行きが出ますし、専門分野固有の方法論の理解もより深くなります。また、創造性も違ってきます（もっとも、ここでも、純粋自然科学はやや例外かもしれませんが）。

さらにいえば、専門家は、ほかの世界とのコミュニケーションを図るために、少なくとも、他分野の知識人に理解させる「言葉」をもっていることが望ましいといえるでしょう。

こうした点の相違は、ことに一般書を書く場合には顕著になってきますが、実は、専門書の場合でも、文章や表現力にそうした違いは出てきます。僕の経験では、少なくとも定評のある教科書や体系書、ことに単著（単独の著者による書物）を書いている学会長老で、「法学のこと以外は一切感覚がない」という人は、ほとんどいません。

それは、**ほかの世界のことについても最低限の感覚がなければ、自分の専門分野を客観化してみる視点も得られないから**ではないかと思います。

また、こうした人々は、一定の謙虚さ、自己のなしうることについての限界の意識をも持ち合わせているのが普通です。全能感、唯我独尊《ゆいがどくそん》的感覚は、一流の学者にはあまりふさわしくないものであり、そうした感覚をまき散らしているような学者にはむしろ注意すべきでしょう。

第4章

書物や作品から、内容・方法・思想・発想を学ぶ

書物や作品の内容のみならず、それがもっている固有の方法やスタイル、またその広い意味での思想や発想からも、学べることは多々あります。しかし、そうした多様な対話や学びの方法を実際に身につけるのは、それほど容易なことではありません。その「実際のやり方、感覚」がなかなかつかみにくいからです。

そこで、この章では、そうした具体的な「やり方」や「感覚」を身につけていただくために、第3章の記述を前提としながら、「読み、対話、学びの実例」をさらに具体的に記してみたいと思います。

1 内容、方法、思想、発想

書物や作品から学べる事柄

書物については、多くの読者はその内容を問題とします。これは当然のことです。しかし、実をいえば、対話や学び、その前提となるテクストの客観的な把握という観点からは、それ以外の要素も非常に重要なのです。なぜなら、内容と普通にいわれるものは、要約すれば「知識」にすぎないからです。それなら、それぞれの書物の内容を数十頁に凝縮したダイジェストを読んでも、目的はおおむね達成されるはずです。

けれども、実際には、こうしたダイジェストから学べることは非常に限られます。

なぜかといえば、**ダイジェストからは、議論の詳細のみならず、方法、スタイル、**

思想、発想等の重要な要素が、ことごとく抜け落ちてしまうからです。

そして、読書や鑑賞に慣れた人々、ことに、そこから得たものをみずからの新しいアイディアや創造に生かしている人々が、書物や作品と対話し、学ぶというとき、実際には、内容以外のこうした要素から学んでいる部分が大きいのです。

書物でも、芸術でも、その「内容」と、「方法やスタイル」とは、不即不離です。この点は、芸術の場合には比較的わかりやすいと思いますが、一般の書物でも、全く同じことなのです。**すぐれた書物は、内容があるだけではなく、その語り方・スタイル、あるいは論理や感覚の流れにおける方法論においても、独自のものをもっています。**

さらに、書物にも芸術にも、その根本には、人間の場合と同じく、「固有の思想」があります。ここでいう思想とは、非常に広い意味におけるそれ、著者・作者固有の生き方や考え方、ものの見方の核になるようなパースペクティヴやヴィジョンの、それぞれの書物等における表れという意味でのそれです。

書物や芸術の根本にあるこの思想を読み、そこから生まれる発想を学ぶことによって、独学は、その深さ、厚み、広がりを増します。

もっとも、以上のことを理解しものにするのは、かなり難しく、たとえば楽器に習熟するのと同じような一種の集中的・継続的訓練を要します。ある意味で、書物や芸術が自在に「読める」ようになった人は、すでに、みずから「書く」、「作る」こともできる水準に達しているといってもいいでしょう。

こうした事柄には、学問と同じく、あるいは学問以上に才能が問題になるのですが、一方、慣れれば誰でもできるようになるという側面もあります。その意味では、一般的な文章作成術（レポート、レジュメ、企画書等）、プレゼンテーション術、議論の技術等と同じことなのです（こうした事柄は、広い意味での知的生産術、アウトプットの技術になります。これも、僕の独学、執筆のテーマの一つです）。

その具体例を示すことはそれほど容易ではありませんが、この章では、まず、書物を読む時間と場所等について論じた後、僕に可能な範囲で、前章の5で二冊の本について行ったような「読み、対話、学びの具体例・実例」を、さまざまな例によってさらに示してみたいと思います。

2

書物を読む時間・場所、並行・集中読書法

書物を読む時間と場所

まず、書物を読む時間と場所についてお話ししておきましょう。

僕の場合、裁判官時代には、本を読む主要な場所は、通勤電車の中でした。それ以外には、休日に喫茶店で読んでいました。このやり方だと、電車の中では、座ることができたとき以外には、前章で論じたような線引きや書き込みは無理でした。そこで、電車の中では、そうした作業をあえてしなくてもよい種類の本、たとえば文学等を読む場合が多くなっていました。

大学に移ってからは行動形態がかなり自由になりましたので、本を読む場所は

もっぱら喫茶店になりました。ゆきつけの喫茶店は、郊外型の大店舗で、かつある程度年数が経っていて落ち着いた雰囲気であり、また、それぞれの座席区画の仕切りが割合頑丈にできているため、ほかの席の会話があまり気になりません。さらに、土地柄、中年以上の客が多く、おおむね静かであることが多いのです。読書、またパソコン持参の書き物をしている客も時々見かけます。ほとんどの場合はすぐに座れますが、休日等で待っても一〇分ぐらいまでで、その間も待ち席で本を読んでいることはできます。すいているときは長くいても問題なく、混んでいるときには二時間で追加注文が必要です。全体として、読書には好適な環境といえます。

なお、自宅に書斎があるのになぜ喫茶店に出かけるのかという疑問をもつ方があるかもしれません。これについて簡単に答えれば、僕にとっては、本を読むというのはそれなりに特別な行為なので、普段仕事をしている場所とは別の場所で読みたいという気持ちがあるからなのでしょう。そのためには、半ば開放的で半ば閉じた、喫茶店という領域がふさわしいということです。もちろん、喫茶店で読むことによって、飲み物も頼めますし、「これは仕事や執筆とは別のこと」という楽しみの気分ももちやすいということもあります。

右にはどういう雰囲気の場所かについて詳しく記しましたが、それは、こうした場所の雰囲気も、読書の質や効率にそれなりに影響するからです。この喫茶店であれば専門書や自然科学書も楽に読めますが、電車で吊革《つりかわ》につかまりながらそうした本を読むのはちょっとしんどいですね。

普通の仕事をしている人の場合には、やはり、通勤電車で立って読む場合には線引き等はあきらめ、書斎や居間等、あるいは喫茶店等の落ち着ける場所を読書空間として確保し、そこでは綿密な読み方をする、そして、どのような本を読むかは二つの場合で適宜使い分けるというのが、適切かと思います。

僕自身も、大半の本について線引きや書き込みをするようになったのは、大学に移って、読書を含めたインプットの方法、スタイルが定まってからのことであり、それ以前は、本によってはする、また、可能な状況ではするというかたちでやっていました。

並行・集中読書法

僕の近年の読み方は、並行・集中読書法ともいうべきものです。カバンの中に何冊かの本を持って喫茶店に出かけ、一時間余りから二時間ほどの間に、それらの本を少しずつ読みます。

たとえば、最近のある日でいうと、カバンの中には、『標的《ターゲット》は11人（ノンフィクション）』、『「衝動」に支配される世界』、『保守主義とは何か』、『自閉症の世界』、『宇宙は「もつれ」でできている』、『メイジーの知ったこと（小説）』、『境界のRINNE（漫画）』（高橋《たかはし》留美子《るみこ》。小学館）が入っていました（最後のものを除いては、いずれも、後に取り上げて論じる本です）。ほかに、法学専門書についても、書斎でなく喫茶店で読む場合もあります。

右の七冊は多いほうですが、少ない場合でも三、四冊ぐらいは持っていくことが多いです。喫茶店では、いずれかの本から読み始めて、その本を読むことに少し疲れるかあるいは飽きてきたら、別の本に切り替えます。おおむね、少なくとも三、四冊は読み、時間があるときには持っていった本の全部を読みます。もっとも、一冊の本を通して読むこともありますが、その例のほうが少ないです。

こうした読み方をするようになったのは、一般書執筆の関係で急いで読まなければならない本を複数並行して読んだのがきっかけだったと思いますが、いつの間にか、それが、自分に合った読み方として定着してしまいました。

僕は集中力はそこそこあるほうだと思いますが、それでも、一冊の本を四〇分ぐらい集中して読んでいると、注意力がいくぶん散漫になってくることが多いです。もちろん、興が乗ると一冊の本を一気に読んでしまうこともありますが、そうした場合には、ことに後半で細部の読みがおろそかになりがちなので、注意しています。

少しでも疲れや飽きを感じたら別の本に切り替えるという読み方ですと、次の本では、再び意識を集中することが可能になります。テクストを切り替えることによって、新たな著者の「声」が、明晰《めいせき》なスタイルを伴って頭の中に切り込んでくる感じがするので、読むことの楽しみも新たになるわけです。

また、こうした読み方をしていると、ジャンルごと、書物ごとの相違とともに、その横断的な共通性もみえてきて、新たな発見をすることも多いのです。

さらに、こうした読み方をする場合には、一瞬にして頭を切り替えて次の「声」を聴かなければいけないわけですから、頭脳の瞬発力、適応力も養われるといえます。

最後に、こうした読み方だと、長時間の読書が苦にならないということもあります。時計を見るとあっという間に一時間半、二時間が経っていて、驚くこともしばしばです。

もっとも、この方法は、一つのこと、一つの本に集中するのに一定の時間がかかる、あるいは、一つのことは続けてじっくりと行いたいという人には、合わないでしょう。ですから、誰にでもおすすめできる方法ではありません。

しかし、たとえばある種のビジネスパースンのように一定時間のうちにさまざまな種類の仕事をこなし、情報処理を行わなければならないような人にとっては、瞬時に頭の切り替えをして新しいことに集中する訓練にもなるのではないかと思います。

興味をもたれた方は、無理のない範囲で、たとえば異なったジャンルや傾向の本を二、三冊並行して読んでみるといったようなかたちで、試みてみられてもいいのではないでしょうか。

リベラルアーツと接する際の三つの重要事項

本をどのくらい読むか、より広くいえばさまざまなリベラルアーツとどのくらい接するかについては、基準のようなものはありません。昔の著者たちは、たとえ蔵書家であってもその持っている本の数は相当に限られていましたし、作品と接する機会についても同様であったと思いますが、それでも、その限られた書物や作品と高い水準の対話を行い、自分でも執筆や研究をしていたわけです。したがって、**第一に、問題は数ではありません。対象に向き合う際の姿勢が重要です。**

ここでも、「一枚のジャズレコード」の例を思い出していただきたいと思います。一枚のレコードを繰り返し繰り返し聴き、あとはジャズ喫茶にゆくだけでも、ジャズの本質を理解した人々はたくさんいた、むしろ、音楽配信でどんなジャズでも聴くことのできる現在よりもその数は多かったでしょう。つまり、対象に向き合う際の姿勢が重要だということです。

しかし、一方、**第二には、多くの書物や作品と接し、それらを体系的、横断的、立体的に位置づけてゆき、その総体から得られるものを増やしてゆくことも大切です。**

つまり、ミクロの視点とマクロの視点の双方が必要だということです。

また、**第三には、独学の対象となるジャンル、カテゴリーはできる限り幅広くとっておく**ことをおすすめしたいと思います。その時々、年齢や環境によって、具体的にどんな対象に興味が向くかは相当に変わってくるからです。

僕の場合のリベラルアーツ歴がどのようなものであったかについては、前章の3に記しましたが、年齢によってかなりの変化があります。たとえば、一〇歳ごろからずっと見ている映画についても、多い年には二〇〇本ぐらい見ています（去年はそのような年の一つでした）が、少ない年には二〇本に満ちません。ほかの対象についてもその時々で変化があり、たとえば音楽についても、ジャズしか聴かない時期やクラシックしか聴かない時期もありました。書物についてさえ、ほとんど読まない時期もあったと思います。

こうした変化は内的な必然性があって起こってくるものですから、その流れには乗るほうがよく、また、「ある期間には集中して一つのジャンルに打ち込む」ことによって、そのジャンルを深く理解することができる、自分なりにきわめることができるなどのメリットもあります。

ですから、自分なりの計画や方向性をもちながらも、一方その時々の興味や関心を大切にすることも必要だと思います。

繰り返しになりますが、自分が興味を抱ける対象はなるべく広く保ち、また、たとえ一時期は特定のジャンルの書物や作品と実際に接することはなくとも、興味をもってきたジャンルの動向には常に一定の関心を寄せておくとよいと思います。興味の糸を切らさないようにしておくということです。そうすれば、いつでもまたそのジャンルに立ち返ることができます。

そうした意味で、持続性をもって、長いスパンで、広い範囲のリベラルアーツと接してゆくことが、独学の要諦《ようてい》の一つといえるでしょう。

3

書物との「対話」の具体例

書物との「対話」とその内容

それでは、まず、書物について、前章の5とは異なり、一冊の書物の総体を対象としながら、最近半年ぐらいの間に僕が書物と行った対話や学びのかたちを実際に示してみたいと思います。

その対話の内容は、前章にも記したとおり、各種の事項に関する僕のメモ、すなわち、

A 書物の内容に沿った重要事項、

B みずからの思索、発想、執筆等のヒントになりうる「事実」、

C 書物の方法やスタイルにかかわるもの、
D 独立した思索や発想として価値があるもの、
E 思索や対話の一つのまとまりを示すもの、

という種類・内容のメモに基づいて再現されたものです。

個々のメモの種類・内容については前章に詳しく記しましたので、ここでは、それらの総体から再現される書物との「対話の内容」や「その本について僕自身が抱いた考え」を記してゆくこととします。

具体的には、「内容」、「方法やスタイル」、「事実（今後の執筆等の参考となる事実）」、「思想（思索、発想をも含む）」、「つながり（他のリベラルアーツとの横断的なつながり）」といった事柄に注意しながら論じてゆきたいと思います。

その多くの部分では、書物の表現を、カギカッコに入れた部分まで含め僕自身の言葉で再構成していますが、その論旨自体は正確にとらえているつもりです。

なお、本章の以下の記述は、第6章の3「独学のための37の基本的技術・ヒント」の実践編ともなっています。もしも、読み始めて、取り上げている個々のジャンルや書物、作品についての感覚がないので記述がわかりにくいと感じられた方は、先に第5章から第6章の3までの部分を読まれた上で本章の以下の記述に戻られると、そこで行われている「対話」の意味がより理解していただきやすくなると思います。

思想等

①鶴見俊輔編集・解説『語りつぐ戦後史 3』〔思想の科学社〕
②宇野《うの》重規《しげき》『保守主義とは何か——反フランス革命から現代日本まで』〔中公新書〕
③中村圭志《なかむらけいし》『西洋人の「無神論」日本人の「無宗教」』〔ディスカヴァー携書〕

①『語りつぐ戦後史 3』は、前章の5でもふれたとおり、哲学者鶴見俊輔が、思想家や作家等知識人のそれぞれの「戦後」についてそれらの人々と語った対談集の最終巻です。この対談集は、学生運動時代の一九六九年に1と2が、一九七〇年に3が出、僕は、1と2はずっと前に読んでいたのですが、鶴見よりも若い世代の人々を主な対象とする3は落としていました。

『語りつぐ戦後史 3』
鶴見俊輔編集・解説、思想の科学社、1970

しかし、今回読んでみると、前記などいなだや小松左京のものを含め、少年期に終戦、敗戦を迎えた人々の戦後観から、いろいろと学ぶところがありました。

たとえば、作家の大江健三郎《おおえけんざぶろう》は、学生運動時代のさなかにあって、「戦後民主主義は崩壊したという人が多いが、どこにその根拠があるのか？　戦後民主主義の論理が直面している対立物である内部ゲバルト（内ゲバ。左翼党派間、ことに日本の学生運動や新左翼の党派間における、暴力を使用した抗争）は、戦後民主主義の論理をゆさぶってはいるが、超えてはいない。その若者たちがやがてもう一度同じ場所に帰ってきたときに、戦後民主主義の真価が問われるだろう。いったん（思想的に）転向してまた元の場所に戻ってきた人というのが一番大切だと思う」と述べています。

これに対し、鶴見は、「非転向の姿勢というのは、棒のように硬直したものではなく、想像力を失わずに、状況に対応しながらゆれ動くかたちでのみ貫きうるものだ」と答えています。大江の発言について、「あなたのいうこともまた一つの非転向のかたちなのではないか」と客観的に分析、批評しているわけです。

一九七〇年当時、一六歳の僕がこれを読んでも、おそらくさほど注意を払わずに読みすごしてしまったと思うのですが、今読むと、学生運動時代における大江のこの発言は、先の時代まで見通した深いものだという気がします。鶴見のコメントについても同様です。

このように、古い本、ほとんど新しい読者のいなくなった本であっても、質の高いものは、時代の波に流され、呑《の》み込まれないまま、静かにそのメッセージを保っています。そして、新たな思索やアイディアのヒントは、意外に、こうした人目につかない場所にひそんでいるものなのです（逆にいえば、読書家なら誰でも知っているような書物からこうしたヒントを得るには、相当に透徹した「読み」が必要とされます）。

②『保守主義とは何か』については、テーマの設定がうまいと思いました。確かに、僕も、「保守主義、ことに日本の戦後の保守主義は、一体何を守っている、保守しているのかよくわからない」と常々思っていましたから、保守主義に興味を抱いている自由主義者の視点からその問いに答えようとする本書は、手にとってみたくなる書物だったのです。

内容は、エドマンド・バーク以来の保守主義者の系列を、広い視野から、「何を守り何と闘ったか」という観点を軸に論じています。平明ながらよくこなれた文章

『保守主義とは何か』宇野重規著、中央公論新社、2016

で、新書版二一三頁にこの内容を収めるのは、思考がよく整理されていないと難しいことでしょう。

興味深かった示唆は、著者が、保守主義の対立物として、自由主義ではなくむしろ進歩主義を置き、日本についてみると、普通には戦後自由主義の代表的人物の一人とされる丸山眞男を（進歩主義にはむしろ懐疑的であるという意味で）保守主義者としてとらえていることです。

僕が教えを受けた鶴見俊輔も、同様に戦後自由主義の代表的人物の一人とされていますが、その思想には、やはり、日本の神道以前の古いアニミズムのかたちに注目するなど、保守主義的な部分がかなりあり、そして、進歩主義にはむしろ懐疑的でした。その意味では丸山と共通しているわけです。

僕自身も、本書でもすでに述べてきたとおり、個人の内面的自由や表現の自由は最大限尊重すべきであると考えているという意味では明確に自由主義者ですが、左派やアメリカニズムを含めた進歩主義の思想にはかなり懐疑的ですから、この書物の定義からするなら、その部分では保守主義的であるのかもしれません。

もっとも、この本の最後の部分、日本の保守主義について論じた部分については、

丸山眞男（1914-1996）

それまでの部分に比べると、論理の展開がやや性急で説得力を欠くと感じられるところもあります。しかし、全体として、従来混同されることの多かった自由主義と進歩主義の関係についてさらに考えてゆく際のヒントとなる本であったことは、間違いありません。

③『西洋人の「無神論」日本人の「無宗教」』は、宗教学者による、比較的軽いスタイル、軽いタッチで書かれた一神教、多神教比較論です。

しかし、こうしたスタイルの本がおちいりやすい安っぽさや安易な二項対立にはおちいっておらず、一神教、多神教それぞれの核になるロジックを注意深く分析し、また、無神論は、整然とした論理が支配する一神教の世界ではその対立物として鮮明なかたちで現れるが、多神教世界でははっきりしたかたちをとらない、とりにくいことをも明らかにしています。

僕がこれまでに読んだ日本論、日本人論（すでにふれたとおり、『リベラルアーツ』二三二頁以下にその主要なものを示しています）の中で最も強い印象が残っているのは、古典となっているルース・ベネディクト『菊と刀』〔講談社学術文庫等〕です。

『西洋人の「無神論」日本人の「無宗教」』
中村圭志著、ディスカヴァー・トゥエンティワン、2019

『菊と刀』
ルース・ベネディクト著、長谷川松治訳、講談社、2005

そして、「罪の文化対恥の文化」というベネディクトの分析が、こうした「キーワード日本論、日本人論」の中では際立って鮮やかにかつ説得力をもってみえるのは、資料を読む力もさることながら、彼女の分析が、③の著者のいう、一神教と多神教のロジックの相違にその基礎を置いているからなのだな、ということが、③を読んでいてよくわかりました。

また、著者のいう、日本社会の「相互依存関係」、すなわち、「精神的もたれ合い」や「和をもって貴《たっと》しとなす」（この言葉は必ずしも同調をよしとするものではないとの意見もあるようですが、原文を読んでも、少なくともその基本は、日本的な意味での「和」をよしとすることにあるとみるのが自然だと思います）の感覚の問題を、日本社会の停滞や息苦しさの一つの原因でもあると考えている僕にとっては、③の議論の示唆するところは、現代日本社会について考えるための一つの見方としても有益でした。

現代アメリカ社会

①デービッド・カラハン『「うそつき病」がはびこるアメリカ』〔小林由香利《こばやしゆかり》訳。NHK出版〕

②ポール・ロバーツ『「衝動」に支配される世界――我慢しない消費者が社会を食いつくす』〔東方雅美《とうほうまさみ》訳。ダイヤモンド社〕

③スティーブン・レビツキー、ダニエル・ジブラット『民主主義の死に方――二極化する政治が招く独裁への道』〔濱野大道《はまのひろみち》訳。新潮社〕

①『「うそつき病」がはびこるアメリカ』の日本版タイトルはやや扇情《せんじょう》的ですが、原タイトルは、『だましあいの文化《ザ・チーティング・カルチャー》』です。

書物の要旨は、「現在のアメリカにおいては、戦後当初のアメリカ社会を支えていた結束と信頼の『社会契約』が崩壊し、不正がはびこり、それに対する感覚が麻《ま》痺《ひ》し、人々は、どんな手段を用いてでも、利益を得よう、他人を出し抜こうとするようになった」ということです。

その根底には、「個人の成功はもっぱらその人の能力にかかる。不平等で何が悪い。成功しない者は敗残《はいざん》して当然」という過酷な社会ダーウィニズムがあり、これはアメリカ社会が元々もっていた社会進化論（一種の進歩主義）の中の悪い部分が肥大化したものだと著者は説きます。

アイヴィーリーグにさえ裏口入学者があふれ、弁護士は依頼者に水増し請求をし、

『「うそつき病」がはびこるアメリカ』デービッド・カラハン著、小林由香利訳、NHK出版、2004

医師は患者に不要な薬品を処方し、健康関連商品を売る、ホワイトカラー犯罪に対する刑罰は甘く、出所した人々は再び経済エリートとしてはなやかな舞台に立つ、そうした「事実」の数々が実証的に語られてゆきます（なお、右のような実例のうちアメリカ弁護士界の腐敗については、弁護士学者たちによるリチャード・ズィトリン、キャロル・ラングフォード『アメリカの危ないロイヤーたち――弁護士の道徳指針』〔村岡啓一《むらおかけいいち》訳。現代人文社〕が、より詳細な事例と分析を提供しています）。

②『「衝動」に支配される世界』は、現代アメリカ社会の凋落についてのより広範で包括的な分析です。

アメリカ的進歩主義、機能主義が徹底的に追求された結果として、社会は調整能力を失い、権力は腐敗し、左派は実質的に消滅し、保守派は衰退した。そして、政治までもがマーケティング化されて、対立点ばかりが強調され、人々は両派に分断されていがみ合うようになった。著者はそう分析します。

また、アメリカ人は、不快への対処方法を失うとともに、限りなく「自分化」を推し進めたが、その結果として、物事がわかるようにもならず、幸せにもならず、そして、異なるものを受け入れられなくなった、と説きます。

『「衝動」に支配される世界――我慢しない消費者が社会を食いつくす』
ポール・ロバーツ著、神保哲生解説、東方雅美訳、2015

「利益は自分に、損失は社会に」というモットーの下に展開される経済活動は、産業の空洞化をうみ、ＧＤＰを増やす「支出」こそ望ましいという考え方は、医療のあり方までをもゆがめてしまいます。その結果、「経済成長がむしろ社会をこわしてゆく」という異常な関係が生じているというのです。

③『民主主義の死に方』は、②が論じた事柄のうち政治の点だけをクローズアップし、アメリカにおける政党の指導力の低下、民主主義のガードレールであった「組織的寛容」と「政治的自制心」の喪失、以上による政治の二極化と共和党の手段を選ばない過激化、その結果としての人種と宗教で憎み合う二大政党の対立という構図の成立を、順次論じ、分析しています。

僕は、三五年ぶりで二度目の在外研究に訪れたアメリカ社会の凋落著しい状況について『哲学と意見』第Ⅶ章にそのエッセンスを記しました。その観察はアメリカ社会の周縁に滞在した一外国人学者の視点からのものでしたが、アメリカ人たちによる右のような大所高所からの分析は、その視点は違えど、僕の分析とほぼ合致しています。

『民主主義の死に方——二極化する政治が招く独裁への道』
スティーブン・レビツキー、ダニエル・ジブラット著、池上彰解説、濱野大道訳、新潮社、2018

しかし、一方、アメリカでは、今でもなお、自国の問題を客観的に仮借《かしゃく》なく分析批判することのできる知識人がこのように相当数存在することも事実であり、これは、アメリカ社会の強さ、底堅さを示す事柄だと思います（『リベラルアーツ』二五四頁以下でアメリカに関して取り上げた書物についても、同様のことがいえます）。

ことに、ジャーナリストによる①、②、とりわけ②の分析の水準が高いことには感心しました。アメリカのジャーナリストは層が厚く、その中には、「思想家《シンカー》」としての資質をも備えた人が時々いますが、②の著者はその一例だと思います。

③は、学者による分析で、日本でも一定程度話題になった本です。もっとも、論旨に沿った部分は緻密ですが、アメリカがごく近年まで世界の自由と民主主義を守ってきたといった書き方をしている部分などは、「本気かね？」と思ってしまいます。そうした意味では、「危機的なトランプ大統領時代にあって、平均的なアメリカ人読者にも自分の問題意識を受け入れさせたい」という政治的配慮がみられる本だと思います。

ノンフィクション、評伝、自伝

①ジョージ・ジョナス『標的《ターゲット》は11人――モサド暗殺チームの記録』〔新庄哲夫《しんじょうてつお》訳。新潮文庫〕
②アンソニー・サマーズ『マリリン・モンローの真実』〔中田耕治《なかだこうじ》訳。扶桑社ミステリー〕
③今村昌平《いまむらしょうへい》『映画は狂気の旅である』〔日本図書センター〕
④香取俊介《かとりしゅんすけ》『今村昌平伝説』〔河出書房新社〕

①『標的《ターゲット》は11人』は、過激派「黒い九月」がミュンヘン五輪のイスラエル選手村を襲撃し、九人の選手たちを虐殺したのに対し、イスラエルの諜報機関モサドが暗殺チームを編成し、テロを計画、指導したと目されるアラブ人たちを殺していったといわれる事件について、書物の主人公となっている暗殺チームのリーダーからの聴き取りを中心にまとめたドキュメント、記録です。
　僕は、二〇世紀後半以降に激しさを増してきたテロリズムの動向や思想に関心があるので、政治的暗殺者たちの実像をリアルに描いたこの書物は、興味をもって読

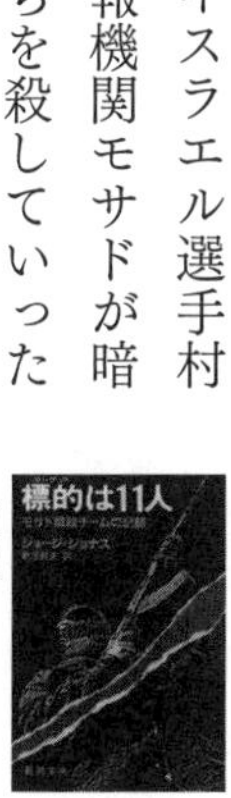

『標的《ターゲット》は11人――モサド暗殺チームの記録』ジョージ・ジョナス著、新庄哲夫訳、新潮社、1986

めました。
また、本筋を離れたところでも、(i)諜報員生活に身も心も疲れた主人公の父親が、任務を引き受けた息子の選択を嘆くとともに、「(味方にも)手の内をすべてみせるな。必ず切り札を隠し持て」と与える次善の忠告、(ii)「テロリストは、いい腕をもった頭のいい狂信者だ。しかし、たいていの人間は狂信者ではない。また、たいていの人間は腕も頭もよくない。だからトップのテロリストを消せば、代わりはしばらく現れない」というモサド工作管理官の言葉、(iii)自力で考え、創意工夫を行い、時には独断行動も辞さないのがイスラエルの伝統だという繰り返し現れる分析(日本とは相当に異なるようです)、(iv)主人公が暗殺者生活七か月で一〇年分も老け込んでしまったという描写など、さまざまな意味で興味深い「事実」や「発想のヒント」が散りばめられています。

この書物を読んで僕が考えたのは、戦争も、この暗殺も、国家が個人に強いた、あるいは求めた暴力という意味では変わらないのに、暗殺のほうがはるかに大きな圧迫やストレスを個人に与え、傷を残しやすいのはなぜだろうということでした。今後テロリズム一般について考えてゆくための一つの糸口を与えられたということです。
関連して、このころ何度目かに見直した、左派ジッロ・ポンテコルヴォの力作イタリア映画『アルジェの戦い』（一九六六年）がフランスに対するアルジェリア独立運動に関して、「テロリズムも、やむにやまれない場合、圧倒的に圧迫されている者が独立を求めて闘う場合には許される」という考え方を明確に示していたこと、その公開当時、左派に対して一定のシンパシーを示していた大江健三郎が、映画の先のような考え方については新聞のコラムで強い危機感を表明していたことを思い出しました。

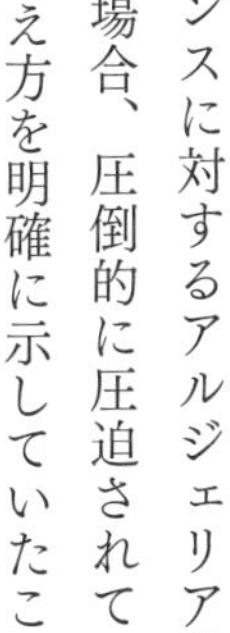

『アルジェの戦い』
ジッロ・ポンテコルヴォ監督、1966
（キングレコード）

また、『標的《ターゲット》は11人』のスティーヴン・スピルバーグによる映画化、『ミュンヘン』（二〇〇五年）もすぐれた作品です。原作では、暗殺チームは、ただ、おびえ、疲労してゆくだけなのですが、映画では、その職務について感じる疑念や罪の意識からチームが徐々に内部崩壊してゆくというプロットになっています。このシナリオはよくできていて、イスラエルという国家やその中心人物たち、その機構の非情さを、リアルに描き切っていると思いました。

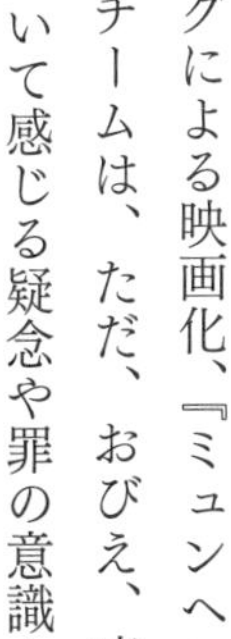

『ミュンヘン』
スティーヴン・スピルバーグ監督、2005
（パラマウント）

ノンフィクションをそのままになぞってもいい映画にはならないのであって、芸術は「虚構」の中にこそ「真実」をみなければなりません。この映画は、それを達成している作品だと思います。幻惑的かつはなやかなスピルバーグの演出も一定程度抑制がきいていますし、また、これは彼の映画ではほとんど初めてのことだったのではないかと思いますが、渋い脇役俳優たちをも十分にコントロールできています。これも「学べる映画」です（これは間違いなく少数意見でしょうけれども、僕は、この映画をスピルバーグのベスト作品だと思っています。なお、二番目は、先のような幻惑的な演出手腕を存分に駆使してそれまでになかった新しい感覚を映画にもたらしたという意味で、『未知との遭遇』〔一九七七年〕です）。

付け加えれば、イスラエルとアラブ諸国の関係については、僕は、イスラエル建国の経緯にかなりの問題があったという事情をも十分に考慮すべきではないかと思っています。

②『マリリン・モンローの真実』は、マリリン・モンローの伝記であるのみならず、その神話のヴェールを一枚ずつはがしてゆく克明な分析と解釈の記録でもあり、まるで「神話」を生体解剖しているような印象を与えるすぐれたノンフィクションです。

『マリリン・モンローの真実』
アンソニー・サマーズ著、中田耕治訳、扶桑社、1988

イギリス人ジャーナリストで、ほかにも『大統領たちが恐れた男―FBI長官フーヴァーの秘密の生涯』〔水上峰雄訳。新潮文庫等〕などの力作がある著者の視野は広く、調査は緻密であり、その結果、このモンローの評伝は、モンローをめぐる人々やファンたちの群像を細密に描写することを通じて、そのまま、アメリカ戦後大衆文化史・思想史にもなっています。見事なスタイルをもった書物です。

なお、著者は、書物の最後の部分で、モンローの死について、一定の根拠をもって、他殺説、それも、兄弟ともにモンローを愛人としていたケネディー兄弟の弟のほうであるロバート・ケネディーがそれにかかわった可能性があるとの説を、控えめに示唆しています。モンローが「別れるなら二人との関係をばらす」とロバートに迫っていたことがその前提にあります。「絶対にありえないこととまではいえない」というのが僕の読後の印象です（もっとも、他殺であるとすれば素人の犯行とはとても思えないので、ロバートが殺しのプロを同行していた、あるいは派遣したことが前提になりますが、そこまでのことがありうるのかという疑問もぬぐえません。だからこそ、著者も、「婉曲な示唆」にとどめているのでしょう）。

『大統領たちが恐れた男――FBI長官フーヴァーの秘密の生涯』
アンソニー・サマーズ著、水上峰雄訳、新潮社、1995

③『映画は狂気の旅である』は、『にっぽん昆虫記』（一九六三年）、『神々の深き欲望』（一九六八年）、『復讐するは我にあり』（一九七九年）等で知られ、大島渚《おおしまなぎさ》とともに一九六〇年代以降の日本映画を代表する存在であった今村昌平の自伝です。

今村晩年の新聞連載をまとめたものであるためか、「狂気」の部分は薄く、ユーモアと諦観《ていかん》をまじえた淡々とした記述が続くのですが、描かれている映画監督の生活は、本当にどうやって食べているのかがわからないような、普通の生活者からは想像もつかない世界で、それでもなお映画を作ることの魅力にはあらがえないというところが、一種の「狂気の世界」なのでしょう。

今村の文章はうまく、知的な人物であるにもかかわらず観念的な言葉が少なく、簡潔かつ的確であり、ことに、みずからの作品を、その本質をつかんで数行で要約する手際など、鮮やかです。シナリオ執筆と演出できたえられた実証的知性のうみだす文章であり、一見目立ちませんが、強固なスタイルをもっています。

「私は霊魂など全く信じない」という記述（幻想的なシーンもいくつか撮っているが、実は徹底した唯物論者）や、『赤い殺意』（一九六四年）のシナリオハンティングでは、あちこちの新聞社で、本当に、「このあたりに、何度も強姦されて、それでもへこたれず

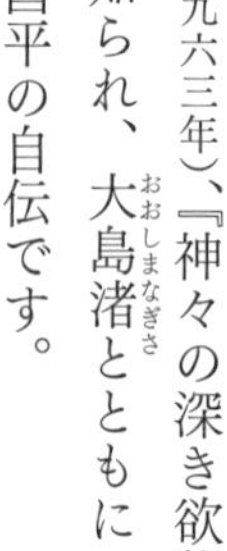

『映画は狂気の旅である』
今村昌平著、日本図書センター、2010

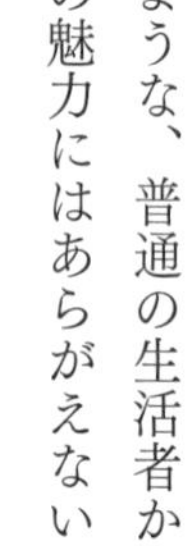
今村昌平（1926-2006）

に生きているような女性はいませんか?」と尋ねてまわったが「いなかった」という記述（愚直なまでの実証的精神）は、今村作品の特質を考える上で非常に参考になるものでした。

また、カンヌ映画祭における『楢山節考《ならやまぶしこう》』（一九八三年）での最初のパルムドール（グランプリ）受賞の際にはカンヌがどれほどの映画祭かもよく知らず、『うなぎ』（一九九七年）による二度目の受賞の際にも、後記4でもふれる名作『かくも長き不在』（一九六一年）を撮りながら忘れられ、老いていたアンリ・コルピ監督とその映画の話をしていて、コルピの目から大粒の涙が流れ落ちたことに感動し、これで映画祭に来たかいはあったと授賞式にも残らず帰国してしまったというエピソードも、いかにも今村らしいと思いました（もっとも、次の④には今村が本当に賞に無頓着《むとんちゃく》であったかは疑問という記述もあり、その点については僕も半信半疑というところです。つまり、今村一流の韜晦《とうかい》という可能性もありえます）。

④『今村昌平伝説』は、NHK出身の脚本家、ノンフィクション作家による今村の詳細な評伝であり、③で本人が十分には書いていない映画製作やプロダクション経営の舞台裏、その「狂気」やエゴにかかわる部分を、緻密に描き込んでいます。

『今村昌平伝説』
香取俊介著、河出書房新社、2004

もっとも、ファンであることを自認する著者の今村作品に対する見方自体は、基本的に往年の日本映画関係者・ファンや今村支持者たちのそれです。つまり、後期の淡々とした作品群は今村の本質から外れておりあまり評価できない、というものです。

僕は、『黒い雨』（一九八九年）を今村の傑作の一つだと考えますし、ほかの後期作品のいくつかにおいても、今村は、少なくとも、新しい境地を開き、新しい世界観を示したと思っています。また、彼が、五〇代の後半以降、若いころのような徹底した動物的な粘りを身上とする作品とは異なった方向に向かっていったことについても、相当の必然性があったと考えています。したがって、そうした点では、著者とは見方を異にします。

しかし、日本の映画の世界とその問題、ことにそのよくもあしくも前近代的な部分の大きかった体質（「よくもあしくも」というのは、映画やクラシック音楽の世界では、日本に限らず、古いかたちの徒弟《とてい》制《せい》や職人魂がいい作品を作り出したという側面もあったからです）を知り尽くしている著者の克明な記述が、今村に対する著者の思い入れや願望をも相当の説得力をもって読者に受け入れさせる厚みをもっていることも事実です。

全体としてみると、この本は、いわゆる「日本映画ファン」というわけではない僕の日本映画観をゆさぶり、その欠けていた部分について考え直させてくれるという意味で、参考になりました。

なお、同時代で双璧《そうへき》とされた今村と大島の評価については、海外、ことにアメリカでは、『愛のコリーダ』(一九七六年)等国際的市場・評価を意識した一連の作品の人気もあって、少なくとも一般的には、大島のほうがやや高いようです。これは、おそらく、大島作品のテーマの研ぎ澄まされた観念性と、時代に対するジャーナリスティックで鋭い嗅覚《きゅうかく》が、外国人にとってもわかりやすいからでしょう。大島の作品の相当部分はかなり厳しい条件の下で急いで撮られたものですが、しかし今でもなお見るに堪《た》える。その理由の一つは、こうした大島の才能にあると思います。一方、今村作品の、一見土俗的だが実は構造が堅固で論理的でもあるという特質は、外国人にはかなりわかりにくいものだろうとも思います。

このあたりは、芸術のみならず、書物をも含めたリベラルアーツ全般の国際的なコミュニケーションについて、常に問題になる事柄です。日本文化研究者等特別に日本に対する興味の深い人々の場合を除けば、欧米の知識人の日本理解は、他のア

大島渚(1932-2013)

ジア諸国についてのそれに比較すればかなりましとはいえ、やはり、エキゾティックな要素に乏しいものについては浅く、日本の知識人の平均的な欧米理解の水準までゆかない、というのが事実でしょう。

　僕自身は、戦後の日本人と日本社会を総体としてとらえようとした試みとしても、すぐれた作品の質からみても、今村のほうが一段まさっていると考えています（もっとも、隠し撮りなどで協力者たちのプライヴァシーを踏みにじった感の強いドキュメンタリー『人間蒸発』〔一九六七年〕だけは、映画としての評価はおくとしても、今見直すと、後味はよくありません）。

自然科学

①フレッド・A・ウルフ『量子の謎をとく――アインシュタインも悩んだ…』〔中《なか》村《むら》誠《せい》太《た》郎《ろう》訳。講談社ブルーバックス〕

②マンジット・クマール『量子革命――アインシュタインとボーア、偉大なる頭脳の激突』〔青《あお》木《き》薫《かおる》訳。新潮文庫〕

③ルイーザ・ギルダー『宇宙は「もつれ」でできている――「量子論最大の難問」はどう解き明かされたか』〔山《やま》田《だ》克《かつ》哉《や》監訳、窪《くぼ》田《た》恭《きょう》子《こ》訳。講談社ブルーバックス〕

④ ジョージ・マッサー『宇宙の果てまで離れていても、つながっている——量子の非局所性から「空間のない最新宇宙像」へ』〔吉田《よしだ》三知世《みちよ》訳。インターシフト〕

⑤ フレッド・A・ウルフ『もう一つの宇宙——量子力学と相対論から出てきた並行宇宙の考え方』〔遠山峻征《とおやまたかゆき》、大西央士《おおにしひろし》訳。講談社ブルーバックス〕

⑥ ロジャー・ペンローズ『心は量子で語れるか——21世紀物理の進むべき道をさぐる』〔中村和幸《なかむらかずゆき》訳。講談社ブルーバックス〕

⑦ デイヴィッド・J・リンデン『脳はいいかげんにできている——その場しのぎの進化が生んだ人間らしさ』〔夏目大《なつめだい》訳。河出文庫〕

①から⑥は、最近読んだ科学書の中から、量子力学関連の書物を拾ったものです。**①『量子の謎をとく』**、**②『量子革命』**、**③『宇宙は「もつれ」でできている』**は、いずれも、量子力学の一世紀近くの歩み、ことにそれにまつわる議論の歴史を描いたものであり、①は物理学者、②、③は科学ジャーナリストないしサイエンスライターの手になるものです。

三つの本は、おおむね同じ事柄を、それぞれ固有の視点から描写していますが、共通の焦点は以下のとおりです（難しい事柄なので、要約も多少長くなります）。

『量子の謎をとく——アインシュタインも悩んだ…』
F・A・ウルフ著、中村誠太郎訳、講談社、1990

『量子革命——アインシュタインとボーア、偉大なる頭脳の激突』
マンジット・クマール著、青木薫訳、新潮社、2017

（ⅰ）ニールス・ボーアとその下に集まった学者らによる量子力学に関する解釈、すなわち、「量子の世界を古典的な物理学同様の実在性をもって描写することはできず、その意味では、量子の世界というものはない。あるのは抽象的な量子力学の記述だけである」という考え方（いわゆるコペンハーゲン解釈）に対し、物理的世界は実在論、局所性、因果律で規定されるべきだと信じる（「神はサイコロをふらない」というアインシュタインの有名な言葉はこの信条を意味する）アインシュタインらが、EPR論文（共著者たちの頭文字をとってこう呼ばれる）で先鋭な疑問を投げかけた。

しかし、この問いかけは長い間正当に取り扱われず、アインシュタインは過去の人になったと考える物理学者も多かった。

（ⅱ）ジョン・スチュアート・ベルは、EPR論文を正面から受け止め、一九六四年に書いた論文により、ベルの不等式と呼ばれる方程式で、先の二つの物理学的世界観のいずれが正しいのかを検証する方法を示した。

（ⅲ）その後の実験により、ベルの不等式は破れる（いったん相互作用を起こした――もつれた――量子はベルの不等式を破る）こと、すなわち、量子力学の主流であった考え方は基本的に正しいこと、いいかえれば、アインシュタインが提唱した「量子の世界は

『宇宙は「もつれ」でできている――「量子論最大の難問」はどう解き明かされたか』ルイーザ・ギルダー著、山田克哉監訳、窪田恭子訳、講談社、2016

観測とは無関係に実在するという世界観（局所実在論）」は量子力学の世界では成り立たないことが明らかにされた。

書物のスタイルは、それぞれ異なります。記述が深いのは、最初に科学者によって書かれた①でしょう。文章もよくこなれています。②は、科学史的な客観的記述、正確でわかりやすい記述に努めています。これに対し、③は、当事者たちの論文や発言等を創作に近いかたちで再構成しながら語るという実験的なスタイルをもっています。途中までは、資料が限られることもあってか、やや安手の小説のような印象を与える部分もあるのですが、全体としてみれば、この野心的な試みを何とか成功させているといっていいでしょう。ただ、①か②を読んでから読むのでないと、つまり、ある程度の知識のない読者には、こうした書き方では内容がいささかわかりにくいという難点はあります。

三冊を通じて浮かび上がってくるのは、結局その提唱した「量子力学における局所実在論」は否定されたものの、孤塁《こるい》を守りつつ先鋭な問題提起を行い、大胆で創造性に満ちた思考実験を続け、量子力学と局所実在論が本質的に相容れないという認識を導くための基礎を築いたアインシュタインの先見性と独創性です。批判的、多面的に考え、すべての既成事実を疑うことを特許局の仕事で学んだアインシュタインには、通常の科学者としての側面のみならず、実務から学んだ合理主義者、実証主義者、そして反権威主義者としての側面も強くあったことが、よくわかります。

ほかに、量子力学の基本方程式の一つであるシュレーディンガー方程式で知られ、奔放《ほんぽう》な性生活でも有名だったエルヴィン・シュレーディンガーが実は神秘主義者であったらしく、また、①の著者もそうであるらしい（①二四一頁、三三九頁）という「事実」（物理学者にも神秘主義者が存在する）が、「自由主義者、経験論者」であると同時に「ソフトな、あるいは仮定的な運命論者」でもある（本書第6章の1、『哲学と意見』第Ⅱ章）僕にとっては、興味深いものでした。

さて、以上の書物の面白さは、自然科学の面白さであるとともに、哲学の面白さでもあります。実際、現代の哲学の最先端は科学の知識をもった科学哲学者たちによるそれであると思われ、物理学、天文学、脳神経科学、生物学等の学問は、かつてはもっぱら哲学の領域であった諸分野についての、より正確で新しい見方をもたらしていると感じられます（『リベラルアーツ』第3部第1章、拙著『民事訴訟の本質と諸相

——市民のための裁判をめざして』（日本評論社）第3章）。

④『宇宙の果てまで離れていても、つながっている』は、量子宇宙論学者たちに取材し、前記「非局所性」の探究から、「空間はこの世界の本質的な要素ではない」という大胆な仮説に進んでゆきます。先のような「哲学」の領域に深く踏み込んだ書物であり、前記の三冊同様に、「科学というものは、のっぺりした一枚岩なのではなく、その最先端では、既成の考え方と新たな仮説とが激しくせめぎ合っている『場』なのだ」ということを教えてくれます。

難点は、科学ジャーナリストが非常に難しいことを書いているため、ややわかりにくい部分が多くなり、読んでいるときには面白いものの読み終わるとその印象が今一つはっきりとまとまりにくいことでしょう。

⑤『もう一つの宇宙』の著者は①と同じですが、こちらは、著者の神秘主義者としての性格が前面に出た本で、内容は、量子力学的並行宇宙論です。「(i) 人間は、無限の集合としての並行宇宙に生きており、瞬間ごとにみずからの運命を選択している。(ii) 現実というのは、『選択された自己言及』のことであり、存在の唯一の

『宇宙の果てまで離れていても、つながっている——量子の非局所性から「空間のない最新宇宙像」へ』
ジョージ・マッサー著、吉田三知世訳、インターシフト、2019

『もう一つの宇宙——量子力学と相対論から出てきた並行宇宙の考え方』
フレッド・A・ウルフ著、遠山峻征、大西央士訳、講談社、1995

よりどころは『無矛盾性』である。(iii)意識とは、未来と過去からくる量子波の共鳴する『場』である」などの、哲学的考察が繰り広げられています。(iii)についてははたしてそうなのかなというのが正直な印象ですが、(i)、(ii)については、たとえば、ホルヘ・ルイス・ボルヘスの幻想小説やフィリップ・K・ディックのSFの中核を成している世界観にきわめて近いものであり、これらの文学の注釈にもなっていて、僕自身にも共感できる部分があります。

なお、一九五七年に最初に量子力学的並行宇宙のアイディア（量子力学に関する多世界解釈）を提唱したヒュー・エヴェレット三世は、物理学者としての職を得られず、失意のうちに夭逝《ようせい》しました。その息子のマークは、失意、苦痛、悲しみを翳りのある声で歌い続けるロックバンド、イールズのリーダーとなっています（彼らのアルバムについては、『デイジーズ・オブ・ザ・ギャラクシー』〔二〇〇〇年〕がおすすめです）。

マークと彼の姉は父とともに住んでいましたが、子どもたちは父とはほとんど接触がなく、マークの姉は、父の死後、「並行宇宙で父に会いに行く」と記したメモを残して自殺しました（マックス・テグマーク『数学的な宇宙――究極の実在の姿を求めて』〔谷《たに》本真幸《もとまさゆき》訳。講談社〕）。

『Daisies of the Galaxy』
Eels、2000（Dreamworks）

さて、僕の小説『黒い巨塔』のヒロインである少女は、「自殺した兄に並行宇宙で再会する」ために主人公の若手裁判官を道連れに心中しようとしますが、このアイディアは、僕が、以上のどの書物をも読む前に考えたものですから、アイディアの流用ではないのです。

もっとも、そういう小説を書いた僕が結局こうした書物群を読むことになるについては、「ある種の必然性が存在する」とはいえるでしょう。人間は、自分なりの探究を続けていれば、やがては、みずからと共鳴するもの、みずからが必要とするものに自然にたどり着くものだからです。このように、物理学の世界がロックの世界につながり、それらがやがては法学者で著者でもある僕の世界観とも照応するというところに、リベラルアーツからの横断性をもった学び、そのつながりの一つの例があることを、みていただければと思います。

⑥『心は量子で語れるか』は、⑤と同様に、量子力学と関連させながら意識を論じています。

著者は高名な数理物理学者ですが、意識は従来の物理学では解くことのできない

『心は量子で語れるか——21世紀物理の進むべき道をさぐる』
ロジャー・ペンローズ著、中村和幸訳、講談社、1999

現象であり、量子力学がより完全なものになればそれによって意識のはたらきも解明される、また、量子力学には非計算的な要素があるため、現在のコンピューターでは意識はシミュレートできない、といいます。

この本を読んだ印象では、ペンローズの仮説は⑤の仮説と同程度あるいはそれ以上に憶測（あるいは根拠のあまり明確でない推測）の域を出ないもののように思われます。また、⑤の仮説のような哲学的な面白さに欠けるようにも感じられます。

一般にも広く知られた理論物理学者で著者の共同研究者だったこともあるスティーヴン・ホーキングは、この本に収められた三人の科学者による著者の考え方へのコメントの一つで「ペンローズの議論は、意識も量子力学も神秘的だから両者は関連があるに違いない、というもののように思われる」とにべもなく彼の議論を一蹴《いっしゅう》していますが、僕の印象も、いずれかといえばこれに近いです。

さて、ペンローズには、この書物に先立ち、同じテーマをより大きなスケールで展開した大著『皇帝の新しい心――コンピュータ・心・物理法則』〔林一《はやしはじめ》訳。みすず書房〕等の書物があり、『皇帝の新しい心』は僕には実に読みにくい本だったのですが、⑥を読んでの僕の率直な印象は、あの難解な本をまとめればこれだけのことだったのか、というものです。法的主張は短くまとめることによってその真価が明らかになるものです（『民事裁判』第7章）が、自然科学における立論についても、基本的には同じことがいえるのかもしれません。

もっとも、「意識」というものが、物理学、脳神経科学、生物学等の従来の研究によってもなお十分に明らかにはならない不思議な性質をもっていることは確かであり、その謎に大胆な仮説で挑んだ著者の想像力と勇気には、敬意を表したいと思います（いずれにせよ、著者は、「それでも地球は回る」と題した書物の最後の部分では、ホーキングらの批判にもめげず、自信満々で再反論を試みています）。

自然科学分野の最後の一冊である⑦**『脳はいいかげんにできている』**は、脳神経科学関連書です。人間の脳が、古い部分に新しい部分を継ぎ足して形成されてきたつぎはぎだらけの産物であり、しかし、だからこそ多様で複雑な機能をもちえていることを説いた上で、感覚と感情、記憶と学習、性、夢、宗教等のトピックスについて、現在の脳神経科学によって明らかにできることはどこまでなのかを、明快、正確に解説しています。

たとえば、宗教については、著者は、脳の「感覚情報を統合して、できる限り首

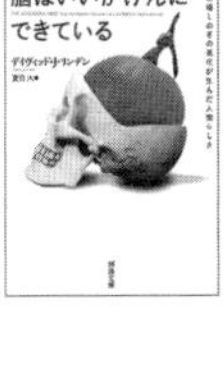

『脳はいいかげんにできている――その場しのぎの進化が生んだ人間らしさ』
デイヴィッド・J・リンデン著、夏目大訳、河出書房新社、2017

尾一貫した物語を作り出そうとする『作話』の性癖」と「正しいと証明できないことを無条件に信じたいという人間の本来的な傾向」（いずれも進化にその根拠があると考えられる。後者については、「人間が自分を取り巻く世界について理解するためには、無条件に超越的なものを信じるのが有用だからということが理由）の融合によるところの、「人類という種に普遍的な特徴の一つ」だろうと解しています。

これは、謎をもって謎に答えている面はあるものの、自然科学者の共通認識をおおむね的確に要約したものといえるのではないでしょうか。実際、僕自身、『哲学と意見』にも記したとおり、長い間に多くの幻想（たとえば、東大に、裁判所に、アメリカに対する幻想。挙げればほかにもいろいろあります）を失いながら生きてきたわけですが、確かに、「人間は、何らかの幻想にすがらなければ、生きてゆくこと自体が難しいのではないか」と感じることは時々あります。

難しいことを飽きさせずに語る工夫がよくなされた本であり、そうした工夫を読者に気づかせずに読ませる文章力もかなり高いと思います。

広義の精神医学関連

① クレア・ウィークス『不安のメカニズム――ストレス・不安・恐怖を克服し人生を取り戻すためのセルフヘルプガイド』〔白根美保子訳、森津純子監修。筑摩書房〕

② スーザン・フォワード『毒になる親――一生苦しむ子供』〔玉置《たまき》悟《さとる》訳。講談社＋α文庫〕

③ ダン・ニューハース『不幸にする親――人生を奪われる子供』〔玉置悟訳。講談社＋α文庫〕

④ ジョージ・サイモン『他人を支配したがる人たち――身近にいる「マニピュレーター」の脅威』〔秋山勝《あきやままさる》訳。草思社文庫〕

⑤ スティーブ・シルバーマン『自閉症の世界――多様性に満ちた内面の真実』〔正《まさ》高信男《たかのぶお》、入口真夕子《いりぐちまゆこ》訳。講談社ブルーバックス〕

⑥ ジュリー・ダシェ原作、マドモワゼル・カロリーヌ作画『見えない違い――私はアスペルガー』〔原正人《はらまさと》訳。花伝社〕

①『**不安のメカニズム**』については、前章の5で詳しくふれました。内容は、医師による不安神経症患者のための自己治療ガイドブックです。複雑型神経症が生じるメカニズムに関する記述とこれに対する対処法は、詳細かつ具体的で参考になります。

ただし、著者が、不安神経症に伴うことの多いうつ症状についてはあまり重視しておらず、それについての投薬も限定的に考えているようなのには、やや疑問を感じました。実際には、むしろ、うつが主体でこれに不安神経症が伴う症例も多いのではないかと考えられ、その場合にはうつに対する投薬を中心とするのが現在の普通の治療ではないかと思われるからです。このあたりは、国や時代の違いも影響する事柄なのかもしれません。

②『**毒になる親**』、③『**不幸にする親**』は、いずれもセラピストの手になるもので、「子どもの人生を徹底的に支配し、あるいは傷つけ、子どもが大人になってもそうした行為を継続しようとし、そしてその事実を決して認めようとしない親たち」に対してどのように対処したらいいのか、ことに、子どもがそうした支配や抑圧の構造から自分を解き放つにはどうしたらいいのか、といった事柄について、具体的か

『不安のメカニズム――ストレス・不安・恐怖を克服し人生を取り戻すためのセルフヘルプガイド』
クレア・ウィークス著、森津純子監修、白根美保子訳、筑摩書房、2016

『毒になる親――一生苦しむ子供』
スーザン・フォワード著、玉置悟訳、講談社、2001

つ懇切《こんせつ》に記しています。

僕自身の親も、子どもを徹底的にコントロールし、自己実現や自己愛の手段としようとする傾向の強かった人々で、かつ、父はともかく、母については、後年までその自覚は薄かった（自覚することができなかった）と思います。

ですから、これらの本は、僕個人にとっても切実なテーマを扱っているということになります。いずれも再読です。

『不幸にする親――人生を奪われる子供』
ダン・ニューハース著、玉置悟訳、講談社、2012

そして、以前にもそう思ったのですが、今回も、ベストセラーになった②よりも、あとから出た③のほうが、記述の密度が高く、客観性も高いように感じました。
②は、「毒親」という言葉を作ったタイトルからも明らかなように、この問題についての先鋭で闘争的な姿勢を強く打ち出し、読者の情動に訴えかけるスタイルをとっています。
それはかまわないのですが、傷ついた子どもたち（今は大人になっている子どもたち）に対し、「何が何でも親と対決しなさい。その後に親に起こる反応、親どうしの関係に入る傷、自分と兄弟姉妹との間に生じかねない溝については気にする必要はない」といい切っている部分には、疑問を感じます。

こうした親は、②、③いずれの著者も認めるとおり、まずは自分の非を認めません。たとえ認めたとしても、表面的な承認にとどまることが多いでしょう。そもそも、子どもの指摘によって真摯な態度でそれを認めるほどの客観性をもつ親なら、子どもの傷も、極端なものにはならないのが普通です。また、親が自分のしたことをよく理解した上での謝罪であればともかく、そうでないかたちだけの謝罪であれば、あまり意味もないと思います。むしろ、対決によって起こる軋轢による消耗《しょうもう》や前記のような各種人間関係上のマイナス効果のほうが大きいかもしれません。

そうであるとすれば、親との対決は、よく考えた上で選択すべき事柄であり、③の説くように、「対決はしてもしなくてもよい。得るものと失うものを比較することが大切」というのが、正しいアドヴァイスでしょう。

③の著者は、彼自身②に言及し、それを踏まえていることを認めてはいますが、その論旨をみると、このように、②とはニュアンスの異なる部分がかなりあります。察するに、③の著者は、②の先のような部分には必ずしも賛同していないのだが、同じテーマについての先駆けとなった書物である②に一定の敬意を表し、それに正面から反対することはしていない、ということなのではないかと思いました。

さて、②の著者の戦闘的な姿勢は、弱者の側に立ちつつそれまで秘められてきた問題を提起しようとする著者がとりやすいものです。しかし、こうした姿勢は、一方では、十字軍的な錯誤におちいりやすいという問題をも含んでいると思います。著者のいうとおりの対決を行った子どもが、親兄弟のすべてと対立し、孤立して追いつめられるという事態も、十分にありうるのですから。また、セラピスト等にみられるこうした戦闘的な姿勢は、アメリカ的精神の一つの際立った特徴でもあるでしょう。

しかし、日本でも、アメリカの場合と同様、広く受け入れられ、ことに、悩める「子どもたち」の賛辞を得たのは②のほうでした。このことにも、表現やコミュニケーションの難しさの一つの実例が表れていると思います。

あえていえば、③が、②とは異なり、「精神的な」虐待《アビューズ》の場合を主に念頭に置いていることが、先のような相違を生じさせた一つの原因かもしれません。②の著者が想定している親たちには、より大きな問題があるということです。

④『他人を支配したがる人たち』は、臨床心理学者によるもので、他人を支配したがる人たち（マニピュレーター）とはどのような人間なのか、また、彼らにどう対処

『他人を支配したがる人たち――身近にいる「マニピュレーター」の脅威』
ジョージ・サイモン著、秋山勝訳、草思社、2014

したらいいのかを、具体例を挙げながら詳細に論じています。

著者のいうマニピュレーターは、自己愛性あるいは演技性パーソナリティー障害者である場合が多いと思うのですが、そのメルクマールは診断と治療の指針であって、そうした人々によって被害をこうむる側が彼らにどう対処すべきかを教えてはくれません。著者は、活動的な学者のようなので、こうした、医療の範囲を超えた問題（パーソナリティー障害者による被害者の問題）に興味をもったのでしょう。

参考になる記述としては、「(ⅰ)マニピュレーターの行動は理解できない。そして、この『理解できない』ということによって、かえって彼らは批判をまぬがれている。(ⅱ) このようにその理解が難しいマニピュレーターについては、その意図ではなく行動に注意すべきだ。ことに、彼らの自己イメージ操作の巧みさには注意すべきである。(ⅲ) マニピュレーターは攻撃を仕掛ける口実探しに余念がないのだから、それに対して攻撃的になりすぎてはいけない。そうではなく、相手の不適切な言動を的確につき、問題にすべきだ」などがあります。いずれも、実務家ならではの人間理解に基づく指摘だと思います。

⑤『自閉症の世界』のテーマは、実は、自閉症そのものではなく、「自閉症研究の歴史とそれに伴う自閉症概念・イメージの変遷」です。

自閉症の定義とメルクマールには、二〇世紀前半から今日までの間に大きな変化があり、また、現在でもその実体が十分によくわかっているとはいえず、その研究の歴史には、さまざまな試行錯誤や混乱が含まれていました。そのため、自閉症に関する海外の書物で日本においてそれなりの評価を得てきたものについても、こうした試行錯誤の過程で刊行されたものが多く、したがって、現時点でそれらを読む場合には注意が必要です。この書物は、こうした自閉症研究の歴史を詳細にたどり、跡づけた本として価値があると思います。

もっとも、この本には、方法、書き方に相当の問題も感じました。読者の興味を引くため章ごとにメリハリをつけ変化をもたせようとしているのですが、正直にいえば、著者（科学ジャーナリスト）の筆力は、それに追いついていません。また、構成力も十分ではありません。先のようなテーマにはさほど関係のない記述、たとえば映画『レインマン』（バリー・レヴィンソン。一九八八年）に関する記述などが、長すぎます。

『自閉症の世界――多様性に満ちた内面の真実』スティーブ・シルバーマン著、正高信男、入口真夕子訳、講談社、2017

さらに、具体的な記述それ自体にも、書かれている事柄の年代がはっきりしなかったり、数多くの人物が出てくるにもかかわらず中心人物たちを特定するための記述が不十分なので、どういう人物だったかがわからなくなり、前のほうの頁を繰ったり、索引から探したりしなければならなかったりするなどの問題があります。全体で六〇〇頁余りの本ですが、内容からすれば、その七、八割程度が適切でしょう（なお、訳文も、十二分に整っているとはいいにくいです）。

要するに、比較的学問的な主題について多数の読者の興味を引くように書こうとしたが、その点では力及ばなかった、という印象です。

僕は、こうした問題を含む本は最初のほうでやめてしまうこともあるのですが、この本については、興味のあるテーマを扱っており、また、内容自体は充実している（内容はちゃんとある）ので、最後まで読み通しました。また、最後まで読めば、方法上の問題もよくわかり、その点は反面教師にもなるわけです。

さて、書物の結論は、「現在の診断基準においては、自閉症は、高機能から低機能までの『スペクトラム（連続体）』としてとらえられている」ということです。この結論に至る記述には一定の説得力があります。

ただし、僕自身は、なお、高機能の自閉症と低機能の自閉症とが議論の余地なく同質の連続体であるのかについては、一抹の疑問をもっています（なお、精神医学におけるこうした診断基準については、自然科学系の著者たちの中にも、「かなり恣意的《しいてき》なものなのではないか」との疑問を呈する人がいますし、精神科医たちの相当部分も、あくまで一つの「目安」とみているようです）。

欧米では、医師の「自閉症」との診断が出ないと、こうした子どもたちが環境の悪い施設に閉じ込められてしまったり、必要な治療や保護が与えられなかったりしたという事実があります。そして、この事実が、「高機能の子どもたちだけが自閉症なのではない。自閉症はスペクトラムなのだ」という議論を方向づけたことは、この書物の記述からも明らかです。つまり、スペクトラムという考え方には、そうした医療政策的な含みもかなり大きいように思われるのです。この点については、今後の展開になお注目してゆきたいと思います。

⑥**『見えない違い』**は、自閉症者の原作によるフランスの漫画です。描線はなかなか繊細で、フランスらしいエスプリがあります。色遣《いろづか》いもきれいです。

主人公は高機能自閉症ですが、女性の自閉症は男性ほど目立たないため、周囲か

『見えない違い——私はアスペルガー』
ジュリー・ダシェ原作、マドモワゼル・カロリーヌ作画、原正人訳、花伝社、2018

らの無理解に悩まされ、次第に精神的に追い詰められてゆきます。フランス映画の描写によく表れる身を切るような硬い個人主義、それが主人公のもろく柔らかな心を傷つけてゆくさまが、実感を伴って描かれています。高機能自閉症の特徴も、一般的な概説書以上に生き生きと理解できます。

また、フランスが自閉症に関しては遅れており、偏見も大きく、自閉症の子どもの就学率は他の先進国平均の八〇パーセントに対して二〇パーセントにすぎず、未だにフロイト流の古い精神分析の手法で自閉症を治療しようとする医者が多い、といった事実も参考になりました。

いい本だと思いますが、価格はやや高めです。

文学

①ジャン＝パトリック・マンシェット『殺しの挽歌《ばんか》』〔平岡敦《ひらおかあつし》訳。学研〕

②ドリス・レッシング『破壊者ベンの誕生』〔上田和夫《うえだかずお》訳。新潮文庫〕

③ヘンリー・ジェイムズ『メイジーの知ったこと』〔川西進《かわにしすすむ》訳。国書刊行会『ヘンリー・ジェイムズ作品集 2』収録〕

文学については、いずれも再読です。

①『殺しの挽歌』は、フランスのハードボイルドです。著者は極左活動家でしたが、一九六八年のいわゆるパリ五月革命終息後、夢破れて、芸術畑で働いた後に作家になりました。

彼の作品は、ハードボイルドといっても、探偵と警察の駆け引きなどといったありきたりの筋立てによるものは少なく、もっぱら血なまぐさい殺人が主題です。そして、その過程で、現代フランスのブルジョア社会、その空疎《くうそ》さや頽廃《たいはい》が、きびきびした文体で的確に描かれます。つまり、ハードボイルドという形式を借りながら、高度資本主義社会を批判しているわけで、ジャン＝リュック・ゴダールやピエル・パオロ・パゾリーニの映画に近いやり方です。

この作品では、平凡なプチブルジョアの主人公が偶然にギャングどうしの抗争に巻き込まれ、殺し屋たちから追われるようになります。その逃亡の中で、彼自身の内にあった憎しみや闘争本能が徐々に頭をもたげ、主人公自身も、複数の殺人に手を染めます。主人公は最後にわが家に帰ってくるのですが、外見は同じであっても

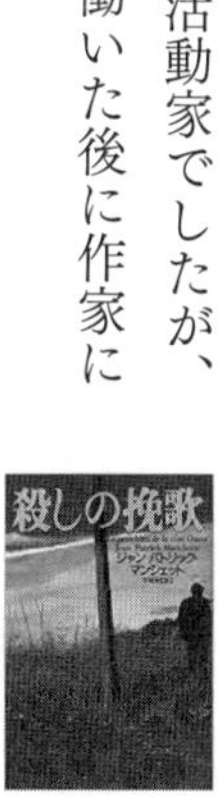

『殺しの挽歌』ジャン＝パトリック・マンシェット著、平岡敦訳、学習研究社、1997

内面はすでに別の人間になってしまっており、もはや自分の生きている世界を信じてはいません。

僕は、自由主義者として左派とは一線を画していますが、左派の現代社会批判からは、学んできたものがあると思います。この小説でマンシェットが行っている現代社会の描写、分析は、ゆるぎのないスタイルの下にコントロールされていて、観念的なくさみを感じさせず、その暗い魅力、吸引力はチャーミングです。

残念ながら、日本の左派芸術家には、こうした透徹した魅力、すごみを感じさせる人は少ないように思います（ゴダールやパゾリーニに対応する日本の映画監督であった前記大島渚のいくつかの秀作には、そうした力がありました）。

②『破壊者ベンの誕生』は、アフリカ育ち、一四歳以降は独学で学んだというイギリスの知性派女性作家ドリス・レッシングの後期中編です。レッシングの特質は、明晰な論理性、非情なまでの冷徹な描写、そして文化や文明を大きな目でとらえるヴィジョンにありますが、この作品には、そうした彼女の特質が結晶化しています。

楽天的で社交好き、子ども好きな中産上流の若い夫婦が生んだ五人目の男の子、ベンは、兄弟姉妹とは似ても似つかず、洞窟《どうくつ》に住む妖精ゴブリンのような姿をして

『破壊者ベンの誕生』
ドリス・レッシング著、上田和夫訳、新潮社、1994

おり、異常に力が強く、冷酷で、普通の子どもたちとは全く異なる存在です。医師等周囲の人々は誰も認めようとしませんが、彼は、先祖返りか突然変異で生まれた「別の種に属する人間」なのです。

文庫版二二七頁の作品で、しかも、夫婦とその多数の親族たちの性格、生活、階級をも含めた社会的な位置づけが最初に克明に描写されるため、ベンが生まれるのは、ようやく八一頁目においてです。しかし、ベンは、残りの一五〇頁足らずで、親たちの生活と交友関係をそこない、上の四人の子どもたちを家から遠ざけ、やがては、両親の家庭を完全に破壊してしまいます。

妻ハリエットが、夫婦以外誰もいなくなってしまった家の磨きのかかった大テーブルに、みずからの、過酷な生活のために四〇代で早くも老人となってしまった顔を映し、家を去っていった子どもたちや親族たちの姿を思い出し、そして、やがては家を出てゆくだろうベンと、どこかにいるに違いない彼の「仲間たち」が、世界各地の大都会のニュースを伝える画面の片隅に現れ始めるだろう未来を幻視するところで、小説は終わります。

つまり、これは、SFないしホラーの形式を借りた一つの寓話なのですが、同時に、それにとどまらず、「女性の体験を描く叙事詩人であり、懐疑論、熱情、予見の力をもって、分断された文明を精査した」という彼女のノーベル賞受賞理由を裏書きした作品ともなっているのです。

一行一行確信をもって鉄槌《てっつい》のように振り下ろされ、刻まれてゆく文章は、実にすばらしく、この中編に、現代の黙示録《もくしろく》ともいうべき深みを与えています。

書物との対話例最後の、③**『メイジーの知ったこと』**は古典に属するもの。アメリカ生まれでイギリスに帰化した現代心理小説の元祖の一人ヘンリー・ジェイムズの、彼としてはあまり知られていない長編です（全集で三〇〇頁余り）。

ジェイムズが『使者たち』等の後期代表的長編三作に先立って書いた作品で、彼の小説としては、十分に成功しているとまではいえません。しかし、中短編の名手でありながら劇作では失敗し酷評されたジェイムズが、みずからの新たな長編小説のスタイルを確立するために試行錯誤、模索しているさまが手にとるようにわかるところが興味深いのです。

ジェイムズの文章は、短編ではそうでもないのですが、長編では、論理的ながら

『ヘンリー・ジェイムズ作品集2』（「メイジーの知ったこと」収録）、国書刊行会、1984

含みが多くてわかりにくいのが特徴で、訳文のこなれが悪いと非常に読みにくくなります。残念ながらこれはその一例で、外国語を読んでいるときのような「解読・推測作業」を迫られます。

それでも読み続けられるのは、ジェイムズには「ストーリーやプロットの作り方がうまい」という特色もあるためで、そのことは、小説としては高度な部類に属し、読者を選ぶ彼の作品が意外に多数映画化されていることからも明らかです。

主人公である幼い少女メイジーの父母は、離婚の後どちらも再婚しているのですが、いずれも、新しい配偶者のほかに複数の愛人をもっています。そして、父母の新しい配偶者どうしにも新たな「関係」が生まれます。ジェイムズは、こういった、シンメトリーの凝った設定が大好きです。小説の審美的な要素を重視する人なのです。

さて、少女メイジーは、父母が彼女を押しつけあうこともあって、あちこちを行ったり来たりし、最後には、母の新しい夫でありいい人はいいが優柔不断なサー・クロードと、メイジーの家庭教師から父の新しい妻に成り上がったミセス・ビールの世話になることになります。

しかし、メイジーは、自己の倫理観から、もう一人の家庭教師であり貧しい寡婦《かふ》であるウィックス夫人を見捨てることを拒否し、ウィックス夫人とともに二人を離れ、天涯孤独の身となることを選びます（もっとも、結末の「意味」はあいまいにぼかされているので、メイジーは、結局は父母いずれかの下へ帰されることになる可能性も高いのでしょう）。

この小説のミソは、無垢《むく》な少女メイジーの視点を借り、したがって下品にはならずに（メイジーには、まだ、性の意味は全くわかっていません）、一九世紀の終わり、ヴィクトリア朝最後の時代におけるイギリス上流社会の大人たちの虚飾とエゴイズムを、存分に暴き、活写していることでしょう。その中で、いたいけな女の子であったメイジーが、小説の終わりの部分では自己の倫理観に従って生き方を決められる少女に成長してゆくさまも、適切に描かれています。

付随的には、これはジェイムズの小説全般についていえることですが、大英帝国の絶頂期におけるイギリス人、ことに上流階級の人々や知識人たちの正確な描写には、その風俗面をも含めた社会学的な価値があると思います。たとえば、サー・クロードは衰えつつある貴族を、ミセス・ビールは中産下層階級から成り上がりつつある新たな人種を代表しています。そして、近代ヨーロッパ社会の厚みがどのような部分にあったのかということも、実感をもって理解できます。

技法的には、メイジーの一人称ではなく、メイジーの視点より少しだけ高いくらいの位置に語り手を立たせての三人称描写にしている点が特色です。メイジーの一人称では描写が幼くなりすぎるのを懸念《けねん》してのことでしょう。また、メイジーの年齢が一度も明かされないのは、年齢を明記することによって、彼女に寄り添う「視点」が狭く制約されることを避けたかったからだろうと思います。いずれも、創作的な文章を書く上で参考になる事柄です。

4

映画との「対話」の具体例

同時代芸術としての映画との「対話」

次には、やはり最近半年ぐらいの間に僕が見た映画について、同様の対話や学びのかたちを実際に示してみたいと思います。僕の場合、映画に限らず、どのような芸術形式についても、もちろんその芸術独自の方法やスタイルによる相違は出てくるものの、書物の場合と同じような「対話」は行っています。

具体的には、「対話の厚み」という観点を重視しながら、七本の作品を選びました。すでに何度も見ている作品ばかりです。

主として「作品との対話」という観点から記しますが、映画については、芸術という側面のみならず、「同時代、また自分の生きてきた時代を含む二〇世紀以降の特定の時代における外国や日本の社会、文化、人々の考え方や感じ方を知る」という社会学的な側面から見ることも非常に有益（「百聞は一見にしかず」という言葉がよくあてはまります）なので、そうした側面についても多少ふれることにしました。

映画、ことにすぐれた映画は、そうした意味合いをも含めて情報の宝庫のようなものであり、一本の映画を見るだけでも、楽しみながら本当に多くのことが学べることを知っていただければと思います。

僕が、自分の書物の中で、慣れ親しんだ芸術のうちでも映画を取り上げる頻度が高いのは、映画という芸術のそのような性格によるところが大きいのだろうと考えています。

最初にタイトルを掲げておきます。

①アンリ・コルピ『かくも長き不在』（一九六一年）

②ミケランジェロ・アントニオーニ『太陽はひとりぼっち』（一九六二年）

③イングマール・ベルイマン『鏡の中にある如《ごと》く』（一九六一年）

④ガス・ヴァン・サント『ドラッグストア・カウボーイ』（一九八九年）

⑤ **デヴィッド・フィンチャー『セブン』**（一九九五年）
⑥ **市川崑《いちかわこん》『ビルマの竪琴』**（一九五六年）
⑦ **市川崑『野火』**（一九五九年）

① **『かくも長き不在』**（一九六一年）
本章の3で今村書に関連してふれた作品です。

パリの郊外でカフェを経営する中年女性テレーズは、ドイツ兵に連れ去られた夫にそっくりの浮浪者を、ある夏の日に見かけます。男は、記憶を喪失しています。テレーズは、彼を夫だと信じ、警戒心の強い浮浪者を、徐々に、みずからに、また彼女の店に慣れさせてゆきます。しかし、彼女の家から河原の小屋に帰りかけたところでたまたま「再現」されてしまった戦時、逮捕時の情景に一瞬記憶が戻った彼は、必死で逃げ始め、車にはねられて死んでしまいます。

記憶とその忘却に固執し続けた才気あるフランス女性作家マルグリット・デュラスのシナリオがすばらしいのですが、それ以上なのが、これ一作で記憶されているアンリ・コルピの演出で、最初から最後まで全く隙がなく、すべてのシーンが適切

『かくも長き不在』
アンリ・コルピ監督、1961
（KADOKAWA／角川書店）

に演出されています。また、この映画の描写には、当時のフランス映画に起こっていたヌーヴェルヴァーグの流れと呼応するような、みずみずしさ、もろさ、柔らかさも感じられます。

ことに、中盤、テレーズと男の座っている席の横にテレーズの呼び寄せた夫の叔母と甥が座って、浮浪者のほうを時々見ながら、彼にも聞こえるような大声で、「その男」に関する記憶を朗読するように語り合う部分は、圧倒的な迫力で、「本当のドラマというのは、このように静かな緊張をはらんだものなのだ」ということを思い知らされます。

映画のラストシーンにおいて、浮浪者がその両手を徐々に頭のほうに持ち上げ、凍りついたように立ちすくむ姿は、最初にこの映画を見た一〇歳の時から、僕の頭にこびりついて離れません。今村が、コルピとの話の中でこの浮浪者の姿をまねて見せたところ、コルピの目から、大粒の涙がこぼれ落ちたのでした。

②『太陽はひとりぼっち』（一九六二年）

アントニオーニは、日本同様に敗戦後の荒廃を引きずっていた戦後イタリアにおいて、いち早く、現代社会、高度資本主義社会の虚無、空白感を描き、一時代を画

『太陽はひとりぼっち』
ミケランジェロ・アントニオーニ監督、1962
（KADOKAWA／角川書店）

した監督です。

同じような設定で同じような内容を描くという側面が目立つので、形式主義的、抽象的などという批判もあるのですが、今年に入ってから彼の作品を何本か見直して、虚無、空白感というとらえどころのないものを画面に定着する彼のイマジネーション、技術、執念、いずれもずば抜けたものであり、学ぶべきところが多いと再確認しました。


『太陽はひとりぼっち』のヒロインは、彼女に執着する男と別れ、株式仲買人の通称ピエロとつかの間惹かれ合いますが、映画の終わりでは、再び、どちらからともなく離れてゆきます。この別れの後の、空白の中の風景やそこに点在する人々だけを順次流れるように映してゆく長いエンディングは、よく話題になります。

確かにそこにもアントニオーニの映像スタイルは遺憾《いかん》なく表れているのですが、今回僕が感心したのは、株が暴落する日の証券取引所で右往左往する人々を映し出した長いシークエンスでした。

映画で群衆、人間の集団を生き生きととらえる、個々の人間の個性をも生かしながらとらえるのは非常に難しく、僕のみるところでは、これができた監督は、映画史上数十人の範囲ではないかと思います。

アントニオーニは徹底して個人に注目するタイプの監督なので、彼のそうした側面はあまり画面に表れてきません。しかし、証券取引所におけるこの暴落の描写はすごい。非常に抽象的な事柄を、群衆の動きや戸惑い、焦り、絶望等を通じて十全に表現していて、まるで自分が当事者としてその場に立ち会っているかのように感じさせられます。

一瞬の間に巨額の富が失われ、財産の大半を失う人々の描写を通じて、アントニオーニは、現代資本主義社会の一番奥にひそむその本質をえぐり取り、観客にまざまざと見せつけるのです。

何十冊もの資本主義社会批判・分析書を読むよりも、この映画一本を見るほうが、そのリアリティー、非情なメカニズムを、その人間にかかわる側面までをも含めて深く体得させてくれる、映画には、そうした特別な表現力があります。「映画は狂気の旅である」という今村の言葉が意味しているのは、映画のこうした魔力なのかもしれません。

③『鏡の中にある如く』（一九六一年）

ベルイマンは、一貫して、神と人間の関係を顕在的、潜在的テーマとする作品を作り続けました。しかし、ベルイマンがごく普通の意味で神を信じていたか否かは微妙で、いずれかといえば、その存在を疑っていたというほうが正しいのかもしれません。

にもかかわらず、古い牧師の家系に生まれた彼は、「神の不在」、「神なき世界における人間たちの孤独」というテーマに執拗《しつよう》にこだわり続けざるをえません。信じる、信じないを問わず、ベルイマンの世界観それ自体が、スウェーデンの強固な一神教世界の枠組みにとらえられ、その中でもがいていることには、何ら変わりがないのです。

こうしたベルイマンの世界の特異さは、キリスト教についてかなり知るようになってからようやくわかるようになったことですが、半面、彼をはじめとするヨーロッパの監督たちの映画によって、僕が、一神教における神の意味がどれほど大きいかを学んできたという側面もあると思います（比較すれば、宗教国家ともいえるアメリカ映画における宗教のとらえ方は、概して公式主義的で浅いです。テレンス・マリック『ツリー・オブ・ライフ』（二〇一一年）は、その中にあってまれな例外といえるでしょう）。

『鏡の中にある如く』
イングマール・ベルイマン監督、1961
（キングレコード）

『鏡の中にある如く』の登場人物は四人だけ、姉と弟、彼らの父である作家、そして姉の夫である医師です。作家と医師は友人でもあります。

海辺の別荘ですごしている彼らは、それぞれ大きな問題を抱えていますが、中心にあるそれは、姉が母から受け継いだ精神疾患です。父は、作家として、娘の病状を「観察」し、作品に取り入れようと考えています。医師はそんな彼をなじりますが、作家は、それが、どうしようもない事態に対する自分なりのやむにやまれない対処方法なのだと語ります。

父のそんな意図を知った姉は、海辺の廃船の中で弟を誘惑し、犯します(ただし、この部分の描写は、婉曲であいまいです)。姉は、病院に戻ることになります。彼女を迎えにきたヘリコプターの振動で、使われていないボロボロの空き部屋にいた姉の前にあるドアが半分開き、彼女は、そこに「神」を見ますが、その「神」は、大きな蜘蛛の姿をしています。

姉が去った後、父である作家は、息子に対し、「神とは、あらゆる種類の愛、いやしいものも高貴なものも含めての愛だと自分は考える」と告げます。

ベルイマンの作品は演劇的な骨格が強固なので、こんなふうにプロットを明らかにしないと論じにくいのですが、こうしてまとめてみると、実に巧緻《こうち》な組み立て、作劇が行われていることがわかります。

今回感心し、学ぶべきだとも思ったのは、ベルイマンが、先のようなかなり観念的なテーマ、プロット、筋立てを、言葉よりも画面によって、俳優たちの演技や風景描写を通じて、明晰に描き切っていることでした。

ことに、廃船における姉弟相姦後の雨の描写あたり以降は白眉《はくび》で、姉が蜘蛛の形をした「神」を見るシーンなどは、ヘリコプターが観客には示されないままその正体のわからない音だけが響いてくる効果と相まって、本当に、画面には映っていない「恐ろしい神」が見えるような気がします。

間遠いヘリの音とその機影から始まるフランシス・フォード・コッポラの『地獄の黙示録』（一九七九年）の幻惑的、衝撃的なファーストシーンについては、フェデリコ・フェリーニの『甘い生活』のファーストシーン、巨大なキリスト像をロープで吊り下げながら市街地を飛んでゆくヘリコプターと建物に映るその影、そのヘリの中から水着の娘たちに投げキスを送るヤクザなジャーナリストのイメージ、現代

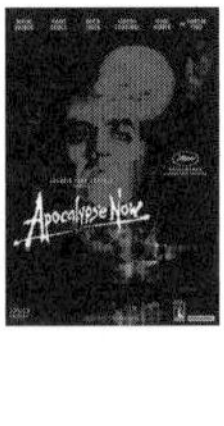

『地獄の黙示録』
フランシス・フォード・コッポラ監督、1979
（KADOKAWA）

の煉獄《れんごく》めぐりの冒頭を飾るその最も鮮やかなシークエンスが容易に連想されますが、『鏡の中にある如く』のこのシーンからの影響もありうるかもしれないと思いました（なお、僕の『黒い巨塔』の結末に出現する黒塗りのヘリコプターも、これらの映画におけるヘリのイメージと類縁関係をもつものです）。

いずれにせよ、いくぶんの抒情性をもたたえつつ基本的にはリアリスティックな描写で進んできたこの映画に突如出現する、コミュニケーション不能な「神」のイメージは、異様な情動と他者性をはらんでいて、ショッキングです。そして、そうした異様な迫力をもったシーンのあとだからこそ、父作家の「いかなるかたちのものであれ、愛を信じたい。それが神だ」という最後の言葉も、切実に生きてくるのでしょう。もっとも、ベルイマン自身は、後に、このラストシーンは説得力が十分ではなかったと考えるに至ったようです（『ベルイマンは語る』〔ウィリアム・ジョーンズ編、三木宮彦《みきみやひこ》訳。青土社〕）。なお、このベルイマンの見方は、かつての僕の見方でもあります。

僕は、この映画を、長い間隔を空けて三度見ていますが、これまでは、ベルイマン作品の中ではそれほど重視していませんでした。今回初めてその真価を理解したということになります。同じ対象と繰り返して対話することには、このように、それを鏡としてのみずからの変化を教えられるという意味もあるのです。

なお、映画の原タイトル（英語では『Through a Glass Darkly』）は、新約聖書「コリントの信徒への手紙一」一三章一二節「わたしたちは、今は、鏡におぼろに映ったものを見ている。だが、そのときには〔神の時が至れば〕、顔と顔とを合わせて見ることになる」（新共同訳）からの引用かと思われます。

哲学的・幻想的SF作家フィリップ・K・ディックに、若きジャンキーたちの悲しい末路に捧げたレクイエム的な近未来小説『ア・スキャナー・ダークリー（A Scanner Darkly）』がありますが、この小説のタイトルも、右の新約聖書記述のほかに、ベルイマン作品をも踏まえている可能性もあるかもしれません（この小説のタイトルが新約聖書の記述を踏まえていることについては、小説本文でディック自身が何度も匂わせており、間違いないでしょう。『スキャナー・ダークリー』〔浅倉久志《あさくらひさし》訳。ハヤカワ文庫〕の「訳者あとがき」も、このことにふれています。また、副詞が名詞のあとにぽんと置かれた『A Scanner Darkly』は、英語として引っかかる印象が強く、ディックがこのタイトルと新約聖書記述の間にもたせようとしている意味関連を示唆しているでしょう。故意に「引っかかる英語」にしているということです）。

『スキャナー・ダークリー』
フィリップ・K・ディック著、浅倉久志訳、早川書房、2005

④『ドラッグストア・カウボーイ』（一九八九年）

アメリカ映画の主流、商業的な部分とは一定の距離をとりつつ、個性的な、時には実験的な映画を撮り続けてきたヴァン・サント監督の、最もすぐれた作品です。ドラッグストアや病院を襲ってドラッグを盗み、密売し、自分たちでも使いながら暮らしている若者たち四人のその日暮らしの生活を、リリカルに、同時に鋭利な冷ややかさをもって、また、実に刹那《せつな》的かつリアルに描いています。

このリアリティーは、一九六〇年代後半以降のアメリカンニューシネマの中でも、『イージー・ライダー』（デニス・ホッパー。一九六九年）、『ファイブ・イージー・ピーセス』（ボブ・ラフェルソン。一九七〇年）等の限られた映画にしかなかったもので、また、こうした映画の監督たちは、その一本にすべてを賭け、すべてを出し尽くすような人々であった場合が多いのです。

しかし、ヴァン・サントは、冒頭部分におけるヴィデオキャメラによるグループメンバーのスケッチから始めて、そのリアルなタッチを、独特のリリシズムとともに、一つの確固としたスタイルにまで高めています。そこが魅力であり、かつ教えられるところでもあります。

『ドラッグストア・カウボーイ』
ガス・ヴァン・サント監督、1989
（角川書店）

主人公は、メンバーの一人である少女を死なせてしまった後、ドラッグから足を洗いますが、その過程で、療養所の職員と口論し、次のように語ります。

「いいか。ジャンキーは、こうと決めたら、どんなに犠牲を払ってでも、どんなに汚いことをやってでも、ヤクを手に入れる。俺たちは、そうやって、人生における、たとえば靴紐を結ぶような日々のつまらない苦役から逃れているんだ。それが俺たちの生き方なんだ」

この挑戦的な告白は、はっとさせる鋭さをもっていて、それ自体、一つの哲学、生き方を示すものとなっています。ことに、「人生における、たとえば靴紐を結ぶような日々のつまらない苦役」という表現は秀逸であり、僕たちが日常を何とかやりすごすためにそれから目をそらし続けている「人生の中のある実態、避けがたい苦痛」の本質をずばりとついていると思います。一見もろいものにみえるこの映画の中心部分には、鋼《はがね》のように硬いこの哲学という「核《コア》」があるのです。

映画の終わりの部分で、主人公は、昔馬鹿にしていた不良少年に襲われ、刺されます。しかし、彼は、その時あえて抵抗しようとはしません。「俺は生まれて初めて抵抗しなかった、なぜならこれが俺の運命だから。……俺の『運命』を自覚したからだ」という彼の内的独白は、実に哀切であるのみならず、深いものです。

アメリカンニューシネマよりも後の時代に始まったアメリカ映画の潮流の一つ、その指標となった作品だと思います。

⑤『セブン』（一九九五年）

連続猟奇殺人者とこれを追う刑事たちという映画の題材は型にはまったものですが、今回見直して、それは表面的なストーリーにすぎず、これは、実は、一種のホラー映画、善と悪の対立を描いたホラー映画ではないかと思いました。調べてみると、監督のフィンチャーは、「ウィリアム・フリードキンが『エクソシスト』（一九七三年）のあとに作ったかもしれないような映画」として『セブン』を製作したことがわかり、納得した次第です。

二人の刑事のうち、冷静で規律正しくかつ人間的な温かみをも備えた年長者は、眠るときにメトロノームを使っているのですが、映画の最初のほうで彼がメトロノームを動かすと、同時に、この世界のさまざまな悪霊たちの声とおぼしき声、物音が低く聞こえてきます。彼は、メトロノームの秩序によって、こうした悪の世界から自分を守っているわけです。そして、そのあとに、よくできた、かつまさに悪

『セブン』
デヴィッド・フィンチャー監督、1995
（ワーナー・ブラザース ホームエンターテイメント）

魔的で恐ろしいオープニングクレジットの画面が続きます。

一方、年下の刑事のほうは、殺人犯が固執するところの「七つの大罪」をいくつももちあわせているような血気にはやった青年で、そのような資質のために、犯人によって、恐るべき計画の最後の共同成就者として選ばれてしまいます。

巨大な鉄塔が延々と建ち並ぶ、実にアメリカ的な荒涼とした平原で刑事たちと観客に「ある惨劇」の秘密が明かされた後、若い刑事は、逆上し、犯人の求めるとおり彼を撃ち殺し、犯人の予告していた「最後の殺人」を完成させることになります。

ケヴィン・スペイシー一世一代の名演技といってよいこの犯人のリアリティーはすさまじいもので、抑えた演技の中に、「悪」そのものを感じさせるすごみがあります。

「悪」が「善」に勝利し、若い刑事は廃人となり、老刑事はその事態に自己の無力を感じて退場するという結末は、『エクソシスト』のそれを裏返したものとなっています。

この映画が作られた一九九五年は、二〇〇一年の同時多発テロ事件の手前にあって、アメリカが悪い方向へ急速に傾きつつあった時期であり、この映画は、そうした精神的荒廃の雰囲気を、いち早く嗅《か》ぎ取ったものだったとも思います。

付け加えれば、映画『エクソシスト』の原作（ウィリアム・ピーター・ブラッティ）は、一七世紀フランスで起こった「ルーダンの悪魔憑《つ》き」事件に基本的な着想を得ていると思われます。そして、この事件については、史実に基づく小説『ルーダンの悪魔』（オルダス・ハクスリー）とその映画化作品『肉体の悪魔』（ケン・ラッセル。一九七一年）、また、舞台をポーランドに置きかえた小説『尼僧ヨアンナ』（ヤロスワフ・イワシキェウィッチ）とその映画化（イェジー・カワレロウィッチ。一九六一年）、さらには、歴史学者でカトリックの司祭でもあったミシェル・ド・セルトーによるドキュメント『ルーダンの憑依《ひょうい》』〔矢橋透《やばせとおる》訳。みすず書房〕等があります。

ことに、映画『尼僧ヨアンナ』はすぐれた作品であり、また、注意深く見ると、『エクソシスト』とりわけその映画のほうと発想、イメージ、展開がほぼ同一であって、映画『エクソシスト』は、その巧緻な組み換え、再構成ともいえることがわかります。

『セブン』を見たことのある方も、これらの作品との対比で『セブン』を見直せば、新しい発見があるのではないかと思います。

⑥『ビルマの竪琴』（一九五六年）、⑦『野火』（一九五九年）

『ビルマの竪琴』は、音楽を修めた部隊長の下で歌を歌いながらビルマにおけるつらい行軍を続けていた部隊の兵士水島《みずしま》が、その地で死んだ日本兵たちをとむらうためにビルマ僧に身をやつすという竹山道雄《たけやまみちお》の戦争ファンタジー、童話を原作としています。

この設定は相当に荒唐無稽《こうとうむけい》なものに感じられますが、原作者は、先のような部隊自体は実際にあったことを一つのヒントとしてこの物語を構想したといわれており、原作には、教え子たちを戦場に送った教師の深い悔恨と祈りが感じられます。

映画は、このファンタジーを、凄惨《せいさん》な部分まで含めてそのままに映像化しているものの、僕には、かつては、かなり感傷的な作品に感じられました。しかし、今回見直してみると、そのファンタジックな描写が、ありえたかもしれない一つの日本軍のかたち、その意味での「夢」をよく表現しているように思えて、深く感じさせられるところがありました。

『野火』は、その三年後に大岡昇平《おおおかしょうへい》の原作を元に作られており、こちらはフィリピン戦線が舞台で、日本兵たちの無残な敗走、飢え、カニバリズム（兵士を射殺して

『ビルマの竪琴』
市川崑監督、1956
（Happinet）

『野火』
市川崑監督、1959
（KADOKAWA／角川書店）

その肉を食う）等酸鼻《さんび》な描写が延々と続きます。主人公は、最後に、カニバリズムを拒否し、「普通の人間たち」の居場所を求め、フィリピン人たちの野火に近付いていって射殺されます（なお、フィリピンの戦線で日本兵どうしのカニバリズムがかなりあったらしいことについては、フィリピン戦線を体験した保守主義者山本七平も、『日本はなぜ敗れるのか——敗因21カ条』〔角川ONEテーマ21〕に明確に記しており、おそらく事実でしょう）。

この映画については、かつては、『ビルマの竪琴』とは逆に、残酷な部分をあまりにも強調しすぎていると感じられたのですが、今回、これは、やはり、市川の作品中最もすぐれたものではないかと思いました。日本という、「都合の悪かったことは皆で忘れよう」という文化、洗練されたムラ社会において、戦後間もない時期にあえてこうした作品を映画化するのは大きな決断であり、それを成功させるのはさらに難しい。しかし、市川は、立派にそれを成し遂げています。

市川は、その履歴全体を通してみると、内容よりもスタイルにおいて自己を表現するテクニシャンで、一貫した主題というものはあまりないのですが、この戦争映画二作品には、スタイルに対する興味以上のもの、日本がかかわった直近の戦争の総体をその二つの極限からとらえたいという強い意志が、ひしひしと感じられるのです。

5 そのほかの芸術様式との「対話」の方法

ここでは、そのほかの芸術様式から、音楽、アートアニメーション、漫画を選んで、僕の、それらとの対話の「方法」についてだけ簡潔にふれておきたいと思います。

音楽

音楽のうちロックについては、僕が生まれたころに誕生した芸術様式であり、子ども時代から聴いてきたこともあって、僕の感覚や発想の一つの基盤になっているところがあると思います。

『絶望』で再び一般書を書き始めてから以降は、音楽を聴く時間があまりなく、寝る前にタイマーをかけて布団の中で聴いているような状況なのですが、それでも、スライド書棚の膨大なロックCDの中からどの一枚を取り出して聴いても、新たな発見や対話ができ、いくぶん元気も出てきます。寝ながら聴くというのは、音に集中できるので、ことに個々のアーティストのスタイルや音楽の構成といった部分については、かえって鋭敏になることができるのです。

ロック音楽の「声」には同時代の広がりがあり、また、自由と衝動の音楽であるロックにはタブーというものがありませんから、僕の中の制約された部分を解放し、すべてを白紙で受け入れられるような精神状態を作ってくれます。それは、僕にとっては、個々の作品との対話と並んで、重要なポイントです。既成の世界観、価値観とは全く異なったそれを教えてくれたのが、ロック音楽だったと思います。

同じ音楽でも、クラシカルミュージックについては、僕にとっての意味は、かなり異なります。クラシックの場合には、秩序立った整然とした美の世界をみせてくれるということに、その価値の大きな部分があります。これは、クラシックが、「一神教世界における神のための音楽」から展開してきたものであることと、深い関係があるでしょう。

濁りというものを一切拭い去ってしまったクラシックの声楽は、ロックに育てられた僕にはさすがに入りにくく、ひととおりしか聴いていないのですが、それ以外の分野に関しては、一つ一つの曲について多数の指揮者や演奏家によるヴァリエーションを聴いてきています。

この、作曲と演奏の分離というのもクラシックの大きな特徴で、クラシックを聴く楽しみは、「解釈」の楽しみでもあるわけです。**それぞれの作曲家の「声」を個々の指揮者やソリストがどう響かせるか、これをいろいろ聴き分けることによって、より一般的な「解釈」や「構成的表出」の方法をも、知る、学ぶことができます。**

総じて、**クラシックの場合には、僕は、このように、「美の純粋な表出方法」と「スタイルの作り方や構成の方法」とを学んできました。**

もっとも、現代音楽については、ロックに通じるような自由と反逆の側面、同時代音楽としての側面があり、そうした側面と精緻な美の追究の技術とがスパークするときには、現代音楽は、すぐれたロックやジャズにも似た怪しい魅力を発揮すると思います。

次に、ジャズについては、その湧《わ》き出るような自発性、そして、アドリブ、インプロヴィゼーションの先の読めないスリルが、一番の特質でしょう。最初にジャズを聴いた中学生のころ、ロックから出発した僕には、ジャズにおけるアドリブのかたち、自在にソロを受け渡し、受け継いでゆく方法が全く理解できず、当惑したことを覚えています。

黒人音楽とクラシックの結合から生まれた**ジャズには、ブルースとクラシックの間に引き裂かれたような双極性と、遠くアフリカ音楽から受け継がれた強い自由の感覚があり**、そうした異質の要素をアドリブというかたちでまとめ上げてゆく演奏者、グループの技量とインスピレーションが大きな意味をもちます。

このように、ジャズは、ロック以上に、コミュニティーの音楽、その意味でのポピュラーミュージックの要素が強く、したがって、聴き手を選ぶ要素も強いのだろうと思います。

僕自身は、初めてうつを経験したときとか、二度目の滞米在外研究下における孤独の中でなど、ある意味での逆境にあるときにジャズを聴き続けたことが多かったように思います。孤独や自由の意味を教えてくれる音楽だということでしょう。

ロック、ジャズ以外のポピュラーミュージック、すなわち、**ソウル等のアメリカ黒人音楽、レゲエ、各種のラテン音楽、アフリカの同時代音楽等については、いずれ**

も、民俗音楽や基盤となるコミュニティーとの直接的なつながりがあり、その意味で最も純粋なポピュラーミュージックだといえます。

これらの音楽が僕に伝えてくれるものの幅は、ロックやジャズほどに広くはありません。しかし、反面、ロックやジャズにはない独特の明るさや暗さ、土着のものに直接根を張った音楽のアーシーなニュアンスは伝えてくれます。第三世界の映画と同様に、そこに住む人々の「生」の感覚をそのままに伝えてくれるところが、大きな魅力だと思います。

アートアニメーション

アートアニメーションは、その名のとおり、美術とアニメーションを融合した一つの芸術ジャンルです。

これは、アニメーションの一枚一枚をほぼ手作業だけで作ってゆくという純然たる職人仕事で、数分から数十分の作品のために、一人あるいは数人の芸術家＝職人の、時としては何年間にもわたる、気の遠くなるような作業が必要とされます。

この芸術様式ですばらしいのは、それが、僕たちの「時間の感覚」を変えてしまうことでしょう。この芸術様式では、短編は数分、中編は一〇分まで、二〇分を超えるものは立派な長編であり、事実、短い時間のうちに、驚くほど密度の高い情報と感覚が観客に伝えられます。この様式の時間感覚は、普通の映画とは明らかに異なるのです。

　多くの作品では、言葉はほとんど使われないか限界まで切りつめられており、わずかなそぶりやイメージによって、複雑な感情、情緒、出来事やそれをめぐる葛藤《かっとう》が、ダイレクトに観客に伝えられます。それは、いわば、視覚的な「詩」なのです。

　たとえば、ユーリー・ノルシュテインの『話の話』（一九七九年）では、愛らしいキャラクター（オオカミの子の精霊）を視点とした奔放で純度の高いイメージの流れの中に、作家自身が過去に体験してきた無数の感情の響き合いが昇華表現されています。

　ジャン＝フランソワ・ラギオニの『大西洋横断』（一九七八年）は、ボートによる大西洋横断に出発した若いカップルの数十年間にわたる漂流生活の描写に、「対」としての人間の愛、孤独、憎しみ、和解を余すところなく表現しています。彼らの数十年間が、わずか二〇分余りに凝縮されているわけです。

　マイケル・デュドク・ドゥ・ヴィット『岸辺のふたり』（二〇〇〇年）は、それよ

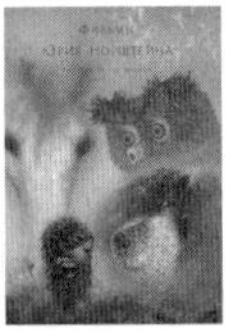

『ユーリー・ノルシュテイン作品集』（『話の話』収録）、2017（KADOKAWA／角川書店）

『ジャン＝フランソワ・ラギオニ短篇集』（『大西洋横断』収録）、2005（コロムビアミュージックエンタテインメント）

りもっと短いフィルムに、一人の女性の一生とその父親をめぐっての「夢、思い」を結晶させています。

これらはほんの一例ですが、アートアニメーションを見ていると、小説や映画が散々取り扱って手垢《てあか》にまみれさせてきたテーマについて、まだこんな新鮮な表現やアプローチが可能であったのかと教えられ、思わず膝を打ち、引き込まれることが多いのです。

そして、こうした鮮やかな表現を可能にしているポイントが、**人間把握、ことに感情や感覚の側面における把握の技術、時間感覚のとらえ方、「語り」のスタイル等に関する作家ごとの紛れもない独自性、全体としての「方法」と「視点」の多様性と斬新さ**なのです。

こうした凝縮された芸術性は見る人を選ぶのか、本格的なアートアニメーションのファンはごくわずかで、ブルーレイ化も同様にまれという現状なのですが、「新たな芸術様式から思考と感覚の方法を学ぶ」という意味では、本当に実りの多いジャンルだと思います。

『岸辺のふたり――マイケル・デュドク・ドゥ・ヴィット作品集』
マイケル・デュドク・ドゥ・ヴィット監督、2011（コロムビアミュージックエンタテインメント）

漫画

漫画については、単に楽しみの対象として読む、あるいはマニアックかつ趣味的に読むという読み方が、今なお一般的です。しかし、僕は、戦後の漫画、ことに、一九六〇年代後半以降、つげ義春《よしはる》以降の日本の漫画には、現代を描いて同時代の文学や映画以上の質を示した作品もかなりあると思っています。

僕が漫画を評価するときには、右のような観点から、**漫画でしかできない表現を行っているか否かを第一の基準とし、ほかの芸術あるいは表現方法に匹敵するレヴェルの普遍性を達しえているか否かを第二の基準としています。**

また、同時代の一つの芸術様式としてみる場合には、現代の世界あるいは日本について何を語り教えてくれるか、それらについて独自のかつ普遍性のあるパースペクティヴとヴィジョンを提供してくれるか、そこにおける問題と切り結ぶための方法を教えてくれるか、といった基準、指標も重要になります。

もちろん、実際には、感覚で、匂いや第六感で、面白そうなもの、自分にとって興味のもてるものを選んでいるのですが、その際の基準をあえて言葉にすれば、以上のようなものになるということです。

つまり、僕は、漫画を、映画やロック、ジャズと同様に、現代的なリベラルアーツの一つとしてとらえているのであり、それを読むときにも、そうした広い横断的なつながり、パースペクティヴの中で読んできたのです。そして、**そうした読み方をするならば、漫画をも、楽しみながら独学の対象とすることは十分に可能**だと考えるわけです。

すでにふれた『教養としての現代漫画』は、こうした視点から、漫画独自の表現を行っており、その質も高いと考える漫画家とその作品を、六〇年代後半以降のそれを中心に論じ、現代漫画についての僕なりの物語を語り、見取図を作ってみせた書物であって、そのような意味で、僕の「独学」の成果の一つでもあるわけです。

第5章

実務・人・世界から学ぶ——僕自身の体験から

この章では、リベラルアーツや文字情報の範囲を超えて、誰もが行っているみずからの実務から、また、さらに広くは人々や世界から学ぶという意味での「独学」について論じます。これについては、一般論は立てにくいところがあるので、僕自身の体験に基づきつつ、そうしたものからいかに「学ぶ」かについて、「反面教師」という側面をも含め、語ってゆきたいと思います。

1 子どもとして学ぶ

子ども時代を振り返る

僕の子ども時代といえば、その重要な要素は、両親、名古屋の古い下町の風景、遊び友達、ことに少女たち、といったことになりそうです。それ以外の部分はつまり広義のリベラルアーツ全般ですが、それらについてはすでに語りました。

僕の両親は、戦争によって、傷つけられ、いったんはすべてをご破算にされた世代に属していました。

ことに、父は、恵まれた家庭に生まれながら、幼時に父母を失い、遺産は後見人に蕩尽《とうじん》され、残された学業の道も祖母によって絶たれるという過酷な運命の下で育った人でした。母は、人一倍不安が強く、また、満たされない自己愛を抱えていました。

こうした父母が、みずからの子どもたちを、知らず知らずのうちに、自己の復讐、自己実現、自己愛のための道具とするようになったのは、不思議なことではありません。不幸だったのは、父は、理の立つ合理主義者として、母は、もってうまれた執念、妄執《もうしゅう》の人として、その作業に、度外れに熱中し、邁進《まいしん》したことでした。

端的にいえば、僕は、僕の子ども時代のかなりの部分を両親のために犠牲に供したようなものだったと思います。九つ年上の兄についても、おそらく似たようなことはいえたでしょう。

僕のこれまでの人生は、ある意味では、そのようにして失われたみずからの「生」のかたちを再発見し、それを取り戻すための旅、そのための長い長い回り道のようなものだったと思います。そのエッセンスについては、『哲学と意見』で、両親との関係をも含め、八つの視点から切り取って示したとおりです。

教師および反面教師としての親

もっとも、「学ぶ」という観点からみるなら、僕の両親は、教師及び反面教師として、さまざまな事柄を教えてくれました。

父は、僕が人生で出会った中でも最も合理的、実証的な人間の一人で、まとまった教育は受けていませんでしたが、議論では圧倒的に強く、僕が一〇歳ぐらいになると、それまでの甘い態度を捨てて、子どもの言葉に挑み、鋭く切り込んでくるようになりました。

自分自身が幼年時代というものをもっていなかった父は、大人と子どもの区別が十分についておらず、物心ついた少年はもはや大人として扱ってかまわないと思っていたのでしょう。

この議論は、子どもにとっては厳しい試練でしたが、今になってみると、僕の考え方、思考の筋道の多く、ことにその経験論的、実証主義的な部分は、父とのこの議論によってそのスタイルを形作られた部分が大きいと思います。そして、ずっと後にその仕上げをしてくださったのが、哲学者の鶴見俊輔さんでした。

母は、僕の幼いころからずっと、僕にとっては負担の大きい人でした。経験論的、実証主義的な父に対し、母は、観念論、演繹《えんえき》論の人だったのです。彼女の信条は比較的単純なもので、切り詰めれば、①「私は正しい。常に、世の中の決まりを忠実に守って生きている正しい人間である」、②「私はそのように正しく生きているのだから、一切の事柄について責任はもたない。責任は、世の中と、夫と、子どもたちがもつ」ということに集約されたと思います。

そして、彼女の生き方や考え方、行動は、常に、先のような限られたモットーから、次々と論理的に繰り出されてくるのでした。もっとも、同様の方法をとったフランスの哲学者ルネ・デカルトの場合とは異なり、母のこの演繹は、ほぼ完全な無意識のうちに行われていました。

「依存」、それが、母が手探りで身につけたに違いない、生き方、生きるための方法でした。彼女は、夫に、夫が亡くなってからは子どもである僕に、全体重をかけてしがみつこうとしました。このような母の共依存願望、しがみつき方は、難儀なもので、それは、「すべて母の思うとおりにしてやらなければ満足しない」というところにありました。

しかし、こうした母も、僕に、人間のあなどりがたさ、一筋縄ではゆかない不思議さや深さを教えてくれた部分はあると思います。「自分を愛するものは自分を害するものかもしれないというアンビヴァレンス（両価性）」は、ある意味普遍的なもので、たとえば、鋭利な感性をもったアメリカの女性作家カーソン・マッカラーズの小説、ことに、『悲しきカフェのバラード』の核にあるテーマは、まさにこれです。

たとえばそうしたテーマは、ごく普通の環境に育った人間には縁遠いものだと思いますが、人間や物事をある程度以上に深くみるには、そうした人間の両価性をもよく知る必要性があることは、確かでしょう。

また、僕が、書くことにおいて読者とのコミュニケーションを重視するようになった最初の動機は、子ども時代に身をもって両親とのコミュニケーションの難しさを知ったことにあったとも思います。自分の親との間ですら意思の疎通は容易ではないのですから、他者とのコミュニケーションがそんなに簡単に成り立つわけはなく、そのためには特別な努力や工夫が必要であることが、子ども時代以来の経験から、僕にはよくわかっていました。

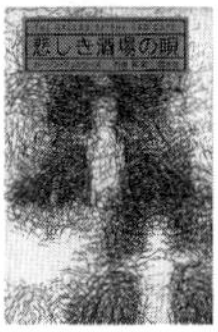

『悲しき酒場の唄』カーソン・マッカラーズ著、西田実訳、白水社、1990

戦前戦後の日本が抱えた大きなひずみ

また、両親が抱える問題については、彼らだけの問題ではなく、戦前戦後の日本が抱えた大きなひずみや軋轢の反映という側面をも含むことについても、僕は、少年期の半ばまでには、気づいていました。ただ、僕の周囲にいた左派の学生たち（といっても、その多くは、就職後たちまち「転向」してゆきましたが）のように両親等の問題をそのまますべて社会の問題にすりかえて、たとえば学生運動ないしこれに準じるような活動の方向に進むことについては、僕も、団塊の世代後の世代である僕の世代の人々も、かなり懐疑的だったと思います（なお、左派のすべてが先のような人々だったというつもりはありません）。

父母、より広くいえば人々や社会の問題と、近代以前、あるいは天皇制以前にまでさかのぼることができる日本や日本人の問題とをどのように結びつけ、また、解きほぐし、解読してゆくかということが、僕の大きなテーマになりました。そのような問題意識は、僕の一般書（筆名の書物を含む）、専門書の双方に、一貫して流れているものだと思います。

古い下町のやすらぎと少女たち

そのほかに僕が子ども時代によく「対話」していた相手といえば、名古屋の古い下町の風景であり、遊び友達、ことに少女たちでした。

名古屋の古い下町は、今ではもう現実としては縁遠いものになってしまいましたが、その年を経た瓦屋根の家並《やな》み、そして下町としては広めの静かな街路は、僕の原風景として心にしみついています。感情、感覚というものの大きな部分は幼年時代の環境で決定されると思いますが、僕のそれを決定しているのは、こうした下町の風景、情景であり、いつでもそこに立ち戻ってみずからの「原点」と対話できる場所でもあるのです。

遊び友達については、僕の場合、長い時間をともにしたはずの少年たちよりも、接する時間の短かった少女たちのほうが、大きな影響を残しているような気がします。それは、子ども時代には男の子たちよりもかなりませている女の子たちのほうが、少年たちのような対抗意識のないことも手伝って、同様に早熟だった僕をよく理解してくれることが多かったからでしょう。

僕は、小学校のころ、隣の席の少女たちとしゃべってばかりいたのですが、彼女たちの多くは、僕の話を喜んで聞いてくれましたし、普通なら子どもがしないような話も、僕に対してはしてくれることがありました。また、僕の「僕にしかない部分。非代替的な部分」を何らかの意味で認めてくれたのは、彼女たちとその母親たちぐらいのものだったようにも思います。僕がそうした接触から得たものは、その時には気がつかなかったのですが、実は、非常に大きなものでした。

両親とみずからの家を学び直す

以上が僕の子ども時代の素描になります。

人間というものは、実際には、その大枠が遺伝と環境によって規定されており、環境についても、子ども時代のそれ、ことに両親との関係が決定的です。そうすると、**結局、性格も能力も、両親と子ども時代によって相当程度に決まってしまう**わけです。ですから、**そのことを正面から見据えた上で、あとは、どのようにそれを自覚し、その地点からいくぶんなりとも自己の世界を発展、展開してゆけるかが勝負**だということになる気がします。

そうした意味で、あなたも、一度は、「両親とみずからの家を学び直す」作業を試みられてはいかがかと思います。そこには、あなた自身を見詰め直し、再構成し、飛躍させるための鍵が、いくつも含まれているはずです。

2 実務から学ぶ

実務から学ぶ人はなぜか少ない

大人なら誰でも自分の仕事をもっており、また、その仕事から多くを学ぶことができると思います。ことに、人や世界と直接にかかわる仕事、実務はそうです。学者のように基本的には文献、あるいは物質、生物だけを相手にしているわけではないからです。しかし、実際には、そんな日々の体験から積極的に学んでいる人間は、それほど多くありません。

僕がたずさわっていた実務は裁判であり、裁判官というのはいわば人生の深淵を垣間見る《かいまみ》仕事ですから、そこから学べることは大きいはずです。けれども、現実をみると、裁判官の中で本当にそこから何かを学び取っていた人の割合は、限られていました。

法律家一般についても、そういうことはいえるかもしれません。弁護士、検察官、学者と広げてみても、やはり、自分の言葉をもっている人はさほど多くない。いわゆる実務的な書物を除けば、たとえば本を書いても、一、二冊でみずからのもてるものが尽きてしまい、それも間もなく忘れられるという例が多いのです。

しかし、本来なら、法律家は、医師、エンジニア等と並び実務の代表格ともいえる仕事の一つなのですから、その実務から、型どおりではないもの、オリジナルな自分だけの知恵や認識を汲み上げることは、いくらでもできるはずなのです。

また、これは、程度の差はあるとしても、ほかの実務についても同じようにいえることではないかとも思います。

穴だらけの教育状況こそ独学に適切な場所

第1章でもふれたことですが、実務における「教育」の多くは不十分です。ちゃんと教えてもらっていないという不満をもたれる方、もたれた方も多いことでしょう。しかし、実をいえば、そうした**穴だらけの教育状況こそ、「適切な独学の場所」であるかもしれない**のです。

僕が体験した四〇年余り前の司法修習生教育は、まさにそのようなものでした。司法研修所では書面本位の詰め込み教育が行われていましたが、それも今ほどぎちぎちではなく、一定のゆとりがあって教官の裁量にゆだねられている部分が大きかったですし、修習期間の三分の二を占める裁判所等現場での修習などは、それこそ穴だらけであり、「やりたい人はどうぞ勝手にやってください」という雰囲気だったのです。

僕の配属された裁判所には、司法修習生室という名前の「空き部屋」があり、修習生たちの荷物置き場になっていました。そして、弁護士志望の若者たち、つまり裁判官や検察官志望でない若者たちにとっては、先のような修習環境は退屈なものでしたから、眠くなるとこの部屋に行って仮眠をとり、また帰ってくるといった修習態度ですごす人もいました。この部屋が設けられていること自体が、「居眠りは裁判官室ではするな。眠いのなら修習生室へ行って寝ろ」という趣旨であり、現に、修習生係の気のいい職員は、やや婉曲にではありましたが、そういう説明をしていました。

法廷の修習生席にも、「ねむい」とか、「○○（若い検察官の姓）のアホ」などといった落書きが彫《ほ》られていました。驚かれるかもしれませんが、僕がいたころの東大の男子トイレの落書きなどは、もう壁面いっぱいで、実に汚らしく、かつ、笑えるものもあって、リアルでした。当時の学生たちにとっては、机やトイレの壁が2ちゃんねる代わりだったわけですね。まだ、そういう牧歌的な時代でした。また、日本自体がなお洗練の途上にあるという意味ではいわゆる発展途上国の一つだった、少なくともそういう側面もあった、ともいえるでしょう。

しかし、修習生の中の勉強熱心な者にとっては、判決書《はんけつがき》等の起案以外に、たとえば供述心理学や鑑定に関する書物、今とは違って相当に野心的なものもあった法学研究書、論文など、各種の専門書や文献を読む時間が、いくらでもありました。

また、法廷傍聴なども、不思議なことですが、裁判官の詳しい解説などなかったからこそ、教育を離れた興味をもって見ることができたような気がします。

僕は、自分自身で刑事の法廷を行った経験は、ほんのわずかしかありません。しかし、修習生の時とアメリカにおける一度目の在外研究でそれぞれ数か月ずつ見た刑事の法廷からは、多くを学びました。

こんなふうに、**実務における「教育」などというものは、企画されたものよりも、学ぶ者がみずから汲み上げるもののほうが、段違いに大きい**ものなのです。このことは、知っておくといいと思います。なぜなら、**人間は、企画された事柄には「意識」でしか接しないのに対し、企画されたのではない事柄については、「無意識をも含めた広い領域」で反応、経験する**ものだからです。

アメリカの教育が行き着くところオンライン授業となっている（有名な教授たちゃ教師の授業を画面で見て単位を取る）のは、アメリカ的機能主義、企画主義のなせるわざですが、いささか滑稽《こっけい》なことのようにも感じられます。

企画されているところの少ない穴だらけの教育状況、手ざわりの感じられる「現場」こそ、あなたの個性が伸ばされる場所だともいえるのです。ただし、そのためには、知性と感性のアンテナを十分に張りめぐらせていなければなりません。また、独学の技術やリベラルアーツの蓄積も必要です。

自分でやってみることが大切

「人がやっているのを見る」のと、「自分でやってみる」のは全然違います。前者をいくら系統的にやってみても、後者の経験には太刀打ちできません。

僕の若かったころの実務家教育などというものは、一応手本を見せ、あとは自分でやってみろというものでした。ちょっとだけ泳いで見せて、そのあといきなり生徒をプールに放り込む、そうしたやり方です。

これは乱暴な教授法であり、不注意な人だとかえって悪い癖がついてしまってそれがあとを引いたりするのですが、生徒のほうが事前に緊張の中でシミュレーション体験を十分に行っていれば、実は、非常に効果があるものなのです。

法廷での経験というのは、取り返しがつきません。外科医の手術についてはそれ以上でしょう。でも、いつかはそれを自分でやるほかないわけですから、いつまでも見ているだけでは、上達しようがありません。僕より少し上の年代のある医師は、先輩の前でメスを握らされ、ミスをしそうになるたびに別のメスで右手の甲をつつかれた、その小さな傷痕《きずあと》が今でも残っているという話を、懐かしげに語っていました。

こんなふうに、**実務というものは、ことに新しい仕事については、自分でやってみなければなかなか身につきません。**しかし、一方、ただやみくもに我流でやってみても失敗するだけのことが多いものでもあります。ですから、**まずは先輩のやり方をよく観察し、解説を受けかつ質問もした上で、自分を適度の緊張状態において十分にシミュレーション体験を行ってみること、しかる後に自分で実際にやってみることが大切**なのです。

形式にこだわらない——職人芸の盲点

職人芸は日本文化の伝統的な長所とされています。それは事実でしょう。

もっとも、職人芸の伝統には、形式的なスタイル、既成の「型」にこだわるという側面もあり、これは、必ずしも長所とはいえません。

たとえば、僕が裁判官になったころの民事判決書のスタイルは、当事者の主張を、論理的な順序の順に、請求原因、抗弁、再抗弁などといったように細かく分断した上で書き記してゆくもので、そうした細分化の議論である「要件事実論」に慣れていない普通の当事者にとっては、きわめてわかりにくい、ほとんど読めないようなものでした。

ほかの部分についても、形式的な記載方法に対するこだわりがあって、たとえば、「当事者の求めた裁判」と記載するのが正しいか、それとも「当事者の求める裁判」と記載するのが正しいかなどといったどちらでもいいようなことを、真剣に議論している人々もいました。そして一方、誰も、判決書の訴訟当事者にとっての意味などということは考えていませんでした。

その後、判決書のかたち自体は、当事者にとってのわかりやすさということをも考慮して改善されました。しかし、裁判にかかわる考え方やしきたり自体がそれほど大きく変わってきたわけではなく、また、最高裁が薦《すす》める審理方式と異なった審理方式や定型スタイルを少しでも外れた判決書等については、これを問題視したり目くじらを立てるような人々が未だに多いのです。

本来、技術というものは、内容に奉仕し、広い意味での社会に奉仕するためのものであって、職能集団、専門家のためのものではないはずです。しかし、こうした意識は、学界をも含め法曹界にはなお薄いし、また、それは、日本では、法曹界だけに限られたことでもありません。

日本人は、何事も、「道」として追究し、それをきわめようとします。そのこと自体はいいのですが、こうした傾向の悪い側面、必ずしも合理性のない形式墨守《ぼくしゅ》におちいる傾向については、注意して避けるべきでしょう。

実務のスキルは、合理性、汎用性があり、人々や社会のためになるものであってこそ、イノベーション、技術革新の元にもなり、また、ほかの分野にも転用して活用してゆくことができるものにもなりうるのだと思います。

実務から一歩引いた視点があると、学びが大きい

前の項目で論じた事柄と関連しますが、**実務を学ぶ場合、それに打ち込むとともに、一方では、それから一歩身を引いてその全体を客観的に見詰める視点をももつと、さまざまな事柄がよくみえてきて、独学の意味も深まる**と思います。

しかし、こうした客観的な視点、一歩引いての広いパースペクティヴは、「ムラ社会」、「タコツボ型社会」の傾向が強く、個々のムラ、タコツボを離れての共通の基盤に乏しい日本のような社会では、それをもつことも、保ち続けることも、相当

の意志と自覚がないと、なかなか難しいものなのです。

僕自身は、自然科学から芸術に至る広い分野に子どものころから興味をもっていましたし、元々の資質も伏せられた理系と芸術系の中間のようなところにあって、親から東大法学部に入ることを強制されなければ、純粋社会科学系の学者になるのが順当な人間だったのだろうと思います。また、元々、日本型ムラ社会、タコツボ型社会にはなじみにくいタイプの人間でもありました。

そういう人間が、先のような、古い、そしてその当時にはさらに狭かった法律家の世界に入っていったのですから、最初から、そこで行われているしきたりには違和感がありました。

けれども、そのように、法律実務家一般とも司法官僚（日本の裁判官は本質的には「司法官僚」です）とも異なる視点をもっていたからこそ、研究や執筆を行い、学界に転身することも可能になったのだと思います。

これは本書で繰り返し述べていることですが、**物事に対処するには、学ぶには、視点は、ただ一つではなく、複数あったほうがいい、そのほうが物事の本質や状況がよくみえるし、学べることも大きく、深くなる**といえます。

3

学問を学ぶ

法案を作りながら法律を学ぶ

　僕に限らず、その当時の純粋大学四年生（受験のために故意に留年した学生を除く）時点における司法試験合格者は、大学における法学の授業には、三年生の時ぐらいしか出ていませんでした（なお、東大の場合、一、二年生は教養課程）。合格者五〇〇人台という当時の司法試験に一回で合格するには、三年生の秋からは、基本的には家や学生寮にこもって、独学で教科書や判例集等を集中的に読んで学ぶほかなかったからです。

　また、日本の法学は、きわめて観念論的な傾向の強い論理操作主体の学問であり、元々が経験論的、実証主義的な資質の僕のような人間には、その当時は、それほど興味のもてるようなものではありませんでした。
それでも、大学に残ることも一応考えたのですが、当時の東大では大学院に進むよりも助手として採用されるほうが学者になるにはベターと考えられており、そのためには教授たちと個人的な関係を結んでおく必要があったところ、そうしたことがそれほど好きではない僕は、結局、司法試験のほうを選んだわけです。

僕が本当の意味で法学に興味をもつようになったのは、判事補になり、実務を行い、一度目の滞米在外研究でアメリカ法を学んでこれを日本法と比較し、さらに、最高裁事務総局の民事局付という役職について民事保全法という民事訴訟法分野の基本法の一つについて立法準備作業を行うようになる、そうした過程の中でのことでした。

ことに、民事手続法の主要なものの一つである民事保全法の立法準備作業については、非常に勉強になりました。こうした法案を作る場合には、既成の前提というものがほとんどなく、法案の一条ずつについて、一から理屈を立て、検討してゆく姿勢で臨むことが必要とされます。生きた法律、それも法律実務家たちが毎日使う基本法の骨格を一から組み立てて条文のかたちにまとめ上げてゆく作業は、まさに、独学にはうってつけのものでした。

僕は、このように、現実の法律（法案）を作りながら法律を学び直していったわけです。

論文の書き方や学会発表の方法を学ぶ

論文については、一度目の滞米在外研究のあとから書き始め、独学で次第に書き方を身につけてゆきました。実務家の論文や書物、ことに書物には穴があることが多いといわれますが、実をいえば、それは生え抜きの学者の場合でもあることで、個人の資質や注意力の問題です。僕自身は、そうした問題について不備をいわれたことはありません。

論文の書き方の詳細については、判事になってすぐ、大阪高裁の左陪席《ひだりばいせき》の時代に、裁判官学者であった当時の裁判長が、折にふれ、短い時間ではありましたが、雑談の中で少しずつ教えてくれました。これはもちろん系統的な教え方ではなく、裁判長がそういうことを話す場合に、僕のほうで必死で聴いてあとからメモしておいたのです。

人から何かを教えてもらうという場合、多くの人の姿勢は受け身です。日本の学校教育全般の問題はこれで、先生が教え、生徒や学生が受け取るというかたちを外した教育の方法が、未だほとんど根づいていません。また、アメリカの教育についても、かつてと比較すればそうした部分が弱くなってきているという印象はあります。

しかし、実際には、**非常に重要な事柄、その人からしか学べないような事柄については、右の例のように、自分のほうから積極的につかみ取るような姿勢で学ぶしかないことが多い**のです。また、その前提として、学ぼうという強い気持ち、意欲がまず必要とされます。このことは、鶴見俊輔さんから個人的に学んだ体験についても全く同様でした。

学会発表については、裁判官時代に、大きな学会における中心的な報告を二度やったことがあります。これについては、最初の報告の前に、学会のお膳立てを担当している学者たちや報告者たちが集まって報告の内容を検討してゆく会議を重ねるうちに、年上の学者たちとのやりとりの中から、自然に学んでゆきました。

もっとも、「自然に」といっても、実際には、法案作成の場合や論文の場合と同じように、目と耳と頭をフルに働かせながら、重要なことを少しずつ吸収していったのです。そのため、二度目の機会には、司会担当予定の学者たちと簡単な打ち合わせをしただけで、余裕をもって報告ができるようになりました。

その後も、大学に移る前には知り合いの学者たちとの交流から、大学に移ってからは学界の中での交流から、学問や議論の方法、スタイルについて、また、外国の法と社会について、重要なことを少しずつ学びました。

僕よりも年長の学界長老たちのかなりの部分は、新しい視点をもった僕の専門書、論文を評価してくれており、こうした人々と会う機会はわずかしかありませんが、それでも、そうした会話やメールのやりとり、あるいは書物献本後にいただく手紙や僕のほうがいただく書物から、必ず何か新しく学ぶところはあります。

これについては、僕が異なったバックボーンをもっているために、彼らのほうが僕の書物や話に興味をもってくれたということも、大きなメリットになっています。学界長老たちのうち確固とした業績のある人々は、日本の知識人の中ではやや例外的に、相対的なパースペクティヴが広く、新しいものを受け入れる度量があって、こだわりや偏見が小さいといえるのかもしれません。

複数の視点、世界をもつことのメリット

裁判官として研究や論文、続いて専門書の執筆を続けるうちに、いくつかの大学から声をかけてもらうことができ、僕は、そのうちの一つに移りました。

そして、今では、一般書と専門書の双方を執筆しています（なお、筆名の一般書については、三〇代後半から一〇年間にわたって書いていました）。

書物の執筆についてみると、僕の場合、一般書と専門書は、相互に作用し合っています。それは、一般書における創意や工夫を専門書でも適宜利用し、専門書における正確さや実証性を一般書にも生かす、といったかたちにおいてです。

そして、いずれについても、また、一般書では司法を離れた書物についても、背景としては、法律実務でつちかった知識と経験、パースペクティヴとヴィジョン、人間と社会に対する見方が、リベラルアーツ全般から学んだそれらと並んで、背骨として機能していると思います。

僕の場合、現在の地点にたどり着くまでには長い回り道を通ってきているわけです。しかし、振り返ってみると、最初から大学に残っていた場合よりも、広く、また少なくとも一部は深い仕事ができたのではないかと思っています。

そして、そのことについては、実務、学問、リベラルアーツ全般という三つの世界とそれに伴う視点をもち、それに付随して、裁判官、学者、著者という履歴をもってきたことのメリットが大きいという気がしています。

それは、**複数の世界をもっていることによって、それらを相互に外側から見詰めることが可能になる**からです。

一つの世界だけに閉じこもっていくら努力してみても、そこには、必ず、死角、盲点があります。いいかえれば、**一つの世界だけに視野を限定していると、全体がみえないだけではなく、その世界だけに限ってみても、本当に客観化、相対化してみることは難しい**ところがあるのです。そして、そうした限定された視点からは、新しい発想も、なかなか生まれてきません。

僕は、**日本人には「専門家幻想」が強すぎる**と思っています。何でも専門家のいうことでないと信用できない。しかし、実際には、専門家よりも確かな目をもった門外漢はどこの世界にもいますし、また、専門家の肩書きも、ことに客観的な評価の制度が十分に確立していない場合には、さほど信頼できるものではありません。

ですから、肩書きに惑わされずに、その人の業績や議論の質によって、自分で判断をつけてゆく姿勢が、まずは必要だと思います。

しかし、一方、専門の世界には、専門家しかわからないという部分も確かにあります。したがって、専門家と一般人、専門家と他分野の知識人との間に共通の言葉を作ってゆくことも必要でしょう。

そして、いずれにしても、これからの時代には、広い分野のビジネスパースンを含む広義の専門家も、**複数の視点、複数の世界、そして場合によっては複数の履歴をもつように心がけてゆくことが必要**なのではないかと思います。

僕自身は、その時々の肩書きよりも、実務、学問、リベラルアーツ全般という三つの世界を背景としてもっていることのほうが、自分にとってはずっと重要だと思っています。**肩書きなどはそのうちなくなる仮のものですが、右のような「背景となる世界」それ自体は、消え去ることがない**からです。

4 海外体験から学ぶ

語学を学ぶ

海外体験については、第2章の5でもふれましたが、独学という観点からは非常に大きな意味があると思います。

しかし、海外体験から多くのことを学ぶためには、前もって、それぞれの国の社会や文化について知っておくとともに、語学を修めておく必要があります。

日本人は、英語教育のあり方が後れており構造的な問題を含むこともあって、語学が苦手です。つまり、語学は、まずは聴くこと、話すことから入るべきであって、文法については当初は基本だけで足りるのに、その逆をやっているという問題です。

これでは、「日本語を考えてから英語を頭で組み立てるという悪い習慣」がしみついてしまいます。

でもまあ、日本人は元々語学があまり得手ではないというのも、事実かもしれません。語学には一般的な知能とはまた異なった才能が必要で、それのある人は日本人でも流暢《りゅうちょう》な外国語を話しますが、実際には、そうした語学の才能に恵まれた人は、日本人には少ない。学者でも、多くの場合には、そこそこの速度で文献が読める、考えたことが外国語で何とか話せ、議論ができるという程度です。法律家で本当に語学が堪能《たんのう》な集団は、渉外の弁護士ぐらいでしょう。

ですから、日本人で語学が苦手なのはあたりまえと考えて、まずは一から英語を学び直せばいいのです。僕自身は、裁判官になってから、留学試験のために、一から英語を学び直しました。最初は、単語を思い出しながら少年少女向け童話等を含む簡単な本を読み、次には雑誌や一般書に進み、さらにアメリカの判例に進む、並行して英作文やリスニングをやり、会話についてはアテネ・フランセに通いました。

当時は英語のよい独習書も限られていましたが、今では、ＴＯＥＦＬ《トーフル》、ＴＯＥＩＣ《トーイック》の受験が学生等の間で一般化したこともあって、独習書はいくらでもあります。インターネットでは生の英語に接することができ、また、英会話学校も、スカイプによるものをも含め、質のよいものが容易に利用できます。海外赴任等の場合にあわてることのないよう、学生時代にも、就職してからも、可能な範囲で英語をみがいてゆかれるとよいと思います。

海外の制度を参考にするにあたっては

裁判官時代と学者になってからの二度、各一年間ずつの滞米在外研究は、僕にとっては、人生の一つの節目ともいうべき大きな体験になっています。

一度目のそれでは、アメリカ法の骨格を学びました。これは、その後、日本法のあり方を考えたり立法準備作業を行う上で、大きな助けになりました。ヨーロッパ大陸法系の成文法国である日本と、英米法系で基本的には判例法国であるアメリカでは、司法制度やそのあり方が相当に異なり、比較法的に非常に参考になるからです。法学についても、観念論的な日本法学と経験論的、実証主義的なアメリカ法学とは、教授方法や教材からして大きく異なり、やはり参考になります。

アメリカ文化については、ヨーロッパのそれ以上によく知っていましたから、アメリカの生活になじむことは、難しくありませんでした。そして、アメリカ社会の根幹を成す個人の自由尊重ということの大きな意味とその反面の厳しさをも、思い知らされました。非行少年施設の少年なども、日本では、集団で固まっており、規律が厳しい反面甘えもあるのですが、アメリカでは、学校のような開放的施設であり、自分をどう律してゆくかは、基本的に少年たち自身にゆだねられています。また、家を出た子どもを親や警察が無理に連れ戻すといったこともあまりありません。自由と責任が表裏なのです。

二度目のアメリカでは、本書でも何度もふれてきたとおり、アメリカ社会の著しい凋落傾向に驚かされました。間に三五年という長い期間があり、その間に僕自身も変化し、知識経験を積んでいましたから、その変化の詳細や理由についても、短い期間で、かなりよく理解することができたと思います。

そして思ったのは、海外の社会や制度、ことにその問題点について理解するのは非常に難しいということでした。実際には、一度目の滞米のころからすでにアメリカ社会はほころび始めており、また、アメリカニズムの問題の起源はさらに古いものだったのですが、若かった僕には、そうした問題点は、ほとんどみえていなかったのです。

これは、**書物や芸術が元々普遍的なコミュニケーションをめざしており、したがって意欲さえあれば若者にも理解が可能であるのに対し、社会や制度はそのように外に向かって開かれたものではない**からだと思います。**後者についてよく知るためには、相対的に広いパースペクティヴと深いヴィジョンが必要**とされるのです。

近年、海外から導入された日本の制度があまりうまくいっていないのは、このことと関係があると思います。たとえば行政・司法官僚の若手を一、二年間アメリカの大学に行かせて学ばせる、それはいいのですが、それだけで、彼らに、アメリカの制度、ことにその社会に即した独自の部分、あるいは問題点等をよく理解する目ができるわけではありません。残念ながらかつてに比べてリベラルアーツの素養が薄くなってきている近年の若手エリートについては、ことにそういえます。

そうした人々が帰国後に無条件のアメリカ信奉者になって、傾きつつあるアメリカの制度を何の疑問もなく移植しようとする、それではうまくゆくはずがないわけです。その背景には、先の点をも含めた行政・司法官僚の劣化、また、日本社会の複雑化、高度化という問題もあります。社会が複雑化、高度化することにより、かえって、本質的に異質なものを組み入れるのは困難になってくるという側面もあるからです。

これは、アメリカに限らず、ヨーロッパやアジア等についても同様にいえることですが、これからは、それら**海外の制度をやみくもに輸入するのではなく、制度の問題点や背景となる社会の相違まで学び、理解した上で、本当に参考にすべき部分だけを注意深く選んで参考にしてゆく**という姿勢が必要とされると思います。

また、そのような姿勢をとることの必要性は、ビジネスの世界についても、全く同じようにいえることだと考えます。

5

友人知人、家族から学ぶ

友人知人は対話と学びの相手

誰でもそうでしょうけれども、広い意味で、友人知人から学ぶことはあると思います。もっとも、僕の場合、その実際は、若いころと今とでは、かなり異なってきています。ことに、本を書くようになってきてからはそうです。

僕の世代の日本人男性では、人生がその後半に入ると、友人は限られてくる場合が多いようです。僕の場合には、それに加えて、属する世界を変わってきたことなどもあり、友人の数自体は、さほど多くありません。

むしろ、編集者、ジャーナリスト、あるいは僕の書物の継続的な読者といった、友人と知人の境目にある人々と話す機会のほうが、多くなりました。純然たる友人についても、ものを考える、本を読むなどの観点からみれば、同じようなレヴェルの人たちが多いです。

そうなると、交友は、まさに、「対話」であり、「学び」であるということになってきます。実際、僕は、こうした友人知人たちとの会話から、執筆や研究に有益、必要な情報を得、また、インスピレーションを得ています。

たとえば、編集者との会話は、これから書く本や現在書いている本についてのそれが中心になるわけですが、実際には、そうした事柄に関連しての雑談、例を挙げればメディア、出版界、著者、大学・学者たち、経済界や政界の状況、あるいは欧米諸国やアジア諸国についての情報、芸術論や思想論等々についての雑談の時間が占める割合も、結構大きいのです。話し手としては著者である僕が中心になりますが、編集者によっては、先のような事柄に関する信憑性の高い情報を含め、普通の人からは聴けないような話や、原稿に直接的なインスピレーションを与えてくれるような話を、積極的にしてくれる場合もあります。

また、ジャーナリスト（ことに、組織に属していないフリーのジャーナリスト）、あるいは、著者・学者たちは、彼らが興味をもって調べている事柄や研究している事柄について、僕にとってもヒントになるエピソードや情報を語ってくれる場合があります。

一例を挙げてみましょう。たとえば、『黒い巨塔』のエピローグには、次のような記述があります。

「如月光一《きさらぎこういち》福島地裁判事補〔主人公の親友で、自殺する〕がその生命を賭《と》した福島地裁の原発行政訴訟については、第一審の安川清吾裁判長が一年後に請求を棄却。高裁、最高裁とも同様の結論で、確定した。

しかし、その後も、原発民事訴訟については、請求を認容する下級審判決、仮処分が複数現れたため、電力業界は、国民党〔小説中の与党〕に対して強力なロビイ活動を展開し、原発訴訟については、東京、大阪に新たに設けられた原発訴訟専門の裁判所に行政訴訟の形式で訴えることとしか許さないという立法を実現させ、ここに、原発訴訟は、事実上その息の根を止められることとなった」

さて、原発訴訟封じ込めのための右のような立法については、実は、この小説の執筆当時、官僚系統にそうしたアイディアが出ているという情報（噂に近い情報）が法曹界の一部に流れたことがあったものなのです。僕は、ある信頼できる法律家と話した際にその信憑性について確かめました。結果としての僕の印象は、「まさかとは思うものの、絶対にありえないアイディアとまではいえないようだ」というものでした。

その情報に基づく記述を小説の末尾の部分に前記のようなかたちで書き込むことにしたのは、先の登場人物に関してエピローグで記述するのがふさわしい事柄と思われたということと併せて、そうした全くありえないではない立法アイディアの機先を制し、社会に対して警告しておくという隠れた意図、目的もあったのです。

これは一例にすぎず、僕の場合、友人知人ないしはこれに準じる人々から得た情報やそれらに基づいてみずから調査した結果を執筆に生かすという事態は、時々あります（もちろん、こうした場合、たとえ中立的な情報についてであっても、情報源が特定されうるような記述はしないように心がけています）。

以上のような付き合いは、一晩を楽しく飲んで過ごすといった世間一般の友達づきあいとはかなり異なると思いますが、独学という観点からみれば、得るところの多いものです。

皆さんも、**みずからの交友関係の一部にこうした「対話」、「学び」型のものをとりいれられると、人と接する場合の「方法」やそこから得られる「内容」に幅ができて**

くるのではないかと思います。

一期《いちご》一会《いちえ》と反面教師

人生は一期一会だという考え方があり、僕は、そのとおりだと思っています。たとえば、僕が鶴見俊輔さんとお会いした回数はさほど多くはありませんでした。鶴見さんが直接僕のためにさいてくださった時間は、僕の最初の書物についての実質上の編集指揮作業を合わせても、数十時間程度だったかもしれません。しかし、その交流から僕が受けた影響は、非常に大きなものでした。一回が数時間にわたる議論の中で、僕が未整理のままに抱いていた考え方や感じ方を統御する一つの確固とした「方法」を、鶴見さんは、僕に、教えてくださったのです。

実際、鶴見さんとお会いして長時間お話しした際の会話の密度は、非常に高かったと思います。今思い出しても、もしも僕がインタビュアーとして鶴見さんにさまざまなことを尋ねるというかたちの本にまとめるなら、一、二冊の本になるくらいの密度は、十分にあったでしょう。

鶴見さんの知性は、普通の著者、学者たちのそれをはるかにしのぐものでした。僕が何かを言う。あるいは問いかける。そうすると、鶴見さんは、「それはこういうことだね」と言って、僕がそれから語るだろう事柄やするだろう質問を二つか三つまとめて推察し、それらの全部に、あるいは最後の一つだけについて語られる、たとえばそういうことがよくありました。僕がついてゆける限り、鶴見さんは、間にあるべき仮定や推論、会話をどんどん飛ばしていってしまうのです。

これは、すばらしい体験でした。たとえていえば、低空をゆっくりとセスナ機で飛んでいた人間が、ジェット機の助手席に乗せてもらって、「こういう飛び方もできるよ」と、その方法を伝授してもらっているようなものでした。

僕は、もう長いこと鶴見さんの本を読んでいません。いつかゆっくり読み返してみたいと思いながら時間が過ぎてゆくという状態です。ですから、書物の細部については、記憶が薄れてしまっている場合もあります。しかし、鶴見さんの思想の紛れもないエッセンスは、彼との対話の中に残りなく現れていて、その実質は、一つの統一体として僕の中に残っています。僕にとっては、その統一体の存在は、鶴見さんの書物以上に強烈なものなのです。

また、僕が、一般書や専門書を書く過程におけるさまざまな編集者、記者、学者、弁護士、著者や芸術家たち等々との交流についてみると、まさに一回きり、一期一会というものはたくさんありましたが、先の項目でもふれたとおり、そこから僕が得たものも大きかったといえます。これは、反面教師という側面をも含めてです。

ここで、「学び」における反面教師という側面についても少しふれておきましょう。僕は、ことに『絶望』以降再び一般書を書き始めてからは、愉快とはいえない体験についても、できるだけ冷静にそれを見詰めてそこに含まれる問題を考え、そのことを通して自分自身をも振り返るようにしています。そうすれば、どんな体験からでも、執筆や研究のために何か得られるところはあるからです。

囲碁やオセロゲームで、一つの手によって盤面上の黒の大きな部分が白に変わってしまうことがあるように、人は、不快な経験や失敗からも学ぶことができます。その一例が「反面教師から学ぶ」ということなのだと思います。

「反面教師」というのは、なかなかあなどれない「教師」なのであり、たとえば、『絶望』に始まる僕の一連の「司法とその制度の構造的批判・分析」には、日本の司法のリアルな実態を「反面教師」として、あるべき司法の姿、また、日本の司法が到達しうるはずの司法の姿を透視するという側面も強いのです。

皆さんも、仕事や学業等を含めた人生のいろいろな場面で多くの人々と接すると思いますが、**その中には、ただ一度の接触でもあなたの中に何か貴重なものを残しうる人々、あるいは、反発や嫌悪を感じさせるけれど一方では適切な反面教師にもなりうる人々が交じっている**ことを、意識しておかれるとよいと思います。

家族から学ぶ

配偶者は、自分とは異なる人間であり、生まれや育ちはもちろん、考え方や感じ方も異なります。また、独立した人格であって、あなたの所有物ではありません。でも、この点、日本人の考え方、感じ方は、なおそれほど明確ではありません。たとえば、夫や妻が不貞行為をした場合、日本では、その「相手」に対して慰謝料請求の訴えを起こすことができます。しかし、これは、欧米では認められていません。

なぜでしょう？

それは、おそらく、以下のような考え方によります。

「性というのは非常にデリケートで個人的な領域の事柄であり、したがって、貞操は法的にみればあくまでも配偶者どうしの間での約束であって、配偶者が第三者と不貞行為を行ったときに、配偶者はともかく、その感情の移った相手の第三者まで責め、プライヴァシーを暴くことは、配偶者を自分の持ち物のように意識していること、その意味で配偶者の人格を尊重していないことの表れということになる。この問題は、法的には、個人としての夫婦間で解決されるべきものなのだ」

日本では、不貞の相手方に対する慰謝料請求を認めるのは当然だと考える人が多いのかもしれません。しかし、確かに、そこには、配偶者をある程度自分の所有物のように考え、感じているという、日本人のあまり意識していない盲点がひそんでいると思います。

さて、僕が右のようなことを書いたのは、配偶者は、自分とは異なる人間であり、生まれや育ちはもちろん、考え方や感じ方も異なる独立した人格であるという事実を相互に意識することによって、夫婦の間でも、「対話」や「学び」のできる部分が広がりますよ、ということをいいたかったからなのです。

これは、子どもについても同じようにいえることです。

友人知人の場合と同じく、夫婦関係や親子関係の一部についても、こうした「対話」、「学び」の部分を作ると相互に得られるものが増えますよ、といいたいのです。

もっとも、その完全な実現が「理想論」であることは、僕にもよくわかっています。僕自身はといえば、むしろ、妻や三人の子どもたちからいろいろと問題点を指摘されたり、批判されたりする（子どもたちについてはとりわけ下の二人。長男は、割合やさしい性格なので、遠回しに示唆する程度でした）中で、長い時間の間に、少しずつ、右のようなことを思い知らされ、学んでいったというのが事実です。

6

独学術実践の成果を人生にどう生かすか？

独学の目的について

独学の目的については、第1章以来論じてきたとおり、大学までの教育では十分に得ることの難しい本物の知力、知性、考える力と感じる力、広範なリベラルアーツの分野にわたる自分なりの理解、そして、広いパースペクティヴや深いヴィジョンを身につけることにあります。

これらの目的は、それ自体重要なことであって、あなたの人生を、より深く豊かな、厚みのあるものにしてくれることは間違いないでしょう。

しかし、あなたが独学に打ち込むことのより具体的な目的、内的な動因についていえば、独学によって得られたみずからの能力や見識を生かして、人生、職業生活等においてさらなる成功を得たいということも、もちろん、ある、ありうると思います。つまり、地位、財産、名声等の世俗的な要素が視野に入ってくることはあると思います。それは当然のことであり、否定すべきものではないでしょう。

でも、一方、地位、財産、名声等の世俗的な成功は、ただそれだけではむなしいものではないかとも思うのです。

僕自身は、法律実務家、学者、著者という三つの人生を生きてきたわけですが、いわゆる世間的な成功、たとえば属している組織における出世、つまり階層的ヒエラルキーを登りつめること、あるいは弁護士として成功して巨万の富をたくわえること、マスメディアのタレント的な有名人になること、そうしたこととは無縁でしたし、また、興味ももてませんでした。

たとえば僕の学者としての仕事についていえば、専門分野を中心に、学会長老たちの多く、あるいはハイレヴェルの実務家たちの大きな部分が、興味をもち、高く評価してくれました。また、それらの書物は、理論や実務にも、一定の影響を与えました。そのことを知っている人々の数は限られるとしても、僕には、それで十分なのです。

社会における知識人の役割

パレスチナ系アメリカ人英文学者で批評家でもあったエドワード・W・サイードは、**知識人の役割**について、**常に社会の周縁部にいて、「異邦人、亡命者、周辺的存在」の立場から、システムとしての権力を批判し続けるべきであり、また、専門主義や専門分化を避けてアマチュアリズムに徹するべきである**といいました（『知識人とは何か』〔大橋《おおはし》洋一《よういち》訳。平凡社ライブラリー〕）。

サイードのいう「システムとしての権力批判」の意味は相当に広いものだと思いますので、そのことを前提として、僕は、彼の意見に基本的に賛成です。また、自分の素質や性格、リベラルアーツ的な背景からしても、基本的にはそうした場所に身を置くほうが、自分を発揮できるし、生きやすくもなるだろうと思っています。

サイードの主張は、「群れの中には、いつでも、目覚めている一頭のけものがいる」というフランツ・カフカの言葉にもつながるものでしょう。僕が、みずからの書物

エドワード・W・サイード
（Edward Wadie Said）1935-2003

『知識人とは何か』
エドワード・W・サイード著、大橋洋一訳、平凡社、1998

や研究でそこに立とうとしてきた視点は、まさに、この、「群れの中にあって目覚めている一頭のけものの視点」です。そこにこそ、僕の存在価値があり、僕の非代替性があるのではないかと考えています。

インプットとアウトプットの関係――僕自身の場合

もっとも、僕は、常に、独学をそれ自体で自己目的とすることはなく、その成果をかたちのあるものにしてみずからの人生に生かすことには努めてきました。

鶴見さんとの最初の出会いのあとで書き始めた関根《せきね》牧彦《まきひこ》の筆名による四冊の書物の執筆は、僕にとっては、人間が本来もっている善悪未分化の生のかたち、そういうものとしての「無垢《イノセンス》」を連作のテーマとしながら、批評、エッセイから創作まで含めたみずからの文章のかたちを、また、みずからの考え方や感じ方、文体、広い意味での思想のかたちを、定めてゆくための作業でした。これらの書物には、僕がそれまでにリベラルアーツの各分野から学んだ事柄、生育歴から学んだ事柄、裁判官としての実務経験や立法準備作業経験等から学んだ事柄が、さまざまなかたちで反映しています。

これと平行して始め、主著六冊の刊行・改訂を続けている専門書は、民事訴訟法・民事保全法理論から法社会学に至る広い分野をカヴァーしています。これらの書物には、やはり、僕が、訴訟法理論、裁判官実務と法廷経験、また、社会科学を中心とするリベラルアーツ各分野から学んだ事柄が反映しています。

そして、司法の分野ではあまり例のないベストセラーとなった『絶望の裁判所』以降の実名による一般書では、筆名書、専門書の執筆でつちかったコミュニケーションの技術、より広くいえばプラグマティズムの方法を生かしながら、司法制度分析批判、創作、リベラルアーツの総論・各論、その姉妹書である本書等を書き続けてきました。また、そこでは、法律実務家の限られた世界を離れた世界をいくつもみることによって広がった自分なりのパースペクティヴとヴィジョンによりつつ、自己のさまざまな可能性を探り、併せて、人々、読者との新たな「対話」の可能性を探ってきました。

以上のとおり、僕の書物は、一般書、専門書を問わず、相互に密接に関連しています。また、僕は、どの書物についても一つの作品のつもりで仕上げる一方、個々の本を書くにあたっては、それらの全体がより大きな一つの物語や思想を浮かび上がらせるようにということも考慮しながら、執筆を進めています（本書でも適宜僕のほかの書物を引用しているのは、そのためです）。さらに、読者とのコミュニケーションの方法や書物の構成、文章のスタイル、レトリックについても、常に念頭に置いています。

僕の書物においては、インプットとアウトプットが有機的につながっており、独学がそのまま知的生産に結び付いていることが、以上の記述からおわかりいただけたのではないかと思います。

「自分にしかできないこと」をみつけるための独学を

僕が、東大法学部に入り、司法試験に合格し、学生からそのまま裁判官になるという生活を続ける中で、少しずつみずからの人生に疑問をもつようになっていったことについては、「法服を着た役人」に近いという日本の裁判官のあり方も、その大きな理由でした。

しかし、「これが本当に自分のしたかったことなのか？　こんなことは、一定の能力さえあれば誰にでも代替可能なことであって、自分にしかできない部分、非代替的な部分の小さい仕事ではないのか？」という絶えることのない疑問のほうが、より本質的だったかもしれません。「一度しかない人生を、大筋では代替性のきくようなことだけをし続けて終えるだけで本当にいいのか？」という問いが、僕を苦しめ続けていました。

僕の、誰に強いられたわけでもない独学は、無意識的には、「自分にしかできない、代替性のないことを成し遂げて、先のような疑問に決着をつける」ことを目的として始められ、後には、執筆との間に緊密なフィードバックのループを作るようになって、少しずつ、現在のようなかたちを成してきたのだと思います。

僕がもう三〇年間近く執筆と研究に打ち込み続けているのは、それが、代替性のない、自分にしかできないことだからです。僕は、すでに記したとおり、地位、権力、財産といったものにはさほど興味がありませんが、せっかくこの世に生を受けたのですから、書くことによって自分にしかできないかたちのコミュニケーションを図りたい、書物というかたちで自分のメッセージを表現したい、残したいということだけは、書き始めた時点からずっと思ってきました。

また、執筆には、編集者や装丁者をはじめとする多数の人々の協力によって仕上げられた書物というかたちでその成果が残ることのほかに、執筆を続けることによって、すでにふれてきたとおり、インプットのあり方や内容についても、その方向性が明確になりかつ濃密なものになるというメリットがあります。

とはいうものの、執筆によって人がごく普通の意味で幸福になるか否かについては、何ともいえないでしょう。普通ならしなくてもよい数々の苦労を背負い込み、大きなストレスをこうむることも事実だからです。しかし、執筆を続けることによって、かつては感じられなかったことが感じられるようになり、かつては理解できなかったことが理解できるようになり、その結果として、かつては考えられなかったことを考えることができるようになる、それは確かだと思います。

僕についていえば、実名で一般書を書き始めた『絶望』からだとまだ約六年間しか経っていないわけですが、その間だけでも、僕の考え方は、かなり変化しましたし、深まった部分もあると思います。感覚的には、六年の二倍ぐらいの年月は経ったような印象があります。

さらに、執筆という行為、作業それ自体についても、苦しいことも多い半面、ほかのことでは得られない喜びの得られる瞬間もまた多いことは事実です。

そして、以上は、何も執筆に限られたことではないと思います。何にせよ、**「自分にしかできないこと」に打ち込んでいる人間は、同じような意味での充足感を得られる、つまり、「他人との比較、せいくらべによっては得られないような種類の充足感を得られる」**、そういうものではないでしょうか。

本書をお読みくださっている読者の方々の独学の目的にも、その底を探っていかれるならば、「自分という存在を解明したい。その上で、何か自分にしかできないようなことをみつけ、それに打ち込んでみたい」という思いが背景として存在するのではないかと思います。そして、それは、独学の目的として、その実利的な部分と並んで重要な事柄ではないかとも考えるのです。

もっとも、その方法は、人によって本当にさまざまでしょう。僕の妻は、大学を出た後に調理師免許を取り、後には牧師の資格も取りました。子どもたちは、それぞれの専門知識、技能を生かして、忙しいけれども自分なりにやりがいがあると感じられる仕事をしているようです。

また、ぼくの友人知人についても、著者、学者、ジャーナリストといった仕事にはついていない場合でも、NPOやNGOの活動に打ち込む、みずからの発案による新たなコミュニティー作りを図る、海外を定期的に訪れて支援活動を行う、余業として翻訳やインターネットジャーナリズムを始める（たとえば、海外で働き、あるいは事業を営むかたわら、日本や英米のメディアのために記事を書いている人々がいます）、インターネットを利用して電子書籍の発刊等を含めみずからの蓄積を生かした発信を行うなど、さまざまなかたちで、「自分にしかできない、代替性のないこと」を成し遂げるための活動を続ける人々が、増えてきたように思います。

日本では、今のところ、こうした活動は六〇代以上の人々が中心になって行っているようですが、これからの時代には、若い世代をも含めて、**①新しい工夫によってみずからの仕事の仕方を合理化する、②その仕事の中で、個人の創造性や生産性が生きる余地を伸ばす、また、③仕事を離れた部分でも、みずからの価値の追求、職場とは離れたコミュニティーとの交流等を図って、自己の人生をより充実させるとともに、その創造性を社会のためにも生かす**、そうした事柄を実現するための努力が強く求められると思います。

その前提としてはもちろん独学が重要ですが、それを始めるにあたり、「あなたの独学の目的の上位概念あるいは背景」として**「あなたにしかできない、代替性のない事柄を達成すること。それによって他者や社会にも貢献すること」**を組み込んでいただけると、あなたにとっての本書の意味が、よりはっきりしてくるのではないかと考えます。

より具体的にいえば、**独学の成果を、仕事や生活において、何らかのかたちで、「自分にしかできないこと」として生かしてゆくように努め、また、インプットがアウトプットにつながるように努めていただくと、独学にも、張りやはずみ、そしてその人固有の独自性が出てくる**のではないかと思うのです。

権威主義、事大主義というのは、つまり、代替性の大きな、本当をいえば運がよければ誰にでも達成できるような事柄、たとえば、地位、権力、金銭、名声（有名さ）等に価値を置くということであり、それは、エゴのとりあえずの満足にはつながるかもしれませんが、本当の社会的な価値は生み出しにくいものだと思います。

これに対し、「非代替的な達成」は、単に自己承認欲求を満足させるというだけではなく、他者や社会にも何か価値あるものをもたらすという意味で、そのスケールの大小にかかわらない固有の意味をもっているのではないでしょうか。

独学は、何よりも、こうした「非代替的な達成」の条件であり前提であるという意味で重要なのだと、僕は考えています。

第6章

パースペクティヴ・ヴィジョン獲得のための方法・技術

最後のこの章では、プラグマティズム的な視点から、物事を客観的、大局的、構造的、実証的、批判的に把握するための方法・技術を、また、そうした方法の基盤にあるべきその人なりの「思想的な場所」獲得の必要性を論じます。

こうした事柄については、『リベラルアーツ』でも一部ふれていますが、ここでは、「独学のための基本的技術・ヒント」という観点から、僕がこれまでに多数の一般書や専門書で論じてきた事柄の関係部分、そのエッセンスを、なるべくわかりやすくかつ簡潔にまとめ直してみたいと思います。

1

自分の考え方の定点、思想的な場所を定める

自分の場所を知る必要性

ものを考えたり、行動するときに、人は、必ず、自分なりの考え方、感じ方に従って動いています。けれども、そのことをはっきりと認識している人は意外に少ないのです。つまり、自分なりの考え方、感じ方をつきつめたことのない人が多いということです。

しかし、たとえば独学のような、組織的な、また目的のある行動を起こす場合には、右のような意味での自分なりの考え方、感じ方をまずはっきりさせておく、認識しておく必要があります。少なくとも、それをよく知っていたほうが、知識や方法の受容も、対象との「対話」も、よりスムーズに、かつ効率的になるでしょう。

僕は、以上のような意味での考え方、感じ方の方法、より広くいえば生き方の方法を「思想」と呼びたいと思います。**思想というと、日本では、すぐに政治思想や狭い意味での哲学的思想を思い浮かべがちですが、思想は、そうしたものを含みながらも、もっと広い、考え方、感じ方、生き方の方法であり、一般的行動原理であると考えるのが正しい**と思います。

また、そのように考えるならば、独学の前提として、そうした行動原理としてのみずからの思想について認識しておくのが適切なことは、明らかでしょう。

そのような意味における「思想」は、あなたが生きるため、学ぶため、発想するための「自分の場所」でもあるわけです。

思想の三つの柱

さて、右のような意味での思想を考える場合にも、さまざまなカテゴリーの立て方があるわけですが、僕は、プラグマティズム的な見地から、三つの柱を立ててみたいと思います。

その三つの柱とは、

①自由主義と保守主義、

②観念論（演繹論《えんえきろん》）と経験論、

③唯物論（還元論）と神秘主義

です。順に解説してゆきましょう。

まず、**①「自由主義と保守主義」**です。

自由主義には、本書でもふれてきたとおり、（i）自分の自由・他者の自由に平等に価値を認め、それを一番の価値として尊重するという言葉そのままの意味と、（ii）広い意味での進歩主義、つまり世界や社会の進歩を信じ、その進歩を推し進めることをよしとするという意味とがあり、しばしばこれらは混在しています。また、その強弱には人によって差があり、自由主義的だがそれほど進歩主義的ではないという場合も、あるいはその逆もありえます。

保守主義は、既存の何らかの価値を尊重し、あるいは共同体や既成の権威に一定程度重きを置くという立場であり、自由主義の（i）、（ii）双方の方向に対立する部分があります。もっとも、近代の保守主義は相当程度の自由の尊重を既定の前提としていますから、その対立は、みかけほど大きなものではありません（なお、やたらに自由を目のかたきにするような保守主義は、実は、江戸時代以来の「ムラ第一主義」というほうが正しい場合があると思います）。

次に、②**「観念論（演繹論）と経験論」**です。

観念論、演繹論は、ヨーロッパ大陸哲学の主流であり、その代表はドイツ系の観念論哲学です（英米哲学は「経験論」でまとめられます。ヨーロッパ大陸哲学については、そのようなぴったりの言葉がありませんが、僕は、これを「観念論ないし演繹論」としてまとめたいと思います）。まず一般的、普遍的な原理、原則を立ててそこから理論を導き出してゆく考え方、まずは間違いのないと思われる前提を立て、そこから個々の問題に対する帰結を引き出してゆく考え方です。整然とした体系を作りやすい哲学・思想です。

これに対し、経験論は、物事を観察して得られる個々の具体的な事実を総合して一般的、普遍的な原理、法則を作ってゆく考え方、まずは個々の事実を確定し、そこから推論によって理論を立ててゆく考え方です。英米の哲学・思想も、批評も、おおむねこの方向です。

『リベラルアーツ』でエピグラフとして掲げたイギリスの哲学者フランシス・ベーコンの言葉「知は力である」は、原文では「知識は力である《ノリッジ・イズ・パワー》」となっています。近代の始まりにあって、ベーコンは、物事を観察して得られる知識こそ、それから何かを生み出す「精神の道具」であることを見抜き、ヨーロッパ大陸における哲学の主流であった演繹法に対し、帰納法を提言したわけです。

このような、ヨーロッパ大陸系の観念論と英米系の経験論という区別は、日本ではさほど明確に意識されていないようです。日本人にとっては、いずれも明治時代以降の輸入品であったという点では、さほど変わりがないからでしょう。しかし、実は、この違いは、哲学以外の領域にも大きな影響を与えています。たとえば、司法における、ヨーロッパ大陸諸国の成文法重視、観念的な理論中心の法学、英米の判例法重視、実証的な経験論中心の法学といった対比はその一例であり（『哲学と意見』第Ⅱ章の2）、ほかの分野についても、おおむね同様の考え方の違いはみられると思います。

最後に、**③「唯物論（還元論）と神秘主義」**です。

唯物論は、この世界には「モノ」しかないという考え方、還元論は、この世界のすべては、数式と宇宙の初期条件、情報等に還元できるという考え方です。これに対し、神秘主義は、いや、この世界には「モノ・情報・数式」には還元できない「何か」があるという考え方です。神秘主義は、「運命論」にもつながりやすい考え方だといえます。

両者の答えが異なってくる一番簡単な質問は、「人間の精神には、物質や情報に還元できない何らかのスピリチュアルなものがあると考えるか否か？」でしょう。

唯物論ないし還元論の答えは、「否」です。

たとえば、ノーベル賞受賞脳神経科学者であるジェラルド・M・エーデルマンは次のようにいいます。

「意識は、脳の活動の「反映」にすぎず、それ自体は因果的作用をもたない。因果的作用をもつ、つまり因果関係を作り出すのは、『脳内の物理的現象』であって『意識』ではない」（『脳は空より広いか――「私」という現象を考える』〔冬樹《ふゆき》純子《じゅんこ》訳、豊嶋良一《とよしまりょういち》監修。草思社〕）

これは、明解な唯物論であり、また、「人間の自由意思は幻想である」といって

『脳は空より広いか――「私」という現象を考える』
ジェラルド・M・エーデルマン著、冬樹純子訳、豊嶋良一監修、2006

いるにほぼ等しいと思います。多くの科学者は、ここまではいわず、意識が制御できる領域、意識が制御できる情報量は限られているというにとどめます。もっとも、「意識はニューロンのはたらきによって形成されるものであり、進化によって生じたものであって、その意味では物理的な存在にすぎない」という点では、科学者たちの意見はおおむね一致しているでしょう。

僕自身を例にとると

僕自身はといえば、第一の柱については、自由主義者であり、ことに個人の内面の自由や表現の自由については最大限に尊重されるべきであると考えています。また、権威主義や事大主義、偽善や欺瞞からは可能な限り離れ、自分にとっての「事実」、「真実」のみを追究したいとも思っています。

もっとも、僕は、それほど進歩主義的ではありません。いいかえれば、進歩主義についてはかなりの程度に懐疑的です。それは、左派の思想、ことに日本のそれにみられる単線的、硬直的な進歩主義、また、アメリカニズムの中核にある同様のそれのうみだすさまざまな問題を、子どものころから現在に至るまで見続けてきたからだと思います。

左派の考え方には、自由主義と通じる部分もあり、僕自身も、左派と自由主義者がともに活動している原発訴訟については意見書を書きましたし、同様の冤罪《えんざい》事件についても、日本の刑事司法にひそむ大きな構造的問題を指摘してきました。

しかし、政治思想としての左派の思想については、僕は、それとは常に一線を画してきましたし、現実の左派の思想が抱える問題点についても指摘してきました（たとえば、『哲学と意見』第Ⅱ章の1。『黒い巨塔』でも、背景としてこの問題にふれています）。


第二の柱については、本書の記述からもおわかりのとおり、基本的には経験論です。もっとも、ヨーロッパ大陸系の観念論、演繹論のよい部分もとりいれるという立場です。

経験論から発したアメリカの極端な機能主義や効率主義は、やはり極端な進歩主義と相まって非人間的な社会を生み出してしまっていますし、観念論、演繹論についても、その行き着くところがナチスドイツとなったという例があります。

僕は、第一の柱について自由主義に保守主義の補正をほどこすのが適切であったように、第二の柱についても経験論に観念論、演繹論の補正をほどこすのが適切だろうと考えています。

第三の柱については、いささか微妙です。

つまり、僕は、意識の表面では唯物論ないし還元論に親和的、無意識に近い部分では神秘主義ないし運命論に親和的なのです。具体的には、降霊術の伝統などをはじめとする強い神秘主義には懐疑的ですが、スピリチュアルなものをすべて否定することも難しいと思っています。

第三の柱は、情動に関係する部分が大きいので、理性だけでは決められません。結局、僕は、心の深い部分かつ情動的な部分では、意識の表面とは異なり、神秘主義的でありかつ運命論的である、ということになりそうなのです。たとえば、魂や霊の存在については、意識の部分では否定的ですが、無意識の部分ではそうでもないことが、自分の書いた小説をみるとよくわかります。

日本は、伝統的には、アニミズム、汎神論《はんしんろん》の国ですから、実際には、多くの人々が、僕以上に神秘主義的であり、魂の存在についても心のどこかで肯定しているのではないでしょうか。僕自身は、その手前でとどまっています（なお、何らかの宗教を信じている人や祖先の霊、死後の世界の存在等を信じている人は、僕の分類では、明確な神秘主義者となります)。

自然科学と神秘主義が人間の心の中で相容れないものではないことは、第4章の3でもふれたとおり、高名な物理学者の中にも神秘主義者が存在することから明らかです。たとえば、「意識」の問題一つにしても、現在の自然科学には未だ十分には解きえない部分が大きいのであり、また、宇宙論、ことに並行宇宙論などには、実際には神秘主義的な要素がからんでいることも多いと思います。

したがって、僕は、ここでも、唯物論(還元論)の外側に控えめな神秘主義の居場所を認めておくほうがいいように思います。

さて、あなたの場合はいかがでしょうか。三つの柱に従って自分のおおよその思想的な立ち位置を考えておくと、そこが定点となって、あなたが独学を行う場合の対象を選ぶ場合に、また、その対象から何をどのように学びたいか、どのような対話を行いたいかといった事柄について考える場合に、役立つはずです。

2 プラグマティズム

プラグマティズムとは

この章の3では、本書のまとめとして、パースペクティヴ・ヴィジョン獲得のための技術・ヒント、よりわかりやすくいえば、独学のための基本的技術・ヒントについてお話ししますが、2では、それに先立ち、僕の基本的な哲学的・思想的方法であるプラグマティズムについて簡潔に語っておきたいと思います。それは、3で提示するような独学のための基本的技術・ヒントの多くが、僕なりのプラグマティズムに基づいているからです。

プラグマティズムは、いわゆる体系的哲学とはやや異なります。それは、アメリカにおける経験論の行き着いた一つのかたちであり、哲学というよりは、哲学的方法論、それも、自然科学的な志向をもった哲学的方法論なのです。

これについては、「実用主義」、「功利主義」といった説明がなされることもありますが、そのような命名は正確ではありません。プラグマティズムは、いわゆる「実用主義」ではないのです。

そうではなく、プラグマティズムは、一九世紀末のアメリカに始まった、「行為や現実に重きを置く、反形而上学的傾向の強い思想明確化運動」なのです。

その創始者であるC・S・パースは、従来の哲学、ことに観念論哲学の言葉における意味の複雑さやあいまいさを避けるために、**「ある対象が与えられた場合、私たちがそれに対していかなる行為を行うか、またその結果は何かということが、その対象を指示する言葉の意味である」**という提言、よりわかりやすくいえば、**「ある概念の意味をはっきりさせるには、その概念が真であるとすればどんな実際的な結果が生じるかを考えればよく、特定の思想の意味を明確にするには、その思想がどんな行動を生み出すかを考えればよい」**という提言を行いました。

これは、観念的な哲学体系における物事や意味のとらえ方とは全く異なります。

C・S・パース
(Charles Sanders Peirce) 1839-1914

事実から出発して普遍的な原理を見出すという経験論を推し進め、「経験論においては物事や意味をどのように定義すればよいか」という方法論を提示しているわけです。

パースは、また、次のようにも説きます。

「思考の過程は、疑問や迷いから始まり、信念を生み出し固めることで終わる。こうして得られる信念は、ある状況における行為の仕方を教える『行為の規則』あるいは『心の習慣』にほかならない。そして、こうした『行為の規則』が新しい状況に適用されると再び疑念や迷いが生じ、新たな信念（行為の規則）が形成される。このような具体的な経験的過程によって形成される事柄の内容が対象の概念である」

これは、よりわかりやすくいえば、次のようにいいかえられます。

「人間の思考はやがてその人なりの行為の規則、心の習慣、すなわち広い意味での思想を作り出すが、そのような思想が新しい状況に直面すれば、当然に何らかの葛藤、疑念や迷いが生じ、結果として、先の思想は深化あるいは修正される」

さて、このような思想形成のあり方は、一定の意図に導かれ対象にしかるべき操作を加えてそこに生じる結果を観察する自然科学の方法、つまり、「仮説を実験で確かめ、実験の結果によって仮説を修正するという方法」と本質的に共通していま す。パースの意図は、「実験室の思考を哲学の方法に一般化する」ことにあったといえ、その意味で、自然科学的な志向が強く、形而上学的、観念論的な傾向の強かった従来の哲学の主流とは、明確に方向性が異なるのです（パースは自然科学者でもありました）。

哲学体系ではなく哲学的な方法論

以上からおわかりのとおり、プラグマティズムは、「哲学体系」というよりも「哲学的な方法論」です。そして、**哲学体系はそれをとるかとらないかという二者択一を迫るわけですが、哲学的方法論はより普遍的な「方法」を提唱するものですから、柔軟性があります。**

プラグマティズム、正確にいえばその共通のエッセンスは、右のような柔軟な特質のために、二〇世紀以降も、さまざまな思想潮流（論理実証主義、分析哲学、行動主義等）と結合し、思想、あるいは思想的方法としての豊富な生産性を保ってきました。記号論や記号論理学の先駆けともなっています。

プラグマティズムの方法は、機能性、実証性、科学性というその性格から、価値中立性、客観性、相対性を重視し、また、コミュニケーション、情報の伝達を大切にします。

方法としてのプラグマティズムの重要な機能は、異なった立場、異なった考え方の間に橋を架けてそれらをつなぐ方法や視点を見出すことにあります（2における、プラグマティズムに関する以上の記述については、今村仁司《いまむらひとし》編『現代思想を読む事典』〔講談社現代新書〕、思想の科学研究会編『新版 哲学・論理用語辞典』〔三一書房〕等を参考にさせていただいています）。

また、**「思想とは行動である」**というプラグマティズムの基本的発想は、アメリカ的良心の一基盤である草の根民主主義の思想や伝統にも通じるものだと思います。

なお、プラグマティズムのいう「行動」は、非常に広い意味におけるそれです。たとえば、口では進歩主義的なことをいっているけれども本質的にはきわめて保守的で、常にほかの人の意見を冷やかすが自分の考え方はめったに明らかにしないといった人間は、日本の知識人（と呼ばれる人々）には割合多いのですが、こうした人

『現代思想を読む事典』今村仁司編、講談社、1988

『新版 哲学・論理用語辞典』思想の科学研究会編、三一書房、2012

間の思想は、その話の内容よりも、権威主義的な身振り、口振りや韜晦（ごまかし）のレトリックの中にこそよく表れているものです。

プラグマティズムの見方からすれば、そのような身振り、口振りやレトリックにこそ、その人の本当の思想（権威主義、事大主義）が表れているわけです。

プラグマティズムは、哲学的方法論ですから、その用い方も、人によって相当に異なります。たとえば、本書で何度もふれてきた鶴見俊輔の哲学は、日本の従来（戦前・戦後）の哲学の植民地的な性格に対する絶望と反省に根ざしたもので、プラグマティズムを、日本土着の思想、庶民の思想との結び付きの中で生き直させようとしたものといえると思います。

僕自身のそれについては、本書を含む僕の書物における僕の思考方法や議論の進め方に、そのかたちがかなり明確に表れていると思います。本書でもふれてきたとおり、機能性・実証性・科学性、価値中立性・客観性・相対性、コミュニケーション・情報の伝達の重視、異なった立場・異なった考え方・異なった分野の架橋、横断性の重視、たとえばそういったことが特徴かと思います。

3

独学のための37の基本的技術・ヒント

以下、本書の最後の部分では、僕がこれまでに本書をも含めた多数の一般書や専門書で論じてきたことのうちから、「独学のための基本的技術・ヒント」になるような事柄を、なるべくわかりやすくかつ簡潔にまとめつつ語ってゆきたいと思います。

これらは、実際には、より広い「考え方のヒント、生き方のヒント」の一部でもある、つまり、そうしたものとして一冊の本にまとめられるような内容の一部でもあるわけですが、ここでは、それらについて、本書の総まとめとして、もっぱら「独学のヒント」という視角、観点から簡潔に論じてみようというわけです。

三七の項目を立ててみましたが、それらを通じての共通のメッセージは、**「物事をみる目を深めてください」**ということに尽きます。世間の多数を占める考え方や感じ方は、多くの場合、かなりおおざっぱなもので、権威主義的、事大主義的な傾向も強い。そして、ごく普通の人生を送るには、それでもいいのかもしれません。

けれども、あなたが、「独学によって自分を深めたい。何か自分にしかできないことを見つけたい。何かオリジナルなものを創造したい」と考えるなら、とりあえず、ここに掲げた事柄を虚心に読んで、自分なりに検討していただければと思います。そこには、何かしらあなたにとって役立つことがあるのではないかと思うのです。

各項目は、ローマ数字によって、関連のある事項ごとにいくつかのグループに分けられていますが、厳密な分け方ではなく一つの目安にすぎないので、グループごとのタイトルはつけていません。もっとも、つながりをよくするために、グループ相互の関係については考慮しています。おおまかにいえば、より基本的な事柄から応用的な事柄や難しい事柄に進んでいますが、最後のXでは、どのグループにも入れられなかった大きな事柄を二つまとめて示しています。

I

01 リベラルアーツの「思想」をみる

リベラルアーツは、人間による表現ですから、必ず、僕が本書で説いてきたような広い意味での「思想」に基づいています。リベラルアーツと対話を行うにあたっては、この「思想」を把握しておくことが有益です。読んでいて、この「思想」が背後にあまり感じられない本は、情報量も小さく、訴える力も小さいことが多いのです。

人の本について断定的なことはいえないので、一例として、僕の『民事裁判』についてその点を自分なりに考えてみると、「民事訴訟は、判決をその終着点とする訴訟当事者と裁判官のコミュニケーションの過程である」、「民事訴訟は基本的に当事者のためのものであり、法律専門家である裁判官や弁護士のためのものではない」、「したがって、訴訟手続は、透明性があり、わかりやすいものであるべきだ」、「裁判官は、手続がうまく進むようにそれを適宜コントロールすることは必要だが、パターナリズム、家父長的干渉主義におちいってはならない」などといったことが、その基本的思想になると思います。

こうして書き出してみると、この本の示している右のような具体的思想（小さな思想）は、僕の、基本的に自由主義的、経験論的ながら対立的な要素をも加味した思想（大きな思想）の反映であることがおわかりいただけると思います。

このように、**書物等の思想、それを通して推測される作者の思想、より大きくいえばその「世界のとらえ方」を考えながら受容すると、対象の理解が深まります。**

02　人の言葉、行動から思想をみる

これについては、本章の2でも少しふれました。

人の思想をみるには、その言葉や文章ばかりでなく、その行動や生き方の全体をみることが必要ですし、また、談話や書物についても、その「語り方」にも注意する必

要があります。

ロラン・バルトの『零度のエクリチュール』（石川美子《いしかわよしこ》訳。みすず書房等）は、「語られている内容よりも、語り方のスタイル、言葉の調子や話しぶりの一般的な選択（エクリチュール）においてこそ、言説のイデオロギー的性格は明らかになる」と説いていますが、これは全くそのとおりだと思います。

たとえば、日本でもアメリカでも、進歩主義者を自称している学者や正義派を自称している政治家（広くいえば政治的人間）のエクリチュールが実はきわめて権威主義的であり、その人の「優越感を誇示したい姿勢」や「権力欲」がそこに露骨に表れているということは、残念ながらよくあります。**彼らの本当の思想はその「語り方のスタイル」にこそ表れている**というわけです。

こうした観点から、たとえば、現在の自民党中枢にある人々のエクリチュールを観察し、過去のそれと比較してみてはいかがでしょうか。単なる表面的な政治観を超えたその人の本質的な「思想」が、そうした比較から浮き彫りになってくるのではないかと思います。

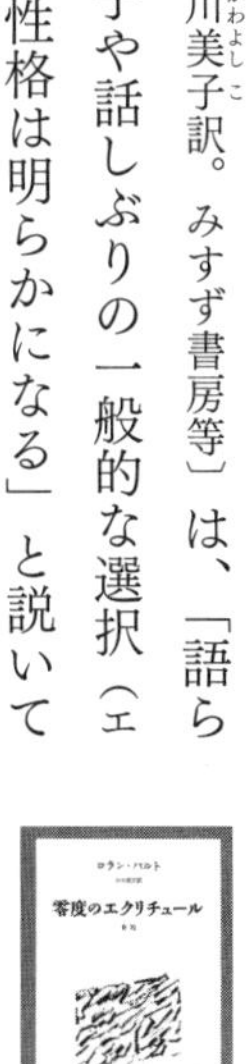

『零度のエクリチュール（新版）』
ロラン・バルト著、石川美子訳、みすず書房、2008

僕のそのような観察では、自民党中枢にある人々の権力欲や支配欲はより大きくなり、一方、謙虚さや寛容さはより小さくなっており、排外的で少数者にあまりやさしくない性格があらわになってきており、また、公益や市民の利益よりも自己の政治生命のほうを重視して動く姿勢も強まってきているように感じられるのですが、いかがでしょうか（もっとも、あなたの観察では、また異なる結果が導かれるかもしれません。その場合には、なぜそのような見方の違いが生じるのかについても、考えてみてください）。

II

03 書物やリベラルアーツ一般について、その情報の質と量に注意しながら受容する

書物というものは、書き手のほうに大きな蓄積があり、それが、努力と工夫によって限られた頁、スペースに凝縮されている場合にのみ良書となります。つまり、情報

の質と量の双方を兼ね備えていることが必要です。もちろん、読み手のほうにも、今度はその限られた頁、スペースに凝縮された言葉から著者のもっている蓄積を読み取ってゆく努力と技術が必要になるわけです。

しかし、残念ながら、そのような書物が非常に多いわけではないですし、良書を根気よく読み解いてゆく気力と注意力のある読者も、それほど多いとはいえないでしょう。しかし、皆さんは、独学のためには、そうした読者になる必要があります。

書物の中には、「本の姿はしているけれどその実質は十分に備えていない」というものもかなりあります。週刊誌やパンフレットを引き延ばしたような内容でタイトルもそれに近いものが典型的です。このような本は、読んでいるときにはそれなりの面白さがあり、また数時間で簡単に読めてしまうかもしれませんが、あとに残るものは少ないのです。

また、僕の場合、人気ブログの記述を編集して書物にした本についても、それなりに興味深く読めたにもかかわらず、本のイメージが頭に残らず、思索や執筆の参考にはほとんどならなかったという経験は、いくつかありました。

前者のような本については、要するに、そこに含まれている情報の絶対量が少ないし、その質も低いのです。

後者のような本については、やはり、第2章の1でふれたインターネットの即時性、そこでやりとりされる言葉の浅さが、情報の質に影響しているのだと思います。深い内容は深い言葉で語られる必要があるのですが、インターネットは、基本的には、あまりそれにふさわしい場所ではないといえるでしょう。

さて、書物から得られる情報の「質と量」については本書で何度もふれてきましたが、微妙な問題でもあるので、ここでさらに例を挙げて説明しておきたいと思います。質と量の双方を備えた本については第4章の3などで詳しく論じましたし、質も量も備えていないものについては論じるまでもないでしょうから、ここでは、それら以外のカテゴリーに入る本について記したいと思います。

僕が最近読んだものから例を引くと、たとえば、①「悪い本ではないが内容に物足りなさを感じさせるもの」として、千住淳《せんじゅうあつし》『自閉症スペクトラムとは何か――ひとの「関わり」の謎に挑む』〔ちくま新書〕が挙げられます。この本は、自閉症研究の現状をさまざまな側面から概説したもので、内容はちゃんとあります。もっとも、情報量は比較的限られ、煮詰めれば、各章について数頁にまとめられるかもしれません。いってみれば、自閉症についての一般向けの講演、啓蒙的な講演に肉づけしたような印象の書物なのです。方法やスタイルについても、特別なものはありません。

新書については、短時間でさっと読めることを前提とし、内容の濃いもの、凝縮されたものはむしろ好まない読者層もあるため、こうした書き方の本もかなり増えているのですが、独学の対象としてはやや物足りない気もするのです。新書は、今では知的出版物の一つの中核を成すようになった部門なのですから、各出版社・編集者も、それぞれの著者のもっている蓄積を十分に引き出し、情報の質と量を兼ね備えた本を作ってほしいものだと思います。

また、②「情報の質は高いが量としては限られているもの」の例としては、『リベラルアーツ』（一五三頁）でも取り上げている生物学者リチャード・ドーキンスによる『盲目の時計職人――自然淘汰は偶然か？・』〔中嶋康裕《なかしまやすひろ》ほか訳、日高敏隆《ひだかとしたか》監修。早川書房〕が挙げられます。これは、ダーウィン説に対する種々の反論に逐一再反論を加えてゆく書物ですが、とにかく長い。要約すれば各章とも相当に短くできる内容について、微に入り細をうがった細密画的な叙述を展開しているのです。

もっとも、ドーキンスは、確固としたスタイルをもった書き手ですから、読ませることは読ませます。しかし、同じ著者の『利己的な遺伝子』〔日高敏隆ほか訳。紀伊國屋書店〕のようなスリリングな面白さはありません。論争的な書物であるため仕方がないという面もあると思いますが、ドーキンス特有の「粘着的なくどさ」が多少裏目に出た本かなという気はします。

②のカテゴリーに属する本は、時間の余裕がある場合にはじっくり読んでもいいのですが、知識や情報を得ることを主眼とする場合には、①のカテゴリーに属する本と同じように論旨中心に短時間で速読することも考えられるでしょう（もっとも、こうした「速読」には一定の技術を要し、ことに②のカテゴリーに属する本についてはそうです。重要な部分に線を引きながら、そうでない部分は「目を通す」程度の感じで飛ばし読みしてゆくのがコツです）。

04 どのような言葉、言説、情報でも、うのみにしないで自分なりに検討する

「すべてを疑え」というのは、やみくもに何でも疑えという意味にとれば必ずしも正しい言葉ではないと思いますが、「どのような言葉、言説、情報でも、うのみにしないで自分なりに検討しなさい」という意味にとれば、正しい言葉だと思います。

人間というのは非常に複雑で多面的な存在ですから、ある人間の中にいい部分と悪い部分、崇高《すうこう》な部分とみにくい部分が共存しているというのは、何ら特別なことではありません。むしろ、何かすぐれたもの、いいものをもっている人間は、反面としてその陰の部分をもどこかに抱えているというのが、普通ではないかと思います。

ですから、**あなたが認めている特定の人間の言葉についても、その全部を信じる必要はなく、また、それをうのみにしないで自分なりに検証してみることは、必要であり、独学のためにも有益なのです。**

具体的な例を挙げますと、僕は、『ニッポンの裁判』において恵庭《えにわ》ＯＬ殺人事件

という有名な事件について冤罪の可能性が高いことを論じる前に、その事件の弁護人の一人が書かれた本を精読し、その際、最初は、あらゆる記述を疑ってみました。そして、その本が僕の検証に耐えるだけの精度をもっており、また、ほかの入手できる資料からみてもその事件は冤罪の可能性が高いと判断した後に、初めて、その事件を大きく取り上げることに決めました。

僕のところへは、これまでに、司法の問題、裁判の問題等を告発するさまざまな情報が入ってきましたが、それらについて検証する場合にも、僕は、同様にしています。そして、実際には、僕の検証に最後まで耐えた情報は、それほど多くありませんでした。

書物を書く場合には、ことに学者がそれをする場合には、一般書であっても、こうした検証は欠かせません。その時点で得られるあらゆるデータを精査した上で、「少なくとも現時点ではこの事実と推論にはまず間違いがないと思われる」という事柄だけを書くことが求められるからです。

また、**新たな事柄を発想する、創造するという局面では、まさに真正面から「すべてを疑ってみる」ことが必要です。**アインシュタインは、こうした先鋭な疑い、疑問を一生持ち続けた人ですが、そうした彼の強い独立心と孤独を恐れない性格は、もちまえのものが、若いころの特許局における実務家としての訓練できたえられた結果であることについては、第4章の3でもふれたところです。

僕自身も、第5章の3に記したとおり、民事保全法の立法準備作業において、すべての前提を取り去った地点で一から一つの法律を組み立ててゆく作業の中で、「新たな発想、創造においてはすべてを疑うことがいかに重要であるか」を知りました。

05 情報については、常にその精度に注意する

独学の過程では、ありとあらゆる対象から情報をとって学んでゆくわけですが、その場合、情報については、常にその精度に注意しておくことが必要です。

ところが、一般には、こうした情報の精度に常に配慮している人は少ないのです。「新聞に書いてあったから」、「テレビで誰かが言っていたから」、「ネットで読んだから」大体正しいのだろう、と思っている人がむしろ多い。しかし、こうした無批判な姿勢では、虚偽情報（ガセネタ）をいっぱいつかんでしまうことになりますし、

情報をその精度によって選り分け評価する目も育ちません。

僕の場合、父はまさに「すべてを疑う」ような人でしたし、裁判官、学者、著者という経歴の中で、**「情報の精度を測る」**ことについては、無意識のうちに徹底的にきたえられました。だから、たとえば新聞等の記述でも、「権力筋の情報源、たとえば某省庁の官僚からもらってきた情報をそのまま書いているな。だから、こういう部分は疑ってかかるべきだな」などということは、おおよそわかります。インターネットの記述の精度についても同様です。

第3章の6でもふれたとおり、裁判官に限らず、たとえば弁護士、記者、編集者等常に事実の真偽を問うことを仕事にしている人々は、おおむね、情報の精度を的確に測る目をもっています。

つまり、これは、元々の資質以上に訓練がものをいう能力なのです。ですから、そうした職業についていない人々であっても、常に、細心の注意をもって情報の精度を見極める訓練さえ怠らなければ、そうした能力を養うことは可能なはずだと思います。

III

06　みずからの固有の「生」のかたちと結び付いた独学を行う

07　リベラルアーツは「対話」するものであって、「ファッション」ではない

独学によって得たもの、たとえば教養や思想がどの程度その人の思索や創造に生きるか、人生に生きるかについては、右の二つのメルクマール、すなわち、独学のかたちがその人固有の「生」のかたちと密接に結び付いているか、また、リベラルアーツを含めた独学の対象と真摯な「対話」を行っているか、それともそれらをファッションとして「消費」しているにとどまるか、によって大きく異なってきます。

そして、**その人固有の「生」のかたちと密接に結び付いていない教養は、苦境では**

簡単にはがれ落ちます。

日本の大学では、戦前、カント（イマヌエル・カント。ドイツを代表する哲学者の一人）から転向して鬼畜米英、一億玉砕を説いた人々が、戦後、何食わぬ顔をしてカントに戻りました。鶴見俊輔は、それをみたとき、「カント？　ウフフ」という拒絶反応的な笑いが自動的に起こったと書いています。日本の知識人の一部にあるこうした欺瞞的、植民地インテリ的な性格を、鶴見は何より嫌いました。生き方の問題を差し置いて安易に取り替えることが可能なもの、とりあえず去ったり戻ったりできるものとして「哲学」を研究する姿勢についても同様です。

といっても、右の学者は、別にえせ学者というわけではないでしょう。もしかしたら日本のカント研究者としては第一人者であったのかもしれません。

しかし、もしも、彼の固有の「生」のかたちがカント哲学と密接に結び付いていたならば、先のようなみっともない転向は起こらなかったはずです。少なくとも、講壇から諄々《じゅんじゅん》と哲学を説き続けるという姿勢にとどまりつつ、心の中ではカントに照らして現在の状況を考えるということまでなら、戦時下でも何とかできたはずなのですから。

それすらできなかった、そして戦後にもそのことについての内省がみられないということになると、その学者の哲学研究にも、おそらくは、致命的な欠陥、死角がありうるということになると思います。

また、先のエピソードは、その学者にとって、実は、カントは、切実な探究、「対話」の相手というよりは、自分がそれによって生計を立て、地位や名誉を得るための手段だったのではないか、その意味では一つのファッションにすぎなかったのではないか、そういう疑いを抱かせる理由にもなりそうです。

日本は、イギリスと同様、あるいはそれ以上に折衷《せっちゅう》文化の国であり、また、そこで折衷された文化の範囲は、それこそ世界中のものといってもよいくらいに広い、そうした意味では特異な国です。したがって、古来、**外来の新しい文化にはきわめて弱い反面、その受容は表面的で、根が浅く、次から次へと消費され、ファッションのように取り替えられてゆくという特質**をもっています。

海外の思想を紹介しつつみずからの考察をも多少交えてオリジナルとして売るというやり方は、昔ほどではないとしても、日本の学者には、今でもよくある「方法」です。正確な紹介や分析よりも、そうした半分ただ乗りのような書物のほうが、少なくとも一般の人々には、より評価されやすいのです。

アメリカ、イギリス、フランス、ドイツ等々にあることは何でもすばらしくて、日本は後れている、どうしようもないなどといった物言いも、残念ながら今なおあり、外国語と外国の人脈を何よりの頼りとするような学者、著者には、この例も多いですね。

しかし、本来、学問、広くいえばリベラルアーツは、真摯な「対話」を行うべき対象であって、自分の優越感の根拠にしたり、衣服のようにその年の流行に合わせて取り替えていったりするようなものではないはずです。そうした取り扱い、受容の仕方をすると、リベラルアーツは、その人に対してさりげない復讐を行うのであり、その結果の一つが、先のような「外国かぶれの学者、知識人たち」なのではないかと思います。

太宰治《だざいおさむ》が語ったとおり（『如是我聞《にょぜがもん》』）、学問（リベラルアーツ）には、人をこうした慢心に導きかねない「わな」の部分があります。**独学を深めてゆく過程では、時には、自分の独学のかたちは自己固有の「生」のかたちと密接に結び付いているだろうか、**

また、自分はリベラルアーツを含めた独学の対象と真摯な「対話」を行っているだろうか、それらをただみせびらかすためのファッションとして「消費」してはいないだろうかという問いを、自分自身に対して立ててみられるとよいのではないかと思います。

Ⅳ

08 物事を構造的、包括的に把握する

09 広い意味での「批評的精神」をもち、物事を客観的にとらえる

物事の構造的、包括的な把握は、経験論の国イギリスやアメリカの人々の得意とするところです。

日本人は、元々は土着の「事実べったり」なものの見方をする部分が大きかった

（構造的なものの見方には乏しかった）のではないかと思いますが、外来の思想については、中国等アジアからも欧米からも割合観念的な考え方やものの見方をとりいれてきており、その傾向は、明治時代以降急速に強まりました。

これは、おそらく、大筋だけ受容するには、経験論よりも観念論のほうが手っ取り早くてわかりやすい上に理屈としてはかたちが整っているので、受け入れやすかったからではないかと思います。しかし、そうした根の浅い観念論が一般に広まった結果、客観的かつ冷徹に事実を把握し、それらを総合して物事を構造的、包括的、批評的にとらえるという考え方（経験論）のほうは、日本にはあまり根づきませんでした。

その弊害は、無謀な太平洋戦争への突入と引き際を知らない戦い方の結果としての窮乏・敗戦、大型バブル経済の崩壊とその後の停滞、危険な水準の赤字国債、原発安全神話に寄りかかって国際標準の防災対策が欠けていたことの結果としての原発過酷事故、その検証が不十分なままでのなし崩しの原発再稼働等々、戦中戦後の日本が抱えてきた数々の問題の一原因となっているように僕には思われます。

また、もっと身近なところでは、先のような日本人の特性（土着の事実べったりなもの見方と根の浅い観念論の結合）は、広い意味における批評的精神の未成熟、あるいは、思想や批評の、あまりよくない意味での文学的、観念的傾向となって表れ（日本の思想・批評には、この傾向が強いように思います）、さらには批評的精神の拒否となって表れます（こむずかしい批評なんか犬に食われてしまえ、という感情的な見方）。

しかし、何にせよ、**深く考えてゆくためには、健全な批評的精神というものが欠かせませんし、物事を構造的、包括的に把握するについても、そうした批評的精神が基盤として必要です。**

もっとも、これはある意味量的な問題ではあります。たとえば第3章の4でふれたアマゾンレビューの例をとっても、日本とアメリカにおけるその差は、質的というよりは量的なものでしょう。また、日本人の場合、アメリカ人と異なり、一般的にも、知的な人々についても、そうしたレビューを行うことをあまり好まないという国民性の違いも大きいでしょう。

しかし、全体としてみる限り、アマゾンレビューのような小さな例一つをとってみても、日本の場合に、感情的なものや見方の浅いものがやや目立ち、半面、構造的、包括的、客観的に対象をとらえているもの、また、そのレビューの背景に一定程度広いパースペクティヴや深いヴィジョンの感じられるものの割合がより小さいということは、いえるだろうと思います。

日本の現在の停滞を打ち破ってゆくための一つのキーポイントとして、こうした構造的、包括的な視点、そして客観的な批評的精神の涵養《かんよう》が望まれるのではないでしょうか。

10 客観的な事実に基づき、的確な推論を行う

11 対象の大筋を把握し、細部にとらわれない

物事を把握する場合には、まずは客観的な事実を確定し、それらを総合しながら、的確な推論を行うことが大切です。これは、独学全般についても同じようにいえることです（なお、学問の場合については、すでに第3章の6でふれています）。

独学をしながら、**みずからの思考や判断の基盤になりうる事実を学び、また、それらに基づいて客観的な推論をする方法を学ぶ**ということになります。これもまた、経験論、そして、経験論に基づく実証主義の教えるところです。

さて、**右のような推論にあたって重要なのは、対象となる物事の大筋を把握し、細部にとらわれないことです。**

これは、意外に不得手な人の多い事柄です。多くの人は、さほど重要でもない小さな事柄を基準に、元々もっていた自分自身の好みや主観に基づいた推論、判断をしてしまいがちです。

また、この点については、自然科学はもちろん、実証的な実務である医療や法律実務についても重要な事柄です。患者の症状などというものは多様なもので、そこからはさまざまな病気が推測されるわけですが、診断にあたっては、細部にとらわれることなく全体をみることが要請されます。

裁判についても、全く同じことがいえます。強く争われている事案では、一方が明々白々に正しいといった証拠の分布になることは、それほど多くありません。どちらともいえる、二つの見方が成り立ちうるという場合が多いのです。

裁判官には、そこで、主観に流されずに証拠を的確に評価して、まずは確実であろうと思われる事実を認定し、それらの総合判断、大局的な判断によればいずれの側がより正しいといえるのかを見極める目が必要とされます。

しかし、医師や裁判官も、その専門を離れてしまうと、必ずしも同様の判断ができるとは限らず、学者についても、それ以上に、専門外のことについては正確な判断ができにくくなる傾向があります。判断の専門家たちにさえ、こうした傾向は出やすいのです。

反面、普通の市民の間にも、以上のような客観的で大筋を押さえたものの見方、考え方をすることのできる人は、一定の割合で存在します。

つまり、判断の専門家と一般市民の相違についても、質的な相違ではなく、量的な相違、割合の相違であり、また、持って生まれた資質、あるいは仕事の違いからくる相違であって、決定的な相違ではありません。

逆にいえば、以上のような能力についても、それが身につけられるように努力をしさえすれば、独学でも十分に身につけられる能力なのです。

12　相当な根拠をもった一つの客観性のある見方を構築、提示する

これは、直前の二つの事柄の応用編であり、上位編でもあります。また、これは、第3章の6でふれたとおり、社会・人文科学の対象とする事柄における「新たな一つの考え方」の提示について要求される条件であり、さらに、同様の事柄を一冊のテーマに掲げた書物が名著、良書となるための前提でもあります。

つまり、これには、大筋を押さえた客観的な議論・推論を行う能力以上のものが要求されます。

この違いはなかなか微妙ですが、たとえば、日本のジャーナリストの書物とアメリカのジャーナリストの書物をその質の高いものどうしで比べると、こうした社会科学的なパースペクティヴ、ヴィジョンの構築、提示という点においては、アメリカのそれのほうにすぐれたものが多いという印象は否定できません。

たとえば、社会、司法等に関する考察でも、日本のそれは、こんな問題があるという事実の指摘、立証にとどまるもの、あるいはそれにからめてのエッセイ的なも

のが多いのに対し、アメリカのそれは、問題の原因、根拠についてまでの掘り下げた考察を含むものが一定程度あり、また、そうした考察においては、ジャーナリストのそれが、学者のそれに遜色《そんしょく》がないばかりか、まさっていることも多いのです。

これは、一つには、アメリカのジャーナリズムの層の厚みとその独立性によることですが、もう一つには、やはり、アメリカ文化における批評的、構造的思索の厚み、その伝統ということも、見逃せない要素としてあると思います。

書物を選ぶ際には、あるいはそれから学ぶ際には、それが、「相当な根拠をもった一つの客観性のある見方を構築、提示」しているとまでいえる水準に達しているか否かを見極める目をもつようにすると、名著、良書を選ぶ目が養われると思います。

なお、こうした新しい見方の構築、提示の重要性は、各分野のビジネスモデルに関しても、同様にいえることでしょう。

V

13　議論や思索の定点を定める

14　視点を移動しながら物事をとらえる

この章の1で論じたのは、自分の考え方全体の定点、思想的な場所を定めるということでした。これに対し、ここでいう「定点」は、特定の議論においてかなめとなる事柄という意味です。

議論をする場合には、「議論の定点」を定めながらこれを進める必要があります。これは、議論をする上で非常に重要な事柄なのですが、あまり意識されることがありません。

同輩どうしの議論があっちへいったりこっちへいったりの堂々めぐりとなりやす

いのは、この「定点」の定まっていないことが多いからです。たとえば、法律実務家の議論でも、司法修習生はもちろん、若手判事補や弁護士の議論にも、こうしたことはよくあります。定点が定まっていないと、いつまで経っても同じ論点のいくつかを順次蒸し返している循環論法、平行線の議論となりやすいのです。

そして、これは、実は、あなたが一人で頭の中で考える場合についても、同じようにいえることなのです。

数人での議論であれば、この定点を定めながら適切に議論を導いてゆくのが年長者の役割ということになりますが、これは、論点が高度であればあるほど難しいものです。

具体的には、たとえば法律家の議論であれば、①その法律や法分野の基本的な思想、原則は何か、②関係条文の、客観的かつ精密な解釈はどのようなものと考えられるか、③議論の前提となっている利益状況のかなめとなる要素は何か、といった事項を押さえることが、定点を定めることに該当する場合が多いでしょう。

もっと身近な問題として、たとえば原発再稼働の是非であれば、①現在の原発は実際上事故の可能性を無視できるといってよい程度に安全なものといえるか、ことに、国際標準の考え方に照らしてそういえるか、②これからのエネルギー政策の問題をどう考えるか、また、この点に関する他国の考え方や方針はどのようなものか、などといった事柄が議論の定点になると思います。

さて、**一方、物事の把握や議論においては、視点の移動ということも非常に重要です。**

民事訴訟を例にとれば、**優秀な弁護士は、ただ知能が高いというばかりでなく、状況の把握についても有能でなければなりません。そのためには、時には、視点を移動して、裁判官の視点や相手方の視点に立って状況をみることが必要なのです。**たとえ一般的な知能が高くとも、こうした複合的なものの見方ができなければ、自分の側の弱点を客観的に把握することも裁判官の心証を読むこともできませんから、訴訟には勝ちにくくなります（『民事裁判』第6章）。

あたりまえのことと思われるかもしれませんが、実は、これも、非常に難しいことなのです。

僕は、裁判官時代に、難しい仮の地位を定める仮処分（本裁判の前にとりあえずそれと同じ法的状態を作り出す仮処分。建築・出版・原発稼働差止め等の差止めの仮処分が典型的）の申立てについて悩んでいる後輩たちから相談を受けた場合、「最後には、あなたがもしも原告側の弁護士だったら、この申立ては認められるのが当然だと思うか、それとも却下されてもやむなしと思うか、そういう観点からも考えてみるといいですよ」と答えていました。

そうすると、それまでの議論を踏まえて彼らにも決心のつくことが多く、そして、彼らの結論が僕の考えていたそれと食い違うことも、まずありませんでした。

つまり、「種々考えた上で、最後には裁判官席から原告側の代理人席に視点を移してみれば判断のつけられることが多い」ということなのです。ところが、僕が示唆するまで、若手裁判官たちでさえ、こうした視点の移動ができていないことが多かったのです。

15　異説についても十分に検討する

16　事実、真実の相対性を知る

自分の考えを定めるにあたっては、自分がとろうとする結論とは異なる結論をとる異説についても、十分に検討を行うべきであり、また、その際には、予断や偏見をもたないことが必要です。

また原発の例を挙げますと、僕は、小説『黒い巨塔』の主軸となるプロットとして原発訴訟を取り上げるか否かを考えた際に、まずは、「原発の安全性を相当に高い精度で論証する文献があるか否か」を徹底的に調べ、つてを介して大きな報道機関にもあたってもらいました。しかし、そうした文献は発見できませんでした。その後、原発の安全性をいう議論の多くも読んでみましたが、先の点についてはあいまいにやりすごしているものがほとんどだったというのが事実です。

たとえ小説であっても、その主軸となるプロットが社会的な価値にかかわるようなものである場合には、自分なりの見方を固めておかなければなりませんし、異説についても十分に検討しておく必要があります。

独学において自分の考え方を定めてゆく場合にも、こうしたプロセスは欠かせません。

一方、事実、真実の相対性を知るのも、非常に重要なことです。

たとえば、**日本では、裁判について「真実を明らかにするもの」と考えられがちですが、実際には、そうではなく、「可能な限り真実を明らかにしようと試みるもの」というのが正確なのです**（『民事裁判』、『裁判所の正体』参照）。もちろん裁判の精度は一定程度高いものであり、それは先進国であればどの国でもいえることだと思います。しかし、いずれにせよ、そこで「認定」されるのは、あくまで「相対的な真実」にすぎないのです。

なお、刑事裁判のほうが民事裁判よりもその精度については高いものが要求されます。もっとも、刑事裁判についても誤判や冤罪はあり、これもどこの国でも同様ですが、日本の場合には構造的に冤罪が起こりやすい要因があり、それが国際的にも問題視されていることは、『ニッポンの裁判』に記したとおりです（冤罪事案では、民事裁判の感覚でも到底証明責任を果たしたとはいえないような事実について有罪判決が重ねられている事態が多いのです。こうした問題については、最近は欧米のメディアの関心がさらに高まっており、僕も何度か取材を受けたことがあります）。

また、生物学、脳神経科学によれば、この世界は、僕たちの「見て」いるとおりの世界ではありません。僕たちの感覚、ことに視覚を中心に「構成」された世界です。そして、たとえば、臭覚、触覚、あるいはエコーの反響（コウモリの場合）を中心にして世界を構成している生物からみれば、世界は、全く異なったものとして「みえる」「、「とらえられる」に違いありません。

同様に、僕たちの倫理感や美的感覚も、何ら絶対的なものではありません。もしもシロアリが人間のような知的生命体に進化した場合には、その倫理学は、「集団絶対、個体の権利は全否定、倒れた同胞の共食いは肯定」というものになるだろう、と生物学者のエドワード・O・ウィルソンはいっていますが、そのとおりでしょう。

さらに、極めつきの真理を追究するはずの自然科学においてさえ、その最新の知見については争いのあるのが普通であることも、第4章の3の「自然科学」の部分で論じたとおりです。

独学においては、事実、真実は相対的なものであることを知った上で、可能な限りそれらを追究する姿勢をもつことが、非常に重要です。

なお付け加えておくと、僕は、**人間性やそれに基づく諸制度について、相対的であり、ある意味フィクションでもあって、もろいものだとは考えていますが、だからといって、ニヒリズムに進むことが正しいとは思っていません。**むしろ、**「人間性と**

いうものはそのようにもろいものであることを明晰に認識した上で、これを守るべきだ」という考え方を基本としています。前記ウィルソンの諸著作も、同じような考え方に立っているものだと思います。

VI

17　できる限り、各種のイデオロギーとは一線を画し、また、みずからのそれについては客観化する

イデオロギーの概念はあいまいですが、「観念形態、世界観であって何らかの先入観を含むものであり、その先入観は政治的なものであることが多い」といったところが共通の見方でしょう。

典型的なのは狭義の政治的イデオロギーであり、左派や右派のそれです。もっとも、自由主義や保守主義も、政治思想としてみる場合には、一定程度はそのような

要素を含んでいるでしょう。

さらに、社会的な価値にかかわる難問については、より広い意味でのイデオロギーが発生しやすいですね。移民、原発、赤字国債、対中・韓関係等々、その例は多いです。

なお、僕は、左派、右派と自由主義、保守主義は基本的には異なる概念だと考えますが、実際には、イデオロギー的な傾向の強い自由主義は左派に近いものになりやすく、イデオロギー的な傾向の強い保守主義は右派に近いものになりやすいというのは事実です。

たとえば、日本で保守主義者といわれている人々には実際には右翼的な思想の持ち主が結構多いですし、自由主義者といわれる人々にもムード左翼的な思想の持ち主がそこそこいると思います。そうした意味で、**真正の自由主義者は少なく、真正の保守主義者はもっと少ない。日本の思想のもろさや弱さの一つの原因はこのことにあるのではないか**と僕は思っています。

イデオロギーの一つの問題は、それがきわめて党派を作りやすく、そして、その党派を維持することがイデオロギーをもつ人々の至上命題となってゆきやすいということにあります。また、**イデオロギー的な思考には、物事の客観的な把握をさまたげやすい、自己と正義の同一視におちいりやすく、その結果として権威主義や事大主義に傾きやすいという欠点もあります。**

また、**左派の思想がキリスト教の影響を間接的に受けているように、イデオロギー的思考全般について、宗教的な信念との間に共通点がみられるように思います。**証明抜きで物事を信じたいという願望に答える、絶対的に自分のほうが正しく他者は誤っているという確信、あるいは絶対的に自分のほうがすぐれており他者は劣っているという確信を得たいという願望に答えるなどの意味で、イデオロギーには宗教に類した側面があるからです。

僕は、僕なりのプラグマティズムから、できる限り、以上のような各種のイデオロギーとは一線を画し、また、みずからのそれについてもなるべく客観的に認識しておきたいという立場をとっています。それは、前記のとおり、イデオロギーの先入観や主観性が認識をくもらせるからです。

人間は、自己の存在のあり方から拘束を受けています。たとえば、日本人であること、裁判官であること、特定の企業に属するビジネスパースンであること等々の事柄が、さまざまなかたちで僕たちの価値観、また認識や判断に影響してくることは、避けられません。社会学者カール・マンハイムは、このことを**「知識の存在被拘束性」**と名づけました。

そうであれば、むしろ、そのことを正面から認めた上で、つまり、**みずからの見方もまたみずからの存在のあり方に拘束されていることを認めた上で、認識や議論についてはできる限り客観的に行おう**というのが僕の立場であり、したがって、「できる限り、各種のイデオロギーとは一線を画し、また、みずからのそれについては客観的に認識しておこう」ということになるわけです。

18 レッテル貼りや二項対立図式には注意する

前記のようなイデオロギー的な思考様式から出てきやすいのが、レッテル貼りや二項対立図式です。

「売国奴」、「非国民」、「そんなことをいうやつは反アメリカだ」、あるいは「反日だ」などというのが典型的なレッテル貼りです。レッテルを貼ることによって異なる考え方の人間をおとしめるわけですね。
また、二項対立図式も、物事をイデオロギー的に単純化する場合によく使われますから、注意すべきです。たとえば、僕が若かったころの左派は、よく、「我々の側に属さない者は体制の手先である」といった言い方をして、素朴な学生に彼らの党派への同調を迫っていたものですが、これは「我々の側」と「体制の手先」という二項対立図式で事態を歪曲化するものでしょう。

ここでも、身近な例として原発論議を挙げておきますと、僕は、「原発賛成派」と「原発反対派」というカテゴリーの分け方も、一種の二項対立図式による歪曲化ではないかと思います。本当の問題は、先にもふれたとおり、「現在の原発は実際上事故の可能性を無視できるといってよい程度に安全なものといえるか否か」という一点にあると思います。もしもそれがいえるなら、次にはエネルギー政策の問題を考えればよい、しかし、いえないとすれば、日本のような狭い島国における原発過酷事故は、場合によっては千万人単位の人々をその家から追うような事態をもたらすという事実を厳正に直視し、原発をあきらめる方向に進むほうが賢明というものでしょう。

なお、原発については、福島第一原発事故後、原発の稼働差止めを認めた裁判所「以外の多くの裁判所」が、日本の原発に関する「火山ガイド」は不合理である（実際、それは、国際標準に照らして相当に甘いものなのです）としつつも、「破局的噴火のリスクは社会通念上容認されている」として差止めの申立てをしりぞけている、という事実を付け加えておきます。

これは、つまり、「日本の火山ガイドは不合理ではあるが、人々が破局的噴火の可能性を重視しないなら、そうした危険もまた容認されているといえるだろう」という論理であるわけです。

しかし、それでは、裁判所が、先のような問題、つまり、「現在の原発は実際上事故の可能性を無視できるといってよい程度に安全なものといえるか否か」という問題についての判断を、「社会通念」という正体不明な概念を用いることによって「回避」していることになるのではないでしょうか（詳しくは、朝日新聞ウェブサイト『論座』の僕の記事を参照してください）。これもまた、イデオロギー的欺瞞の一種であるといえるかもしれません。

もっとも、これについても、争いの大きな問題ですから、あなたの考え方は異なるかもしれません。その場合には、やはり、なぜそのような考え方の違いが生じるのかについて、考えてみていただければと思います。

19 最初に結論を決めてしまうような議論には注意する

20 物事や世界の複雑さに耐える精神的な姿勢を身につける

これらの事項も、広い意味におけるイデオロギーないしはイデオロギー的な思考様式に関係していることが多いです。**イデオロギー的な思考は、「最初に結論を決めてしまってあとからその理由を考える」ということになりやすい。**しかし、それでは適切な判断はできません。

これは、いいかえれば、**「物事や世界の複雑さに耐える精神的な姿勢を身につける必要性」**ということでもあります。大きな問題はどれも複雑であり、その解決はもちろん、それに関連する事態の把握すら容易ではない。にもかかわらず、多くの人々は、「わかりやすい、てっとりばやい説明」を求め、また、「性急な解答、解決」を求めがちです。ことに、インターネット時代に入ってからは、世界的にその傾向が強まってきているように感じられます。これは、世界的に「知性の後退現象」がみられるといわれていることの、一つの表れでしょう。

独学においては、各種のリベラルアーツから、物事や世界の複雑さに耐える精神的な姿勢をも学んでいただければと思います。

21 「ムラ」や「タコツボ」から離れた視点を身につける

日本型ムラ社会、タコツボ型社会は、そこに特有の閉鎖性と狭さ、島国的なイデオロギーをもっています。つまり、**少しでも集団の「和」を乱す者は排除しようとする、また、自分の属する狭い世界の掟を第一とし、広い世界の利害を十分に考えない、などといった傾向がある**のです。「政治ムラ」、「行政ムラ」、「司法ムラ」、「原子力ムラ」などと評されることのある「狭い世界」の問題を考えれば、そのことが理解されるでしょう。

原発については前記のとおりさまざまな考え方があると思いますが、少なくとも、日本において原子力発電を推進しようとしてきた人々、福島第一原発事故後いわゆる「原子力ムラの住人」などと呼ばれることになった人々（学者をも含みます）の間では、①全交流電源喪失は三〇分以上続かない、全電源喪失は起こらない、②日本では過酷事故は起こらない、③日本の原発の格納容器は壊れない、という常識に反する三つのドグマが、無条件の前提として信じられており、かつ、彼らがこれを外の世界にも流布していたことは、間違いのない事実です。ここには、日本型ムラ社会、タコツボ型社会の問題が象徴的に表れています。

リベラルアーツは、本来、異なった世界を結びつける共通の普遍的な基盤としての「知」を提供するものであるはずです。**そのような「知」が本当の意味で共有されるようになることが、日本型ムラ社会、タコツボ型社会の問題解消のための第一歩**でしょう。

そうしたことをも意識しながら独学を進めていただくと、狭い「ムラ」や「タコツボ」から離れた視点が身についてゆくのではないかと思います。

VII

22 定義、要約、いいかえの訓練をする

これについては、第3章の6で学問に関して記しましたが、独学全般についても重要な基礎訓練の一つですから、再度ふれておきます。

主として論理的な書物を読む、学ぶ場合ですが、その内容に関して、**①定義や要約を正確に行えるようにすること、②論理の展開方法、論理の筋を正確に追えるようにすること、③パラフレーズ**（いいかえ）**や敷衍《ふえん》**（趣旨を詳しく説明、展開すること）**が自在に行えるようにすることなどの訓練は、あなたの思考力や推論の能力を確実にアップしてくれる**はずです。

また、文章力テストの一方法としてある編集者から聞いたことがあるのが、「見

たばかりの映画についてその内容を中心に正確に説明する文章を書かせる」というものです。単に筋を追うだけではなく、具体的なイメージをもってどのような映画なのかの要点を読む人に理解させる書き方が求められるわけです。

その編集者の話によれば、雑誌記事等のライターと呼ばれる職種の人々でもこれがなかなかできない人がいるという話ですから、かなり高度な技術ということになります。映画が好きな人は、挑戦してみてはいかがでしょうか。参考解答については、結構詳細なものがインターネットにみつけられるはずです。なるべく短くかつ要点をはずさないような説明を心がけてください。

23 課題《アジェンダ》の発見能力、問題の確定能力を養う

本書でも何度もふれてきたとおり、現代社会は、複雑であり、また、流動化が激しくなっていて、先が読めません。

こうした**現代社会においては、課題を解く以前に、それを探し出し、正しく設定する能力、すなわちアジェンダ（重要課題）の発見、設定能力が非常に重要になってきています。**学校のテストであればともかく、現実の社会においては、与えられた課題

を解く能力よりも自分でアジェンダを発見する能力のほうが、より重要なのです。

そして、「まさにこれだよ」というアジェンダを見つけ出すためには、広いパースペクティヴと深いヴィジョンをもっていなければなりません。そのためには、横断的で幅広いリベラルアーツのバックグラウンドが必要です（なお、アジェンダという言葉は政治・政策関連で使われることが多いのですが、ここでは、広義に、「取り組むべき重要課題」という意味で用いています）。

また、**より狭い場面でも、問題の確定能力は重要です。**たとえば、民事訴訟では、原告の主張していることをどのようにうまく法的に構成、理解したらいいのかがよくわからないということは時々ありますし、法律論中心の事件では、一体何がこの事件の核となる法律問題なのかがよくわからないという事態もあります。こうした事件において裁判官が適切な訴訟指揮を行うには、何が問題になっているのかを確定する能力が必要とされるのです（具体的な例については、『民事裁判』九七頁参照）。

課題《アジェンダ》の発見能力、問題の確定能力は、ことに日本の教育方法ではなかなか身につけにくい能力であり、独学で習得する必要性の高いものの一つといえます。

24 あたりまえの一般論で考えを終えず、その「先」を考える

あたりまえの一般論は、いわば、その社会、時代の「タテマエ論」です。一例を挙げれば、「日本ももっと移民を受け入れるべきであり、かつ、その個性や文化を尊重し、この社会の中に根づいてもらうための努力をすべきだ」といった言明がそうです。

この言明は、基本的には間違っていない可能性が高いのかもしれません。しかし、同時に、ただの一般論であって、それが語られた文脈にもよりますが、もしも「要約すればこれに尽きる」ということなら、十分に生きた言葉とはいえないと思います。なぜなら、移民のように複雑で影響の大きな論点については、現実に起こってくる問題のほぼすべては、こうした一般論の先にあるからです。

したがって、自分で考えている人々や自分で考えることを望む人々にとっては、こうした一般論だけでは、ほとんど参考になりません。ということになると、独学の対象としての意味にも乏しいわけです。大変率直にいえば、賢い子なら、小学校高学年でもこの程度の「正論」はいえると思います。しかし、メディアや学者の言

葉には、こうした正論にとどまるものが意外に多いのですね。
世界は複雑であり、問題も複雑なのですから、あたりまえの一般論で考えを終えず、常にその「先」を考える習慣を身につけてください。

また、**あたりまえの一般論で考えを終えないということは、人が考えないことを考え、人がみていないものをみるということでもあります。**

レム睡眠（脳が激しく活動している状態の睡眠。この時に夢を見ることが多い）を発見して夢の研究に先鞭《せんべん》を付け、高卒からいきなり博士号を取得した学者ユージン・アゼリンスキーは、「睡眠中の脳波と目の動きを一晩中観察した者はそれまで誰もいなかったから、きっと新たな発見ができると思った」と語っています（アンドレア・ロック『脳は眠らない』（伊《い》藤《とう》和《かず》子《こ》訳。ランダムハウス講談社））。

この「睡眠中の脳波と目の動きを一晩中観察した者はそれまで誰もいなかった」ことについては、今からみれば不思議に思えるかもしれません。しかし、当時、一九五〇年代の初めには、誰もが、「睡眠中には脳内では重要なことは何も起こらない」と考えていたのです。アゼリンスキーは、この「常識」を疑ったのでした。

自然科学の大きな発見は、このように、「人が考えないことを考え、人がみていないものをみる」ことによって成し遂げられる例が多いのです。しかし、考えてみれば、それは、自然科学に限らないことです。社会科学においても、ビジネスにおいても、**新しい発見や発想は、「常識や一般論を疑い、その『先』を考えてみることから始まる」**といっても過言ではないと思います。

25 大胆な思考実験を行ってみる

思考実験というのは、頭の中だけでできる実験のことです。アインシュタインは、大胆な思考実験の名手であり、相対性理論を構築するについても、第4章の3でふれたとおり量子力学を深めるについても、これをフルに用いました。

そして、**これは、自然科学以外でも用いることのできる方法**なのです。

一例を挙げれば、日本と中国と韓国が不戦条約を結び、経済的にも積極的に協力することを約したらどうなるか、といった思考実験を考えることができます。

これによって、アジアはすみやかに経済的に統合されてゆくでしょう。おそらく、無敵の経済共同体ができるはずです。その結果として、まず決定的な打撃を受けやすいのは、産業構造がいびつになっており、経済的にも弱点が増えてきているアメリカでしょう。また、アメリカの国際的な指導力も大きく低下するでしょう。そうすると、アメリカにとって、これは、まさに悪夢のシナリオということになりそうです。万が一日中韓関係が急速に雪どけ傾向に向かうような場合には、アメリカの指導者はこれを阻止しようとする可能性が高いのではないかと僕は考えています。

EUやロシアも大きな脅威を感じるでしょうけれども、EUとしては、みずからもより緊密な共同体を作っているわけですから、文句はいわないでしょう。

もっとも、アジアでは、中国の覇権《はけん》、帝国主義的傾向をどう牽制《けんせい》してゆくかという大きな問題は残ります。

もちろん、現在の日中韓関係からすれば、右のようなことは現実にはきわめて困難でしょう。また、僕自身、ハードなそれかソフトなそれかの違いはあるにせよ、現在の中国もアメリカも本質的には「帝国主義的」な国家だと思っていますから、その双方、ことに中国については、あまり信用していません（なお、帝国主義とは、ある国家が、軍事力・経済力、また文化的な権力・権威等を背景に、自国の経済的システム、文化、宗教等を拡大し、あるいは、新たな領土や天然資源等を獲得するために、軍事力を背景に他民族の領土や国家を侵略し、さらにそれを推し進めようとする、そのような思想や政策のことであり、狭義には、資本主義の歴史的最終段階として一九世紀後半に起こった独占資本主義に対応する対外膨張政策をさします)。

ただ、こうした思考実験によって、アジアが将来向かうことができるかもしれない可能性について考えてみることはできますし、その場合の利害得失や戦略について考えてみることもできることは確かでしょう。

さらに付け加えれば、アメリカと中国が日本の頭越しに関係を深め、日本が一人取り残されるという可能性についても、思考実験はしておくべきでしょう。

こうした思考実験において重要なのは、14の「視点を移動しながら物事をとらえる」ということです。終始日本の視点を離れない思考実験では、的確な予測はできません。他国の視点にも立ってみることが必要です。

戦後の日本人は、無意識のうちにアメリカ中心の追従的日米二国間関係の枠組みを既定、絶対のものとみなす習慣の中で、国際関係は、さまざまな力と力、エゴとエゴのぶつかり合うリアリズムの世界であることを忘れてしまっている傾向があります。

そして、この点では、いわゆる保守も革新も、あまり変わりがないように思われます。しかし、国際関係などというものはいかようにでも変わりうる可能性を含むということを、忘れるべきではないでしょう。

VIII

26 リベラルアーツについては、その全体像の中に位置づける

リベラルアーツについては、常に、個々の書物や作品を歴史的・体系的な全体像の中に位置づけてみることが大切です。たとえば、特定の専門分野の書物であれば、それがその分野の歴史においてどのように位置づけられているか、その著者の仕事全体の中でどのように位置づけられているか、また、同時代のほかのジャンルとの関連性はどうかなどといったことを、読む前か読んだあとに調べておくことがそれにあたります。こうした事柄の大筋については、インターネットでも十分に調べられます。

こうした作業は、個々の書物や作品をより深く理解するために役立ちます。また、**常にこうした作業を続けていると、自分の頭の中に、それぞれの分野に関する見取図、地図、またそれらの相互関係図が次第にできてきます。このような見取図は、物事を考えたり評価したりする上で非常に役立つものなのです。**

また、**ある分野について歴史的・体系的に理解していれば、ほかの分野についても同様の推測がはたらきやすくなる**ということもいえます。これは、29の「方法の転用」にもつながる事柄です。

たとえば、僕の本には、時々芸術からの引用が出てきますが、これは、芸術趣味でしていることではありません。芸術は、書物や過去の経験と並んで僕の経験論の重要な素材となっており、考えるために適切な事例や比喩を提供してくれるからこそ、それらを引いているわけです。

また、僕は、『現代漫画』でその例を示したとおり、よく知っている芸術ジャンルや学問分野についてであれば、どのくらいのことができるかについては程度の差はあるものの、いつでも、それらについて一つの物語を語り、見取図、地図を示すことはできると思います。それは、先のような習慣、「個々の書物や作品を歴史的・

体系的な全体像の中に位置づけてみる」習慣の結果なのです。

27 リベラルアーツ間の横断性、共通の普遍的な部分にも注意する

リベラルアーツについては、その横断的性格、ジャンルを超えて共通する普遍的な部分にも注意すべきです。また、各ジャンルを相互に比較する視点も重要です。そうすることによって、各ジャンルをより重層的に深くとらえることが可能になり、他と比較してのその特殊性も明らかになるからです。

たとえば、音楽のうち特定のジャンルだけを聴いている人々の音楽に対する見方は、ほかのジャンルに対する偏見が強くなるのみならず、その特定のジャンルについても狭いものになりがちです。

ジャズをその極致まで追究し続けたマイルス・デイヴィスがエレクトリックミュージックに手を染めたとき、日本のジャズファンのかなりの部分が拒絶反応を示しました。むしろ、マイルスの方向性を理解した人間はロックの聴き手のほうに多かったのです。もっとも、その理解も、当時は、多くが感覚的、表面的なレヴェ

ル（ロックっぽくてかっこいい）にとどまっていました。

しかし、アメリカ黒人音楽全般、クラシックことに現代音楽、そして世界のポピュラーミュージックのうち民俗音楽に近い部分などをロックのほかにも聴いていれば、マイルスの方向性はより正確に理解できたはずだと思います。僕自身も、後にそうした音楽をも聴き込むようになって初めて、エレクトリック期のマイルスの真価が理解でき、かつ楽しめるようになりました。

また、もっと小さな部分でも、リベラルアーツの相互関係をみることから得られるものは数多くあります。たとえば、アルゼンチン映画『瞳の奥の秘密』（ファン・ホセ・カンパネラ。二〇〇九年）には、主人公が政府側についている同僚の行動を批判した後、主人公の友人が主人公と取り違えられて殺され、主人公自身も身を隠すというプロットがあって、その部分について、僕は、「なぜこの程度のことでそういう結果になるのか？」と不思議に思ったのですが、後に、ジェームス・D・ワトソンほか『DNA』（青木薫訳。講談社ブルーバックス）を読んでいて、そこにあった「アルゼンチンでは一九七五年から一九八三年までのあいだに、一万五千人の人々が軍事政権にとって邪魔な思想をもつとして暗殺された」という二行の記述に「ああ、こ

『瞳の奥の秘密』ファン・ホセ・カンパネラ監督、2009（東宝）

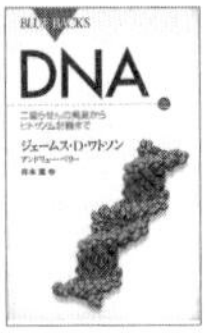

『DNA（上巻）』ジェームス・D・ワトソン、アンドリュー・ベリー著、青木薫訳、講談社、2005

れか」と気がつき、「その時代にアルゼンチンを統治した軍事政権によって行われた『汚い戦争』と呼ばれる大規模な弾圧」について知るようになりました。

この背景がわかると、前記のプロットの意味がわかるのみならず、映画の背景が一挙に深く理解できるようになり、また、中南米における軍事政権の問題について記したほかのさまざまな書物や作品と『瞳の奥の秘密』との関係も明らかになるというわけです。

独学の際には、以上のようなリベラルアーツ間の横断的性格・関連性にも十分に注意すると、実り多い結果が得られると思います。

なお、僕は、自分の書物についても、ジャンルを超えたものにしたいという努力はしています。たとえば、僕の『民事裁判』については、入門書にしては内容が高度ではないかという評もありましたが、これは、意図的にそうしているのです。ただの入門書では浅い事柄しか伝わりませんが、一定程度高度な内容の事柄をできる限りわかりやすく書くことによって、右の本であれば、たとえば、書くことやコミュニケーションの技術、方法を伝えることもできるようになりますし、読者に、単なる法的知識にとどまらない「法的・制度的リテラシー、そのような思考方法」を身につけてもらうことも可能になるわけです。

第5章の6に「僕の書物は、個々の書物のみならず全体についても一つの作品のつもりで書いている」と記しましたが、それは、書物のそうした横断的な性格をも意味しているのです。

28 リベラルアーツについては、自分なりの数字評価を行ってみる

これには第3章の5でもふれましたが、書物や作品についての記録を残す場合には、それらについて一〇段階の数字やアルファベット（たとえばA＋からC－、そしてD）による自分なりの評価を残しておくとよいと思います。何でもないことのようですが、この、**「とりあえずの評価をつけておく」というプロセスによって、頭の中で、個々の書物や作品に対する印象が集約される**という効果があるからです。

僕は、書物、映画、音楽については、これをやっています。そして、評価については、意識的にではなく、無意識に頭の中に浮かんでくる数字を記しています。そうしてみると、意識レヴェルではいいと思っていたものがそれほどでもなかったり、

その逆もあったりで、なぜそうなるのかを考えてみる中で、自分がその対象とどのように「対話」を行い、何を受け取ったかがより明確になるからです。

なお、『現代漫画』の中では、漫画家ごとに、作家論のあとの「作品案内」の部分でこれを行っていますが、これについては、書物に示すわけですから、熟慮した上で統一的な基準を立てて行っています。

また、映画については、持っているものの数が限られることから、これと同じような基準で厳密な評価をし、時々全体を見直しています。音楽の場合にも、聴き直す際に評価が変われば修正するなどのことはあります。

以上のすべての場合について、僕がこうした数字評価を行い、考え直し、さらにそれを繰り返し続けているのは、単なる趣味的行為ではありません。つまり、単にみずからの好みによって作品を格付けしているわけではないのです。

重要なのは、そうした作業の中で、僕が、個々の作品とどのような対話を行い、何を学んだか（反面教師という側面をも含めて）なのです。**個々の数字は、いわば、そうした対話の締めくくり、あるいは再調整の結果としての一つの記号**ということなのです。

こうした数字評価やその変遷を記録しておくだけでも、書物や芸術に対する自分なりのものの見方が明確になってゆくことは確かです。また、こうした作業は、第2章の6でもふれたとおりその作業を通して自分を見詰める作業にもなり、さらに、自分なりに対象についての理解を深めてゆくという楽しみにもなっているわけです。

29 リベラルアーツや学問等のある分野の方法をほかの分野に転用する

僕は、プラグマティズム的な観点から、リベラルアーツや学問分野にジャンルの垣根を設けないように考えています。さまざまなジャンルの間に橋を架け、さまざまな分野の方法を自分の行っている事柄に転用する、それが、僕なりのプラグマティズムの基本的な方法の一つなのです。

たとえば、**クラシック音楽の精緻な構造的性格は、論理的な文章の構成を考えたりトーンを決めたりする際の一つの参考になりますし、ロックの瞬発力やイメージ喚起力、ジャズの自由自在なアドリブは、感覚的な文章を書く際の一つの参考になります。また、アートアニメーションの時間凝縮方法は、複雑な事柄をできる限り短い文章で**

語る際に参考にできます。

ちなみに、音楽についていえば、本書の初稿を書いているときには主としてロックを、二稿、三稿を書いているときには主としてクラシックを聴いていました。これは、意図的にしたことではなく、書いている文章と聴いている音楽の相互作用の結果、自然にそうなったのです。

クラシックについては、久しぶりでモーツァルト、ベートーヴェンをまとめて聴いて、その破格の才能に圧倒されました。こんな異常な才能が普通の人間のもろい肉体に収まり切るわけがなく（巨大な鉄球を段ボール箱に入れて持ち運ぶようなものです）、モーツァルトの若死にと晩年の猜疑心《さいぎしん》、ベートーヴェンの私生活における不幸は、あまりにも当然の結果という気がしました（もちろん、本人たちにとってつらい事態だったことは、確かでしょうけれども）。

僕は、本を書く場合、右のように、さまざまなリベラルアーツから学んだ方法を適宜用いています。たとえば、『黒い巨塔』の執筆にあたっては、最高裁判所という普通に考えれば静かな場所における出来事の描写にダイナミズムをもたらし、メリハリをつけるために、映画や演劇から学んだ方法を用い、一方、主人公の変化を促す核となる役割を果たす少女と主人公をめぐる描写や小説の結末部分については、幻想文学やSFから学んだ語り口を、こちらは隠し味として使い、それらの異質な要素を調和させるためにロックや現代美術のような折衷的性格をもった芸術の方法を参考にする、などといったことをしています。

もっとも、用いる、参考にするといっても、それは、必ずしも意識的にということではありません。あとから考えてみるとそうした結果になっているという部分も大きいのです。**哲学的・思想的方法というものは、使っているうちに徐々に無意識の領域にも浸透してゆく**ということですね。

IX

30 自己を相対化、客観化して見詰める

自己を相対化、客観化して見詰められるようになることは、ある意味で「独学の終

着点」であり、過去のどんな著者、作者も、何らかの意味でこの終着点をめざして努力してきたということもできるでしょう。それを、どのように、どこまで達成しえたかが、書物や作品の一つの評価基準になるともいえます。

僕のこれまでの経験では、その規模にかかわらず何かを達成したといえるほどの人は、どこかに謙虚な側面があり、自分自身についての限界の意識をもっています。これは、自己を相対化、客観化して見詰められる目をもっているからだと思います。

逆に、自分にその確信がなく、他者からもそのようには認められていない人は、自分をあくまでも主張し、全能感をむき出しにしがちです。これは、結局、自己を相対化、客観化して見詰めるのがこわい、できないからではないかと思います。

実際、自己を相対化、客観化して見詰めることは難しい。僕自身も、書物の上では何とかそれができるようになってきているのではないかと思いますが、実生活では難しいです。

書くことにおいてはそれが何とかできるようになったのは、僕が、書くことの訓練、ことにその過程における数々の苦い経験によって、意識的なレヴェルでは、自分がどのような人間かをおおむね認識できるようになったからだと思います。そして、ほかの著者や作者たちをみても、大体同じようなことはいえるように思います。

実生活や対人関係においてまで自己を相対化、客観化することは、ある意味で人間の生物としての自己保存の本能に反する部分がありますから、誰にとっても容易ではないでしょう。

しかし、**意識的なレヴェルにおける客観的な自己認識は、新たなものを作り出す上では重要な前提となります。**誇大妄想をもった人や子どもは、自分が何でもできるように錯覚することがありますが、実際には何もできません。客観的な、ある意味では苦い自己認識があって初めて、オリジナルなことができるようになるともいえるのです。

たとえば『リベラルアーツ』(二六二頁)で紹介した広義の自伝、伝記、評伝的な書物は、直接的にこの「自己認識」にかかわっています。こうした書物を一つの参考にしつつ、自己を相対化、客観化して見詰める能力を養っていただければと思います。

31　一貫性のある絵を描きたいという脳の欲望、記憶の変造に注意する

正確な自己認識を行うにあたって注意すべきことの一つが、**人間の脳、知性は、「一貫性のある絵を描きたいという欲望」をもっており、これは、自己認識にあっては、「みずからによって都合のよい一貫性のある絵を描きたいという欲望」となってはたらきがちだ**ということです。その結果、「記憶の変造」が起こります。

民事裁判において、意図的に虚偽の供述を行う人、嘘を言う人はさほど多くありません。しかし、変造された記憶に従って、事実とは異なること、ほかの証拠とは食い違うことを述べる人は相当に多いのです（詳しくは、『民事裁判』第8章参照）。

そして、自分について内省する習慣をもたない人や自分自身をたのむ気持ちの非常に強い人には、こうした記憶の変造が起こりやすいといえます。

この記憶の変造は、自己認識の大きなさまたげとなりますから、よく注意してください。ポイントは、**独学における「対話」の中で、常に、対象との関係で自分について考える、内省する習慣を身につける**ことです。

32 時には、自分に都合の悪い事実についても意識して見詰める

そして、**時には、自分に都合の悪い事実についても意識して見詰めるようにしてください。そうすることによって、自己認識が深まり、人間としての幅や広がりも出てきます。**

これについては、一つの質問を出してみましょう。単純ながらシヴィアな質問なので、本を読む手を一度休め、答えをよく考えてから先に進んでください。

「あなたの生涯で一番すべきではなかったと思うことを、可能な限り、隅々まで、ありありと思い出してください。なかなか難しいことだと思いますが、可能な限りで、試みてください。

できましたか？

では、次に、あなたが、①記憶を失って、また、②現在の記憶を保ったままで、あなたの生涯をもう一度繰り返すことができたとします。さて、あなたは先の行為をしないですませられたと思いますか、思いませんか？　イエスかノウで答えてく

ださい」

①、②の双方について、「イエス」すなわち「しないですませられたと思う」と答えられた人は幸せです。天国があるとすれば、それはあなたのものです。しかし、おそらく、多くの人々の答えは、「記憶を失った場合には同じことを繰り返す可能性が高い。記憶を保ったままであっても、繰り返す可能性は相当程度にある」というものではないでしょうか。僕の答えもおそらく同様です。

インターネットには他人を声高に非難する中傷や人格攻撃がしばしばみられますが、そういうことをしている人々は、こうした問いかけを自分自身に対してしてみたことが、あまりないのではないかと思います。

33 主観的確信を客観的に検証する

また、主観的確信を客観的に検証することも重要です。

実は、この点も、日本人の弱点の一つだと思います。主観的確信に弱い人々、すなわち、「みずからが確たる根拠もなく主観的確信を抱いてしまう可能性に関する自覚の薄い人々」、また、「主観的確信を抱いている人の言葉を確たる根拠もなく信じてしまいやすい人々」の割合が、欧米先進諸国の平均値よりは有意に高いのではないかと感じられるのです。

弁護士にさえそうした傾向があり、自分の側の当事者のいうことについて確たる根拠もなくそのままに受け取ってしまいがちです。しかし、それでは訴訟に勝つことはできません。

主観的確信を客観的に検証することについても、内省の習慣が重要であり、さまざまなリベラルアーツがそのお手本を示してくれると思います。

34 ナルシシズムも、贅肉《ぜいにく》をそぎ落として客観化すれば、いい発想や作品になりうる

ナルシシズムは、自己愛性パーソナリティー障害との関係などもあって近年は評判が悪いのですが、ある意味で「表現」や「行動」には一定程度つきものであるともいえます。むしろ、インターネット時代は、むき出しのナルシシズムが横行しやすくなった時代であるともいえるでしょう。

インターネットで評判をとっていた人が本を書くと馬脚を現すことがあるのは、

このナルシシズム処理の問題に失敗することが、一つの原因だと思います。インターネットでは全能感をもって自己を誇示することが成功につながりやすいかもしれませんが、書物となると必ずしもそうはいかないからです。

しかし、一方、**こうしたナルシシズムでさえ、贅肉をそぎ落として客観化すれば、いい発想や作品になりうる**のです。たとえば、太宰治、三島由紀夫、近いところでは村上春樹《むらかみはるき》等の作品は、ナルシシズムを抜きにしては語れないものだと思います。夏目漱石《なつめそうせき》についてさえ、『こころ』の人気にはそういう側面があると僕は思っています。

ことに、戦後の太宰は、自己のナルシシズムを嗜虐《しぎゃく》的なまでにリアルに対象化し、『斜陽』、『人間失格』、『ヴィヨンの妻』等の傑作を残しました（なお、太宰と村上については、筆名による『対話としての読書』〔判例タイムズ社〕の中で、それぞれ一章をさいて論じていますから、興味のある方はご覧ください）。

35 自分の中にある悪を見詰める姿勢をもち、自己と正義を同一視しない

「自分の中にある悪を見詰める姿勢をもつ」こと、いいかえれば、「自己と正義を同一視しない」ことは、みずからの思想を深化させるためには絶対に必要な事柄だと思います。自己と正義を同一視している限り、客観的な自己認識など望めませんし、自分が正義であれば相手は悪になってしまうわけですから、レッテル貼りや二項対立図式からも逃れられません。

しかし、**日本は「性善説の国」ですから、この、「自分の中にある悪を見詰める伝統」には乏しく、ことに思想的にはそうです。そして、「正義の思想」ほどそのことによる害をこうむりやすい。**左派の思想には一般的にこの弱点がありますが、戦後日本における左派の思想には、ことにその政治的側面において、この傾向が強かったように思います。

鶴見俊輔の思想の中心には、この「自分の中にある悪」という問題があります。鶴見さんは、早熟な哲学的不良少年でした。両親、ことに母が「正義」の立場を全

面的にとってしまうような態度で彼を育てたことが、必然的に、彼に「悪」の位置をとらせることになったわけです。

僕の場合にも、内面的には似たようなものでした。今になってみると、鶴見さんが、数年間、わざわざ時間をさいて僕の精神的な師、メンターの役割を務めてくださったことについては、こうした育ち方の類似性も、一つの背景としてあったように感じられます。

付け加えれば、「エゴや悪を見詰め、解読する」という点ではアメリカ映画は際立ってすぐれており、『市民ケーン』（オーソン・ウェルズ。一九四一年）から、『地獄の黙示録』（フランシス・フォード・コッポラ。一九七九年）、『レイジング・ブル』（マーティン・スコセッシ。一九八〇年）等を経て、『ゼア・ウィル・ビー・ブラッド』（ポール・トーマス・アンダーソン。二〇〇七年）に至る長い伝統をもっています。アメリカ映画の傑作、秀作のかなりの部分がこのテーマに関係しているとさえいえるでしょう。エゴと悪は、アメリカニズムの核心を構成する観念の一つだということです。

たとえばそうした観点からアメリカ映画を系統的に見直してみることも、独学の方法として有益ではないかと思います。

X

36 理論と実践の有機的な結びつきを常に念頭に置く

理論と実践はまさに車の両輪のようなもので、切り離すことができません。

ところが、日本のタコツボ社会的、ムラ社会的伝統は、これを切り離してしまう傾向が強いのです。「理論は理論家に、実践は実務家に」という切り分けです。

法律の世界でもそうで、学者の多くには実務の感覚が乏しく、実務家の多くは理論が不得手です。また、理論は理論家でないとわからない、実務は実務家でないとわからない、と相互に距離感と一種の不信感、そして優越感と劣等感を抱き合っている側面があります。この二つの領域の垣根を実質的な意味においても越えた人間は、僕を含めてごくわずかというのが事実なのです。

しかし、これは生産的なことではなく、実際、日本の長い停滞の一つの原因になっているとおもいます。**理論と実践は、常に、有機的に結びつきながら行われるべきです。**

独学は、日本社会におけるこうした理論と実践のギャップを埋め、その双方に目配りのできる知性を養う上でも、重要な手段であると思います。

37 話す、書くにあたっては、常にコミュニケーションに注意する

これは、実にあたりまえのことなのですが、やはり、日本において十分に意識されていない事柄の一つだと思います。おそらく、「日本人同質性論」にその一つの原因があるのでしょう。「同じ日本人どうしなら、言葉など尽くさなくてもわかりあえるよね」という感覚です。

しかし、これは、少なくとも、社会が複雑化、多様化し、流動化した現在では、ほとんど幻想でしょう。

にもかかわらず、日本では、この幻想が根強いこともあって、**相手の立場にも立った正確なコミュニケーションということが、未だ十分に考えられてはいない**ように思われます。

専門家の世界でみると、司法の世界では、医療の世界に比べてこの点の立ち後れが大きいように感じます。医師の説明責任は、少なくとも高度な医療機関ではかなり徹底するようになりましたが、裁判官や弁護士の当事者に対する説明は、一般的にはまだその水準に達しておらず、このことが、訴訟を経験した人々の裁判に対する疑問や不信の一つの原因になっているように感じられるのです。

また、この、「相手の立場にも立った正確なコミュニケーション」は、裁判官と弁護士の間ですら、十分には行われていません。和解の席で、弁護士に対してさえ、証拠に基づく心証を正確に説明しないまま、「私のいうことが聞けないなら負かしますよ」的な言葉を用いて和解を事実上強要する裁判官は、結構多いのです。

一方、弁護士の書く準備書面も、「裁判官という読者に、法的な事実関係をなるべく明確に、わかりやすく理解させる」という観点をよく考えていないもの、自己満足におちいっているもの、不必要に長大でわかりにくいものなどの問題は、ままみられます（以上のような事柄については、『民事裁判』、『絶望』等の書物に詳しく記しています）。

アメリカでもコミュニケーション不全は大きな問題になっていますが、少なくとも、平均以上の能力をもった裁判官や弁護士についていえば、以上のような意味でのコミュニケーション能力を備えているのが普通でしょう。この点の相違もやはり割合の問題にすぎませんが、比較すれば日本の法律家によりありがちな問題といえます。それは、日本のいわゆる知識人層一般についても、同様にいえることでしょう。

こうしたコミュニケーション能力の向上についても、独学がその威力を発揮する事柄ではないかと思うのです。

エピローグ

僕は、これまでにかなりの数の講演をしていますが、その中でも強い印象の残っている体験の一つが、ある企業の依頼で、中堅から若手の社員の方々に、リベラルアーツの学び方についてお話をしたときのものでした。

土曜日であり、また任意参加の講演であったにもかかわらず、会場はほぼいっぱいの状況で、集まった人々は、非常に熱心に僕の話を聴いてくださいました。

しかし、驚いたのは、講演が終わった後の質問でした。数人が手を挙げて質問された後に時間がきて、一応正規の講演タイムは終わったのですが、その後、何人かの人たちが僕の席までやってきて個人的な質問を始めると、さらに一〇人近くもの人々がそれに続いたのです。

それらの人々の個人的な質問は、その内容からすれば、質問というよりもむしろ相談といったほうがいいようなものでした。そろそろ中堅社員になろうとしているある男性は、「部下たちを教える際に、自分が修めてきた学問の不足をつくづく感じています。独力でリベラルアーツを身につけるには、どのようにしたらいいのでしょうか？」と切実に問いかけました。同じ年頃の別の女性は、「子どもたちが育ってくるにつれ、今日の講演に出ていたような事柄に興味をもってもらいたいと思うのですが、彼らにどんな家庭教育をほどこしたらいいのかわからないのです。そのときになって初めて、自分自身の蓄積の不足を痛感しました」と語りました。

そういうふうにして全員の質問が終わった時には、講演終了から一時間近くが経っていたのです。相当数の講演をしてきた僕にも、こんな体験は初めてでした。

そして、**そこに集まった人々の質問のエッセンスは、「独学の強い必要性を感じているけれども、どのようにしてそれを行ったらいいのかわからない」ということに集約されたと思います。**

実際、僕自身もそうでしたが、大学までに学んだことが知識としても方法としてもきわめて不十分だったことに気づいたのは、裁判官の仕事を始めて何年か経ってからのことでした。最初のうちは、仕事を覚えること、慣れることに精一杯だったのですが、多少余裕が出てきたときに、「自分の人生、本当にこれだけでいいのか？

不足はないのか？」という疑問と不安を強く感じるようになったのです。

それ以来の三五年余り、裁判官、学者、著者として仕事を続ける中で、僕が手探りで少しずつ身につけてきた独学の方法を体系的に網羅したのが、この書物なのです。


僕が子どもだったころ以来のこの半世紀余、日本も、世界も、流動化し、垣根がなくなり、そして複雑になる一方です。

かつては、高校、大学を出て堅実な企業に就職しさえすれば、あとは何とかなりました。仕事の内容についても、たとえ忙しくとも、大筋においては決まったことを続けていればよかったのです。

しかし、今では、たとえ大企業に就職したとしても、それだけで確実な未来が保証されるわけではありません。転職でキャリアアップを図る人も増えましたし、いやでもそうせざるをえない場合も同様に増えています。大企業が事実上つぶれることさえままあります。また、同じ企業に勤めていても、明日は新しい仕事をしなければならない、明日は海外に赴任しなければならない、たとえばそうした事態が、ごく普通のことになりました。

にもかかわらず、高校、大学教育の内容は、昔とさほど変わっておらず、新しい時代に十分に対応できてはいません。また、本文でもふれたとおり、大学で学べることには、実際上多くの限界もあります。さらに、たとえ教授たちが意欲的で聡明であったとしても、まだ若い学生たちのほうには、それを見分け、そのような教育を受け入れるだけの基盤が整っていない、そうした事態も多いと思います。

かといって、アメリカやデンマークのように、キャリアアップのためにいちいち大学に戻るというやり方がはたして合理的、効率的なのかどうか……？　僕は、日本とアメリカ双方の教育現場をみてきた者として、一定の疑問をもっています。大学に戻って学ぶよりも、好きなときに好きなようにできる独学のほうが、より機能的であり、その効果も大きいし、より深いものも得られるのではないか。それが、半世紀余りの経験から僕が得た結論なのです。

本書を執筆するにあたり、僕は、ほかの独学書を参照することは、全くしていません。自分自身が若いころに読んだ独学に関する書物には、僕にとって参考になるようなことは、あまり出ていなかったからです。

僕自身の独学の方法は、本文でも詳しくふれたとおり、プラグマティズムという哲学的・思想的方法をみずから実践し、併せて、哲学者・思想家の鶴見俊輔さんをはじめとして後輩たちまでをも含む多数の人々との「対話」から学びながら、独力で編み出したものです。

本書では、ことにその「方法」について、できる限り詳しく具体的に述べることに努めました。大学での授業ならゼミで学生たちに教え、レポートを書かせ、議論するのに一、二年かかるような事柄がこの一冊に凝縮されていることは、間違いありません。

その中の一部でも、あなたのこれからの独学のヒントにしていただくことができれば幸いです。

最後に、本書の編集を担当してくださったディスカヴァー・トゥエンティワン前社長の干場《ほしば》弓子《ゆみこ》さん、同編集部の藤田《ふじた》浩芳《ひろよし》さん、松石《まついし》悠《ゆう》さん、木下《きのした》智尋《ちひろ》さんにお礼を申し上げたいと思います。

二〇二〇年三月三日

瀬木 比呂志

究極の独学術
——世界のすべての情報と対話し学ぶための技術

発行日　2020年3月20日　第1刷

Author
瀬木比呂志

Book Designer
加藤賢策（ラボラトリーズ）

Publication
株式会社ディスカヴァー・トゥエンティワン
〒102-0093
東京都千代田区平河町2-16-1
平河町森タワー11F
TEL　03-3237-8321（代表）
03-3237-8345（営業）
FAX　03-3237-8323
http://www.d21.co.jp

Publisher
谷口奈緒美

Editor
松石悠　木下智尋　藤田浩芳
（編集協力　千場弓子）

Publishing Company
蛯原昇　千葉正幸　梅本翔太　古矢薫
青木翔平　岩﨑麻衣　大竹朝子
小木曽礼丈　小田孝文　小山怜那　川島理
越野志絵良　佐竹祐哉　佐藤淳基
佐藤昌幸　直林実咲　橋本莉奈　原典宏
廣内悠理　三角真穂　宮田有利子
渡辺基志　井澤徳子　俵敬子　藤井かおり
藤井多穂子　町田加奈子

Digital Commerce Company
谷口奈緒美　飯田智樹　安永智洋
大山聡子　岡本典子　早水真吾　磯部隆
伊東佑真　倉田華　榊原僚　佐々木玲奈
佐藤サラ圭　庄司知世　杉田彰子
高橋雛乃　辰巳佳衣　谷中卓　中島俊平
西川なつか　野﨑竜海　野中保奈美
林拓馬　林秀樹　牧野類　三谷祐一
三輪真也　安永姫菜　中澤泰宏　王廳
倉次みのり　滝口景太郎

Business Solution Company
蛯原昇　志摩晃司　野村美紀

Business Platform Group
大星多聞　小関勝則　堀部直人
小田木もも　斎藤悠人　山中麻吏
福田章平　伊藤香　葛目美枝子　鈴木洋子

Company Design Group
松原史与志　井筒浩　井上竜之介
岡村浩明　奥田千晶　田中亜紀　福永友紀
山田諭志　池田望　石光まゆ子
石橋佐知子　川本寛子　丸山香織
宮崎陽子

Proofreader
株式会社鷗来堂

DTP
アーティザンカンパニー株式会社

Printing
大日本印刷株式会社

・定価はカバーに表示してあります。本書の無断転載・複写は、著作権法上での例外を除き禁じられています。インターネット、モバイル等の電子メディアにおける無断転載ならびに第三者によるスキャンやデジタル化もこれに準じます。
・乱丁・落丁本はお取り替えいたしますので、小社「不良品交換係」まで着払いにてお送りください。
・本書へのご意見ご感想は下記からご送信いただけます。
http://www.d21.co.jp/inquiry/

ISBN978-4-7993-2596-4
©Hiroshi Segi, 2020, Printed in Japan.